南宁博物馆文集

（第三辑）

南宁市博物馆　编

广西科学技术出版社

·南宁·

图书在版编目（CIP）数据

南宁博物馆文集 . 第三辑 / 南宁市博物馆编 .
南宁：广西科学技术出版社，2024.12.--ISBN 978-7
-5551-2290-6
Ⅰ.G269.276.71-53
中国国家版本馆 CIP 数据核字第 2024KZ0086 号

南宁博物馆文集（第三辑）

南宁市博物馆　编

责任编辑：陈剑平　　　　　　　　　　　责任校对：郑松慧
装帧设计：陈晓蕾　韦娇林　　　　　　　责任印制：陆　弟
封面图片：梁火娇

出版人：岑　刚
出版发行：广西科学技术出版社
社　　址：广西南宁市东葛路 66 号　　　　邮政编码：530023
网　　址：http://www.gxkjs.com

印　　刷：广西民族印刷包装集团有限公司

开　本：787 mm × 1092 mm　1/16　　　　印　张：19.5
字　数：330 千字
版　次：2024 年 12 月第 1 版
印　次：2024 年 12 月第 1 次印刷
书　号：ISBN 978-7-5551-2290-6
定　价：89.00 元

目录

Contents

◈ 博物馆研究

◈ 考古研究

◈ 文物研究

民俗文化研究

文化遗产研究

博物馆研究

博物馆陈展底层逻辑的变革

【作者】张晓剑　南宁市博物馆　副研究馆员

近年来，"博物馆热"持续升温，博物馆在很多地方已经成为社会公众进行文化交流、学习教育、欣赏娱乐的重要场所。

在博物馆的各项职能中，陈展无疑是与公众联系最紧密、最基础的业务工作，受到的社会关注也最高。因此，"博物馆热"更多的是依靠博物馆在构建公共关系体系时将陈展作为核心工具和主要手段来实现，陈展的实践也就呈现出百舸争流、千帆竞发的局面。然而，陈展实践上的迅猛发展，并没有充分反映在理论的革新上。时至今日，我们依然很少去讨论博物馆陈展的底层逻辑是什么，发生了什么改变，以及这些改变对博物馆的未来意味着什么。

结合近些年的观察与实践，我认为博物馆陈展的底层逻辑在悄然发生变革，因此相关理论亟须进行适当的调整。

一、本体论：走出二元对立

我们要讨论陈展的底层逻辑，首先要追问博物馆的本体是什么，由本体出发又如何定义陈展的本质。

西方博物馆是在启蒙运动、地理大发现和工业革命的历史进程中孕育成长的，其本体论经历了从人文主义、理性主义到经验主义，再从线性的二元对立到非线性的多元实体论，以及从结构主义走向解构主义再进展到建构主义的反复辩难诘问。

与之不同，中国博物馆诞生于民族救亡运动与西风东渐的特殊历史时期。在中国革命处于探索的阶段，在"中体西用"

的情结以及实用主义传统影响下，急于走上现代化道路的中国早期博物馆人首先拥抱了"赛先生"，将科学主义（实证主义）和功能主义作为博物馆实践的主要指导思想。中华人民共和国成立后，科学主义和功能主义的地位又通过"三性二务"论得以巩固。因此，在博物馆及其陈列展览的本体思辨上，我们既有自己的发展特点，又显得有些"先天不足"。

杨志刚曾经一针见血地指出："回顾中国博物馆和博物馆学的发展历程，一个不容回避的事实是，我们既缺乏博物馆的本体意识，更没有建立起博物馆学的本体论"，"国人对于博物馆的论说，盛行的都是这一类功能论的观点，而本体和本体论则被遮蔽了"。①

本体思辨的缺乏造成了我们对陈展本质的思考表现为"以博物馆功能为基础的专业化路线"和"以博物馆职能为基础的社会化路线"②两条不同的思想路线，由此长期停滞在"以物为本"和"以人为本"的二元对立，以及纠缠在"以藏品为核心"和"以社会为中心"的底层逻辑上。

（一）"以物为本"的批判

苏东海先生曾建立起一套以博物馆物为核心的本体论框架。他认为"博物馆物是博物馆存在的物质基础，是博物馆功能发生的根据，是博物馆价值的源泉，有什么样的物就有什么样的博物馆"，"研究博物馆的物就是研究博物馆的核心要素，研究博物馆本质的核心"。③这套理论赋予了博物馆物先于博物馆的本体意义，收藏成为博物馆的核心业务，而展示、研究与教育则成了收藏的外延。

在此类理论框架中，博物馆陈展是被博物馆物决定的实践活动，"是以实物为基础，利用科学方法与艺术手法向人们进行思维活动的科学作业"④，其本质在于"实物即是知识的载体""知识即是力量""力量寓于内容"三个逻辑环节。于是，物本论在实践中具体化为陈展以藏品为基础，"藏品的基本属性决定着展览体量的陈列形式，围绕藏品与陈列空间的作用关系，分析文物藏品转型

---

① 杨志刚：《构建博物馆本体意识》，《中国文物报》2006 年 7 月 14 日第 6 版。

② 苏东海：《国际博物馆理论研究的分化与整合——博物馆研究的两条思想路线札记》，《东南文化》2009 年第 6 期。

③ 苏东海：《博物馆物论》，《中国博物馆》2005 年第 1 期。

④ 宋伯胤：《论陈列的本质》，《中国博物馆》1988 年第 2 期。

为陈列展品的过程"[1]。一个直观的后果是，饱含人文主义启蒙意蕴的"缪斯神庙"(Museum)被翻译为表征科学主义、物本论的"博物馆"。

因此，传统博物馆学是经验主义（实证主义）、功能主义和科学主义的，本质是知识本体论，陈展是单纯的博物馆藏品及其知识发现、展示和传播的工具与手段。然而，藏品先于陈展的观念是一种静态的、绝对的、线性的思维范式，在理论层面必然带来两个重大问题：认知主体和主体间性的遗失。

物本论将知识视作对物质世界客观的、独立的、普遍的、确定的认识，而忽视了作为认知主体的人。认知行为发生的原因、过程和结果都离不开人的主观参与，而作为主体的人并不完美。因此，知识是多元的、碎片化的、可批判的、变化着的。逻辑实证主义曾是现代自然科学革命的第一个哲学产儿，在科学革命的进程中我们又发现了负反馈的意义，认识到科学理论和命题要有可证伪性(falsifiability)。[2] 可证伪性代表的是一种科学的批判精神，象征具有批判意识的人是获取知识的关键，物本论至此已然不攻自破。

物本论强调的是人对物的认识，这势必造成博物馆功能的内向化、平面化，使陈展成了单向的知识传播工具。对认知主体自身以及主体间性的认识，也均是知识体系的重要内容，两者在陈展上的缺位让博物馆从文艺复兴时期确立起的人文主义精神被削弱，从而让博物馆与社会之间出现了脱节。

我提出过"博物馆是生长的文化社区"的命题，博物馆不应单纯是文化记忆展示和保存的场域，而应该更多地融入当下文化的繁盛构建中。只有脱离了"以物为本"的线性桎梏，博物馆的各种功能在文化叙事实践中才能呈现出动态的、交叉的、互为基础的关系，收藏也就失去了比其他功能更为本质与核心的地位。

在策划有关当代艺术的展览时，我们常常会采取陈展主题先行的做法，即艺术家根据主题创作展品，策展团队围绕展览进行专题研究，展览过程中设计

---

[1] 赵乐：《论博物馆陈展的物质基础与职能功效》，《中国国家博物馆馆刊》2019年第2期。

[2] 英国科学哲学家卡尔·波普尔在其著作《猜想与反驳：科学知识的增长》中提出："所有科学命题都要有可证伪性，不可证伪的理论不能成为科学理论。"这种保持对所有知识的怀疑与警惕，从而对经验主义、实证主义展开批判的主张，已经成为当今科学精神的重要部分。卡尔·波普尔：《猜想与反驳：科学知识的增长》，傅季重、纪树立、周昌忠等译，上海译文出版社，2015。

并开展社教研学活动，举办学术论坛、专家讲座与文化沙龙，在展览结束后将已经征集的展品入藏。这种陈展方式不同于过去博物馆"收藏—研究—陈展—教育"的功能发生链条，而是从确立陈展主题开始，发散式地实现博物馆的诸多功能，即先确定陈展主题，然后才有针对性地同时或历时开展研究、收藏、陈展、教育、交流等功能性实践。

实际上，国内博物馆通过陈展来拓展和实现博物馆功能的实践早已屡见不鲜。特别是在近年来新建设的纪念馆、行业博物馆和地方博物馆中，陈展往往成为博物馆构建其功能体系的出发点和落脚点。

这就很难不引发本体论的思考：陈展是博物馆功能的效用，还是在某种程度上参与构建了博物馆的功能体系？如果我们承认陈展对功能体系的建构作用，对其的本体思考走出"以物为本""以藏品为核心"似乎是势在必行的。有趣的是，在陈展的本体论上我们亦远未达成"以人为本"的普遍共识。

(二)"以人为本"的回归

仔细考察 50 年来新博物馆运动的兴起轨迹，不难得出这是二战后全球化趋势下人文社会学科进行范式革命的结果。萨特、福柯和哈贝马斯等人在"存在先于本质""知识与权力""沟通行动"等方面的思考，使得"重回启蒙""社会中心"的概念深刻影响了博物馆的发展。一些博物馆学者开始批评博物馆沉湎于自身科学化和专业化权威的幻象中，抛弃了文化使命和社会责任，成了内向封闭的文化系统，在促进社会公平与正义上毫无建树，新博物馆学和批判博物馆学的实践得以兴盛。

新博物馆学引入中国之后，生态博物馆和社区博物馆在一段时间内成为博物馆实践的热点。与国际上新博物馆学运动的丰硕成果相比，国内有关生态博物馆虽然取得了一定的成绩，学术上也多以正面评价和鼓励为主，但是传统博物馆学阵营的质疑声音一直持续不断，并且始终占据主流。

从本体论上说，传统博物馆学并不认为新博物馆学给陈展的底层逻辑带来了重大变化：一是认为新博物馆学对传统博物馆学的批判和反思，不足以推翻物是博物馆"第一性"概念，只是博物馆物"从过去单一的乃至可移动的'物'延展到更为广泛的环境（包括自然与人文）乃至活态意义上的整体生活"[①]，因此

[①] 王思渝：《新博物馆学的引入、发展与未来》，《博物院》2021 年第 4 期。

陈展依然是"以物为本";二是新博物馆学并未改变收藏、研究、展示和教育等功能在博物馆的核心地位,其主张在历史、科学、艺术等传统博物馆中有些"水土不服",没有展现出足够的普适性,陈展"应该有贯彻博物馆功能的非常明确的主题""尽可能利用高科技的传播手段"[①]等观点并不是新博物馆学的核心内容,也就谈不上陈展底层逻辑的革新;三是新博物馆运动不可避免地发生博物馆运营的市场化和娱乐化,很多博物馆人担忧博物馆的公益性、专业性被削弱,导致博物馆的伦理观念从清晰的、可界定的走向混沌的、动荡的,因此反对陈展过度的文创产品化,希望博物馆的陈展要坚守专业性的底线。

在我看来,物本论代表的是"科学至上"的知识本体论,人本论则寓示着"人是目的"的道德(价值)本体论。两种线性本体论在预设的二元对立语境中,势必会表现为矛盾斗争大于交融整合。用本体论的话语来表述,传统博物馆学承认新博物馆学对认识主体和主体间性的重视是必要的,却又不满意其解构和动摇知识(物识)客观性和权威性的尝试。

事实上,我们对新博物馆学的理解,没有认真回溯文艺复兴时期人文主义在重新发现自然与重新认识人自身上的革命性意义,以及其对近代博物馆兴起的决定性作用,没有走出传统博物馆学二元对立的思维范式,将两者之间的关系视为简单的、线性的矛盾冲突与融合。因此,在陈展底层逻辑的讨论上,我们远远低估了新博物馆学的影响。

新博物馆学在认知主体和主体间性上的强调,启发陈展从线性、单向、静态的知识输出工具,逐渐回归到高扬人的主体价值,成为非线性、多维、活态的多元文化叙事,这点对我们理解陈展底层逻辑在现阶段发生的变革至关重要。

(三)体用论的提出

如果跳出传统博物馆学和新博物馆学二元对立的范式框架,有关本体讨论的视野就会打开,将"摆满小摆设的、墓地般死气沉沉的博物馆改造和重建成为培育活生生思想的苗圃"[②]。

我借鉴了中国哲学的"体用论"来诠释文化与博物馆的关系。体用论的视

---

① 甄朔南:《什么是新博物馆学》,《中国博物馆》2001 年第 1 期。

② 史蒂芬·康恩:《博物馆与美国的智识生活,1876—1926》,王宇田译,上海三联书店,2012,第 21 页。

角下，文化是历史与现实的变迁与化跃，道德本体、知识本体、审美本体构建了文化本体的三维，博物馆由此得以产生和发展；博物馆及其功能是文化的叙事功用，推动着我们在多元叙事中记述文化谱系，并不断反思、定义和重塑文化；多元本体与博物馆及其功能之间是依体起用、即用盈体的关系，体用相互滋益、循循相生，统一在"全体大用"的文化实体中。

由此，陈展不再仅仅是为了实现教育、收藏、研究、交流、欣赏等功能的工具，其本质是对文化本体进行多元叙事的呈现；同时，作为文化生长的一部分，陈展亦在滋育着文化本体，增进文化整体的"苟日新，日日新，又日新"。文化与博物馆及其陈展之间的关系为两个层面的体用不二、知行合一。文化之周流皆可付诸博物馆之叙议，而集中体现在陈展之中；陈展联结闭合了博物馆的叙议之圆，又无不成就文化之周流。

从陈展的底层逻辑上讲，陈展的本质已经不再仅是物与识的展示与传播，而是人类文化的生长叙事。当陈展不再局限在本体产生现象、内容决定形式的线性思维范式中时，陈展的本质在实践中的反映主要表现为三个方面：首先，"以人为本"的价值观渐渐成为陈展的总基调，这不是对"以物为本"的简单否定，而是多元文化叙事的核心要求，即知识只是人类文化本体的一维；其次，陈展的主题更加丰富多元，陈展的内容与形式也不再是单向的决定论，而是两者活泼泼地交织变化，在特定主题下，形式的重要性可能超过内容；最后，既然文化本体是生生不息的，那么对其进行叙事的陈展理应也是活态的，因此常设展在博物馆陈展中的地位下降，而临时展、特展的地位上升，甚至可能成为博物馆陈展体系中最为重要的部分。

与此同时，陈展的底层逻辑也出现了第二层次的变革：认识论从求真为核心，走向善、真、美的多元体系。

二、善、真、美的多元认识论

一般来说，认识论即是人的知识观。

传统博物馆学在认识论上的观点形成于地理大发现时期，在工业革命时期得到巩固，聚焦于人对自然的探索、发现与改造。因此，传统博物馆里的陈展通常是努力用碎片化的实物在展厅里组合成历史、科学、艺术的知识图谱。这样的认识逻辑最适合科技类、行业类的陈展，如自然史的陈列，其较之历史类或艺术类展览在主题和逻辑线索上更有确定性、更清晰，趣味性更强，也容易得到更多观众的欢迎。但是在历史类、艺术类展览里，因为认知主体的差异和主体间性的存在，陈展主题往往会显得比较浅薄，逻辑线索模糊不清，陈展很多时候是史料、艺术作品的碎片化堆砌，很难呈现出深刻的、启发性的、可交互的史论史观或艺术评论。

新博物馆学的认识论并不否认知识的基础性作用，但其将认识对象从库房的藏品、展厅的实物拓展为社会生活和自然环境，提出认识的目的和意义除了使人了解物质知识，还要通过建立社会关系的沟通和协调机制，促进社会公平和正义，引导社会变革。因此，生态博物馆和社区博物馆的陈展是去中心化的，将展览放置于活态的文化场景中，展品可以是藏品，也可以是某个地域中差异化的个人及其交织形成的生活世界。然而有趣的是，新博物馆学的陈展逻辑应用不仅在传统博物馆的陈展中显得踟蹰笨拙，即便在生态博物馆和社区博物馆中也面临着剧场化和商业化的窘迫。

我试图从文化体用论的视角，将善、真、美确立为陈展认识逻辑的三个维度，同时突破认识过程中收藏—研究—陈展—教育的单向顺序，重构陈展认识论的多维动态逻辑体系。

（一）求善

陈展的传统认识逻辑一向把求真放在最核心的位置。然而，我认为应该将求善放在最基础的位置，因为认识论的首要问题不在于认识的来源、本质、结构和判断，而在于人能否成为认识的主体，人是否具备认识的能力。

从思想史来看，先有了人文主义的复兴，肯定人的价值和尊严，才能将主体的人从神权和世俗权力的双重依附下解放出来；人真正成为万物的尺度，理性主义、经验主义的先后登场才有可能。"缪斯神庙"（Museum）最初的意义绝非对珍宝的收藏和文化记忆的载录，而是我们相信在博物馆里，在人类文化物质和精神的叙事中，首先可以找到人类的永恒价值。因此，在陈展底层逻辑中，陈展的动机、过程与结果始终贯彻着人类文化的普遍价值。当然，对普遍价值的解读各有不同，但尊重人的主体价值，提倡文化的自信、开放和包容等都是共通的，这也是求善成为陈展最基础的认识逻辑的原因。

这种认识论的改变在实践上至少反映在三个方面：第一，在坚持"以人为本"的价值前提下，更多关注人的社会性需求，并且寻求融入社会交往的方式；

第二，陈展的主题更动态地响应社会公众的呼声，除了提高陈展的交互性，还可以使社会公众获得陈展的主体资格，参与到陈展的组织、策划、布展、传播和讨论当中；第三，陈展可以发生在博物馆的展厅当中，也可以发生在自然环境或社区当中，展品可以是文物、文化遗产，也可以是空间、艺术装置，甚至是当下的文化现象。

（二）求真

囿于传统博物馆学，我们通常认为博物馆物是不依赖人的主观意识的客观存在，求真是主观精神对博物馆物的真实的、原始的反映。然而，博物馆物存在着被人为地从其所在的时空剥离出来的过程，这种去环境、去语境的过程已经不可避免地使博物馆物失去了部分的真实性和原始性，并被赋予了丰富的精神内涵。

一般认为在通史陈列中，尤其是有关史前文化部分的展示，很大程度上既要依赖考古，又不能只停留在考古上。因为考古实证所能见到的"真实"是很有限的，倘若策展者缺乏丰富的想象力，没有严谨的理性思考，展示的结果常常会差之毫厘、谬以千里。

因此，我们应该意识到陈展的"求真"已经不是对博物馆物绝对的、客观的、理性的、静态的知识展示，而是对文化及其中之物相对的、多维关联的、感性与理性交织的、动态的认知活动。

这种底层逻辑的改变对展览产生了深远的影响：教育、科普等专业性功能逐渐被削弱，交流、休闲等社会性功能得到加强；展览不再强调单向的信息传播，而是致力于实现多维对话；教育、科普等功能依然会在展览中发挥重要的作用，只不过专业性和社会性之间要达成动态平衡。

（三）求美

中华人民共和国成立后，基于文化部门的行政管理模式，国内艺术类、科技类、民族学等类型的博物馆逐渐边缘化，历史类、地志类和纪念类的博物馆成了中国博物馆的主流。在行政主导的时期，艺术博物馆成为文化部门的各类美术馆、艺术馆，人类审美的认知追求似乎从大多数博物馆的陈展表达中消失了。改革开放之后，审美体验及其情感共鸣越来越为陈展所重视，在一些展览里已然成了最为重要的表现目的。

以南宁市博物馆的原创展览"意象——中国西南少数民族服饰审美及其当

代重塑"为例，策展逻辑上的变化表现为三个方面：第一，展览主题不是"服饰的知识"，而是"服饰审美和生活世界的相互影响与塑造"；第二，展览形式的重要性超过内容，观众的第一体验是对美的感受与共鸣，而不是对知识的学习与探讨；第三，通过揭示审美意识的形成、表现与变化，为民族服饰（物）的产生、存续和当代发展提供思考与讨论的动态空间。

三、活态的方法论体系

博物馆在做陈展的时候，主要是以科学主义、经验主义（实证主义）作为方法论根基，"以物为本"的观点牢牢占据在陈展底层逻辑的关键位置，人文主义、理性主义及其方法论只是起到补苴罅漏的作用。这种底层逻辑最大的问题在于博物馆的陈展更多以展示科学知识为目的，并认为实证主义方法也适用于社会科学和人文学科，这导致博物馆的陈展拙于揭露文化生命的全部面相。

我认为博物馆陈展在方法论上应该理清人文主义、理性主义和经验主义（实证主义）的方法论差异，建立起人文主义方法、理性主义方法和经验主义方法之间相互引鉴和比较的活态方法论系统，而这也是陈展底层逻辑中极具实践性的部分。

（一）人文主义的方法论

人文主义的方法论根植于这么一种观念，即社会是由自由意志与理性秩序矛盾调和的无数个体组成的，有着与自然不同的特质和规律，不能简单套以自然科学的研究方法。在陈展上人文主义的方法论大致体现在以下三个方面。

首先，有关历史文化的展览应该充分尊重不同民族、不同地域、不同时期的文化差异。我们要认识到人类社会愈开放愈多元，其自组织能力愈强，创新和稳态有序的生态机制就愈能发挥作用，为展览定下"以人为本"价值观和多元一体文化观的基调。

其次，陈展过程中要将与观众的交流考虑进去，不能抱持"我展你看""我教你学"的传统理念，转而思考如何能将所要表达的信息准确传递给观众，满足观众学习、休闲和交流的多方面需求；抱持诚恳谦虚的态度，要在展览中建立起从观众身上获取回馈的机制，做成开放性的、能够动态反馈的展览。例如，在展览中增加互动展具、设置思考与讨论空间，开展展览外配套丰富的沙龙、研学等文化活动，开发与展览相关的文创产品等。

最后，不能满足于对文化现象的罗列描述，还应该深入文化现象内部，探寻基于人性的动力源。换言之，展览不能仅仅是物件的简单堆砌，还要改变专注于精英与经典的思想世界的状态，变革过去训导性的教科书式的陈展套路，注重一般民众的思想和信仰世界，使之能和精英与经典的思想世界相互对照和说明。例如，博物馆在做历史类展览时，常见的方法是将各个时期的器物进行仓储性的展示，说明牌上通常"惜字如金"，仅仅有名称、年代、地点等几个简单信息，对文化现象产生、发展的内在动力缺乏真切的思考，往往也不会对精英与平民、经典与通俗等文化面相进行认真对照和解析，展览呈现的观点时常浅淡。

（二）理性主义的方法论

大概是因为只有确立了人的主体价值，理性才会在人类思想和实践中具备合理性，在理解和遵守宇宙秩序之中发挥关键作用。

西方近代理性主义的崛起伴随着人文主义的复兴。理性主义受亚里士多德和笛卡尔的影响，对演绎推理过于强调，仅在数学、物理、逻辑和心理学等领域保持着方法论的优势地位，在很多应用学科领域反而被人文主义和理性主义孕育滋养出的经验主义（实证主义）所超越、质疑和遮蔽。一个明显的例子就是，在历史学、考古学类的展览中策展人会遵循一条不成文的规则——"一分证据讲一分话"，没有实证依据的推理应视为不能证实，展览一般不予表达，宁愿交由文物自身说话。

这种底层逻辑固然表现了实证主义的严谨和专业，然而这也显示了实证主义的傲慢与偏见。理性知识被置于经验之下，被认为没有经验基础的理性知识是空洞或虚构的概念或假设，从而低估了其演绎的作用。比如，博物馆的观众绝大多数缺乏专业性经验，他们参观展览时对信息的主要处理方法有不少是演绎推理，这多少与策展者的方法论立场相冲突。

因此，演绎推理的方法会在当今的陈展中获得更多的应用。在我们的展览中，对涉及风俗习惯、心理结构、思维模式等内容的文化现象，尤其在缺乏文献资料时，演绎推理是必然要使用的。这种应用不仅是为了丰富展览的信息内涵，突出展览的主题，也是为了可以与观众建立起有效、明晰的交流通道，让观众更好地理解策展者所要表达的信息，并激发出顺畅、明确的反馈。

我们在策划南宁古代史陈列时，发现顶蛳山文化作为广西具有标杆意义的考古学文化，在30多年的考古发掘和研究中虽已积累了大量的考古材料，但诸如屈肢葬、肢解葬等葬式依然不可能单凭考古材料来解析，需要文化学、社会学、心理学等多学科参与，通过演绎和归纳的逻辑思维方法才能进行有效的解读，从而展示给观众。尽管如此，有效的解读也不意味着能完全反映"真实"，其应是一种线性的、碎片的、主观的"真实"，是一种可以被证伪的"真实"。这些解读很多是无法被证实的假设，毕竟新石器时代未立文字，一些文化现象只能通过以心度心、演绎契合来阐释，否则观众只能见其然，而不能了解、思考其所以然，展览也会失去其部分意义。

（三）经验主义的方法论

在西方，演绎和归纳的方法最初都属于理性主义的范畴。由于地理大发现和工业革命时期经验主义的迅速崛起，归纳法渐渐成为新生的实证主义最为倚重的方法。弗兰西斯·培根在《新工具》一书中建立起以实验调查法为代表的归纳法，奠定了实验科学的基础，同时他还认为演绎推理拙于拓展知识体系，命题和概念对现实事物的抽象会带来知识的扭曲。

这种方法论在自然科学、人类学、考古学、艺术史等领域得到广泛的应用，博物馆的陈列展览也深受其影响。在很长的一段时间里，实证主义主导了博物馆陈展，归纳法成了陈展底层逻辑中的根本遵循。然而，随着博物馆社会化程度的提高，人们对展览的期待不再只是获取事物的知识，还希望在展览里对话历史或艺术，从而满足情感、归属、休闲娱乐等多方面的需求。

在今天的博物馆陈展实践中，实证主义的方法依然是不可或缺的，但是变化已经悄然发生。

一方面，归纳法的应用场景会有所减少和弱化，在艺术博物馆、生态博物馆、专题博物馆的一些展览甚至会出现由人文主义、理性主义的方法主导的情况。例如，在"邂逅"中德艺术交流系列展的策展过程中，我们更多采用了尊重艺术家情感表达和观众审美体验的人文主义方法；通过类型、风格、内涵、技法等方面的比较，用演绎推理的方式探讨中德艺术之间的文化特点和差异；归纳法没有在策展中居于主导地位，因为这个展览的目的并不是要得出具体的科学结论，而是在于进行文化交流。

另一方面，归纳法与其他方法论的融合应用会越来越普遍，在历史类、科学类博物馆里的陈展都会灵活运用不同的方法，以传递出更为多元、活态的文化信息，优化观展体验。比如，在南宁近代史的陈展当中，数字化展项、民国骑楼街场景的策划就以提升观众的参观体验为诉求，更注重观众休闲娱乐的需求。

四、结论

　　关于陈展底层逻辑的变革，可以说的还有很多。比如，从博物馆在政府、市场、社会三者中如何定位的问题，引申出博物馆陈展在意识形态、商业运营、社会自组织等方面的讨论。不过，本文的目的主要是用一种哲学的框架来重新定义博物馆的陈展，揭示在实践当中早已悄然发生却可能被人们忽视的陈展底层逻辑的变革：

　　博物馆是人类文化进行生长叙事的场域，陈展是"以人为本"价值立场指导下的叙事实践，从这个意义上讲，陈展是串联教育、收藏、研究、交流、观赏、娱乐等功能，完成文化整体叙事的关键一环，否则博物馆只是"死物的仓库、文化的墓冢"；人类对真、善、美的不懈追求，形成了我们多维的、不断生长的认知时空，陈展需要摆脱线性认识论的局限，不要总去当勤勤恳恳、古板固执的"教书匠"，而是认真讲好鸢飞鱼跃、生机盎然的文化故事；多元的认知带来了多维的方法，陈展方法不再是归纳法的一枝独秀，而是个体视角、理性演绎与归纳法诸方法的融会贯通、信手拈来。

"以展促藏"式展览策展模式初探
——以南宁市博物馆临展为例

【作者】周梅清　南宁市博物馆　研究馆员

一、藏品与展示

2022 年 8 月 24 日，第 26 届国际博物馆协会大会通过新的博物馆定义，将博物馆定义为"博物馆是为社会服务的非营利性常设机构，它研究、收藏、保护、阐释和展示物质与非物质遗产。向公众开放，具有可及性和包容性，促进多样性和可持续性。博物馆以符合道德且专业的方式进行运营和交流，并在社区的参与下，为教育、欣赏、深思和知识共享提供多种体验"。博物馆的定义随着社会的发展几经修订调整，但收藏、展示的功能属性及天然使命未曾改变。国际博物馆协会职业道德委员会主席马丁·R.谢勒（Martin R. Schärer）认为，关于博物馆定义中的"征集、保护、研究、传播并展出"，可将这些博物馆的传统任务分为两组——博物馆化（或曰"收藏"，包括保护和研究）、可视化（包括传播和展出）。[1] 藏品是博物馆的立馆之本，是展览展示的物质基础，通过科学研究将藏品转化为展品，可以向公众展示其历史价值、科学价值和艺术价值，让藏品"活"起来，发挥其最大的教育功能和社会效益。所以说，藏品的收藏和展示是博物馆的重要职能，也是博物馆弘扬优秀传统文化所应肩负的

---

[1] 马丁·R.谢勒：《博物馆新定义——社会转变及全新博物馆学语境下的博物馆道德规范与角色》，《博物院》2017 年第 6 期。

社会职责和担当。

博物馆收藏的藏品，一般来源于考古发掘、征集、移交、捐赠、调拨、交换、采集等，藏品是展览展示的主角和核心要素。博物馆策划的展览依托于馆藏文物，按照一定的主题、逻辑和艺术形式，运用设计语言形成一种向观众呈现的视觉艺术。展览的策划，往往根据馆藏品进行主题的提炼，形成类型多样的主题展览或系列主题展览，这是博物馆比较常见的策展方式。随着社会的发展，展览的展品来源也在发生变化，不再局限于馆藏文物，有不少新建馆或临时展览从"零展品"开始策划，展品来源或为新征集或为租借等。例如扬州中国大运河博物馆筹建之初"面临的状况是'零藏品''零展品'"[①]；还有苏州博物馆"明四家"系列学术展览之"十洲高会——吴门画派之仇英特展"，展出的31件仇英书画精品全部是向国内外12家文博机构借的。但无论哪种形式，均是在"有藏品"的前提下，运用"以藏带展"的方式进行策展的。

博物馆与美术馆虽同属于博物馆类范畴，但因收藏理念不同，形成了相异的征集方式。博物馆收藏的藏品倾向于在地化和主题化，强调藏品的地域性与所蕴含的文化记忆和知识信息。而美术馆的收藏不受限于地域和主题，藏品类型比较宽泛，更多关注藏品的泛地域化和泛主题化，逐步形成了"以展促藏"的收藏方式和策展模式。美术馆的这种模式有别于博物馆的"以藏带展"式展览，展品完全跳出藏品收藏，展览在前、收藏在后，即由举办展览延伸至展外征集收藏这一方式逐渐成为美术馆收藏藏品的主要方式。例如，广西美术馆2018年通过"以展促藏"的形式，成功收藏"壮美长歌——广西文明史诗重大题材美术创作项目作品收藏展"中的作品47件；广东美术馆通过策划大型摄影展"中国人本——纪实在当代"，收藏200多位摄影师近600件作品，逐步探索出"以展览促进收藏，以收藏带动研究，以研究影响展览的良性循环"[②]。

二、举办的"以展促藏"式展览

南宁市博物馆成立于1992年，当时与南宁市文物管理委员会合署办公，工作职能倾向于文物调查、保护等方面，加上没有展示场所，从而忽略了收藏

① 李竹：《"零展品"博物馆展品体系构建——以中国大运河博物馆展品征集为例》，《东南文化》2021年第3期。
② 罗一平、黄志坚：《关于改革开放40年来国有美术馆收藏工作的思考》，《艺术市场》2018年第11期。

的职责，造成馆藏量较薄弱的历史遗留问题。如何增加馆藏量，提升博物馆的综合实力，成为 2016 年南宁市博物馆开馆后亟待解决的难题。征购、移交、捐赠、调拨等是博物馆藏品的主要来源，在依靠财政支持难以实现大量藏品征集的前提下，寻求社会力量的介入，通过社会捐赠丰富馆藏量不失为一种有效的方式。随着社会的发展，社会捐赠已成为博物馆藏品的重要来源之一，越来越多的艺术家、收藏家、社会各界人士开始意识到文物艺术品的文化传播价值，愿意将个人藏品捐赠给博物馆，借由博物馆这个文化殿堂发挥文物的最大价值。例如，上海博物馆所藏珍贵文物逾 14 万件，其中 3.3 万余件来自各界人士的捐赠，约占馆藏珍贵文物总量的 23.6%[①]；而在美国，纽约大都会艺术博物馆 90.0% 的藏品是由私人捐赠的 [②]。可见，社会捐赠已成为博物馆收藏的重要补充，甚至是博物馆赖以生存和发展的源泉。通常来说，藏品量丰富的博物馆，其藏品类型多样、自成体系，自主策划的原创展览基本上依托于自身的藏品，通过筛选符合叙事逻辑的藏品，架构起宏大叙事，讲述藏品故事、历史故事；但对于收藏薄弱的博物馆而言，其面临藏品少、藏品类型不成体系、可用藏品不多的困境，策划优质的原创展览常常面临"巧妇难为无米之炊"的无奈。那么，中小型博物馆该如何借助社会力量，同步实现博物馆的展示和收藏功能？南宁市博物馆在这方面做出了新的尝试：借鉴美术馆"以展促藏"的策展模式和收藏方式，突破博物馆由"收藏"到"展览"的常规做法，转向由"展览"到"收藏"的全新办展和收藏方式，尝试在展览与收藏之间找准平衡点。这一做法既满足了公众对展览多元性的需求，又可以利用社会捐赠丰富馆藏量（表 1）。

---

① 简工博：《"高山景行"遴选 50 人捐赠的 145 件 / 组馆藏珍品展出 23.6% 上博馆藏来自捐赠》，《解放日报》2021 年 9 月 28 日第 007 版。

② 董云平：《我省博物馆捐赠"门前冷落鞍马稀"民间捐赠热何时再来？》，《黑龙江日报》2010 年 6 月 3 日第 011 版。

表 1　南宁市博物馆 2017—2023 年举办的"以展促藏"式展览

序号	展览名称	举办时间	合作单位（或个人）	展览类型	捐赠件数（件）
1	高棉的微笑——中国艺术家摄影绘画展	2017 年 1 月 18 日至 3 月 18 日	广西中华文化促进会、广西国际文化交流中心	摄影、绘画	5
2	漆彩多耶——三江侗族农民漆画艺术作品展	2017 年 3 月 29 日至 5 月 1 日	广西梁铝文化投资有限公司、柳州市文化产业发展有限公司	绘画	2
3	钟家佐临池八十二年诗书展	2017 年 7 月 12 日至 8 月 12 日	广西国际文化交流中心、广西书法家协会	书法	6
4	惟美无界——当代朝鲜油画精品展	2017 年 7 月 21 日至 8 月 21 日	广西国际文化交流中心、今朝美术馆	绘画	3
5	匠心筑梦——"燕京八绝"宫廷艺术精品展	2017 年 9 月 7 日至 10 月 16 日	北京国际人才交流协会、北京燕京八绝协会、北京鼻烟壶研究会	工艺美术	8
6	一刻胜千金 方寸纳乾坤——李浩精微雕刻艺术作品展	2018 年 9 月 10 日至 12 月 16 日	浙江省珠宝玉石首饰行业协会、浙江省工艺美术行业协会	工艺美术	2
7	八桂纪行——当代中国书画名家邀请展	2018 年 11 月 29 日至 2019 年 2 月 28 日	广西国际文化交流中心、广西中华文化促进会	书画	43
8	彩墨西大——王德水先生主题创作书画作品展	2018 年 12 月 7—26 日	广西大学、湖南大学岳麓中华书画研究院	书画	1
9	扬帆新时代——揭阳中国画院名家邀请展	2019 年 3 月 19 日至 6 月 18 日	揭阳市文学艺术界联合会、揭阳中国画院	绘画	125
10	吾问西东——陈星州画展	2019 年 7 月 11 日至 8 月 31 日	陈星州	绘画	15
11	"一带一路"艺术行——俄罗斯油画名家南宁邀请展	2019 年 9 月 6 日至 10 月 13 日	北京雅巽文化有限公司	绘画	11
12	惟美无界——当代朝鲜美术精品展	2019 年 12 月 13 日至 2020 年 1 月 15 日	今朝美术馆	绘画	2
13	高山行云——伍载阳国画精品展	2020 年 6 月 10—23 日	伍载阳	书画	3
14	家和万事兴——家教家风书画展	2020 年 8 月 18—31 日	南宁市妇女联合会	绘画	11

续表

序号	展览名称	举办时间	合作单位（或个人）	展览类型	捐赠件数（件）
15	一瞻·一礼——青海多杰旦民族职业技术学校旧勉唐派唐卡作品展	2020年8月20日至10月20日	青海多杰旦民族职业技术学校	绘画	2
16	石窟之美——释禅雪油画作品展	2020年12月22日至2021年1月6日	深圳市禅雪文化传播有限公司、茂名市三千院文化发展有限公司	绘画	1
17	庆祝中国共产党成立100周年钟家佐百幅诗书展	2021年4月29日至5月30日	广西书法家协会、广西政协书画院	书法	9
18	快意丹青——李永平书画作品展	2021年9月28日至11月28日	广东省美术家协会、广东省工艺美术协会	书画	94
19	唯真格物——黄必济曾宪高书画作品展	2022年7月9日至8月9日	黄必济、曾宪高	书画	81
20	明心见艺——吴明龙书画作品展	2022年11月14日至2023年2月13日	吴明龙	书画	81
21	读书刷字 观象凿章——孙淑彦黄志深书画篆刻展	2023年5月15日至8月15日	孙淑彦、黄志深	书画、篆刻	247
22	邂逅八千里——中德艺术交流展	2023年5月15日至8月15日	欧盟广西总商会	绘画、摄影	20
23	勠力前行——正立社首届水彩作品展	2023年8月15日至11月27日	广西水彩画家协会	绘画	31
合计					803

三、探讨

收藏与展览决定了博物馆的定位与发展，藏品的特色关乎着展览的目标。展览作为直接面向观众、发挥博物馆教育功能的重要媒介，关乎博物馆个性特色的定位，考量着博物馆在公众心目中的认可度。[①]基于展览的重要性，国内的博物馆都把举办展览摆在重要的位置，不断推出顺应时代发展、满足公众多

---

① 周梅清：《馆社合作模式下的博物馆展陈创新方式——基于"红土情韵——卢权智红陶艺术展"的探讨》，载广西民族博物馆编《民博论丛2020》，广西人民出版社，2021，第128-134页。

元文化需求的特色展览或主题展览。通行于美术馆的"以展促藏"式展览，是否适用于博物馆，如何根据博物馆的定位寻求符合自身发展的合作方式和展览类型，实现持续的互动和良性循环，是值得探讨的课题。

（一）展品来源

展品是展览的主角，"以展促藏"式展览的展品跳脱出藏品的范畴，由展览合作方提供，主要来源于写生型展品和代表性展品。写生型展品，即组织方（博物馆）组织艺术家到室外、野外或者较为知名的景点采集素材，经现场创作及后期加工而成的作品，具有见效快、目的性强的特点，可以满足组织方（博物馆）策展的初衷和收藏的目的。例如"八桂纪行——当代中国书画名家邀请展"于 2018 年 11 月 29 日开展，在展出前的 4 月中旬，南宁市博物馆邀请 30 余位国内书画名家开展了为期 10 天的"走进壮乡，走进东盟"采风写生活动，以桂林、南宁、崇左等地的奇山秀水、风土人情为创作素材，历经半年的构思，创作出的 100 余幅反映广西壮丽山河的山水、人物、花鸟等题材的作品，成为上述展览展品的重要来源。代表性展品是艺术家不同艺术时期、不同艺术风格的成名作品，专业性和艺术性强，艺术价值较高。这类展品在向公众提供高质量的艺术展览的同时，也能够有效地提升博物馆现当代书画藏品的品质。如"勠力前行——正立社首届水彩作品展"，一共有 33 位艺术家参展，南宁市博物馆根据艺术家提供的作品，从中遴选出有代表性的作品 100 余幅，每位艺术家参展的作品少则 2 幅，多则 9 幅，共同构成展览的核心要素——展品。

（二）展览类型

从展品的年代来看，"以展促藏"式展览的展品均是现当代作品，没有历史文物类的展览。从展览内容来看，主要是美术类展览，其中绘画展览 10 个，书画展览 6 个，"摄影＋绘画"展览 2 个，书法展览 2 个，工艺美术展览 2 个，"书画＋篆刻"展览 1 个。这些展览基本上包括了美术范畴中审美艺术的领域，类型丰富，有绘画、书法、摄影、工艺美术、篆刻等；题材多样，有反映国内外名胜古迹、风情风光的展览，有反映时代主旋律的主题展览，有反映工匠精神的工艺美术作品展览，也有名人名家书画作品展览。从区域范围来看，既有国际性展览，如"'一带一路'艺术行——俄罗斯油画名家南宁邀请展""邂逅八千里——中德艺术交流展"，又有全国性展览，如"八桂纪行——当代中国书画名家邀请展"，也有广西区外的展览，如"匠心筑梦——'燕京八绝'宫廷艺术精品展""一瞻·一礼——青海多杰旦民族职业技术学校旧勉唐派唐卡作品展",还有广西区内的展览,如"漆彩多耶——三江侗族农民漆画艺术作品展",更有南宁本土的展览,如"家和万事兴——家教家风书画展"。展览主题来源囊括了国内外、省(区)内外,地域跨度大,覆盖面广。

(三)成效

1. 有效提升体系类藏品。藏品是博物馆的立馆之本,决定着博物馆的性质与特色发展,因而开展藏品征集是博物馆履行基本职能的常态化工作。南宁市博物馆在2017—2023年的7年里,通过"以展促藏"式展览,获得社会捐赠藏品803件,年均115件,包括绘画530件、篆刻169件、书法86件、工艺美术9件、摄影9件。绘画类展品捐赠数量占比高达66%,"扬帆新时代——揭阳中国画院名家邀请展""快意丹青——李永平书画作品展"等5个书画展览的展品悉数捐出,成为南宁市博物馆现当代藏品中数量最多、最有特色的藏品之一。这些书画藏品,有反映广西风土人情的,如"八桂纪行——当代中国书画名家邀请展"捐赠的43幅作品;有名家名画,如著名水彩画艺术家蒋振立的《漓江小舟》,广西水彩画家协会主席黄华兆的《乡村新绿》,中国美术家协会理事石峰、唐辉等人合作的《漓江纪游》,载誉全球的俄罗斯列宾美术学院院士秋云·亚历山大的《青岛》和彼契亚赫奇·谢尔盖的《邕江写生》;有奇特的指画,如李永平的《川西风情》;等等。这些藏品为南宁市博物馆往后当代书画展的策划提供了多元化的角度和选择。

2. 与社会力量保持良性的互动。鼓励个人、社会和企业对文化事业的支持与赞助,是世界各国的通行做法,也是推动文化事业高质量发展的重要举措。国家相继颁布了《博物馆条例》《关于进一步加强文物工作的指导意见》《关于加强文物保护利用改革的若干意见》《关于推进博物馆改革发展的指导意见》等法规及文件,社会力量参与陈列展览、文物保护利用、社会宣传教育、文创开发等博物馆领域合作的渠道越来越多元化,深度和广度不断拓展,发挥的社会效益越发显著,成为新时代下博物馆创造性转化和创新性发展的有效发展模式之一。"以展促藏"式展览,无论是策划还是实施,都离不开社会力量的参与,尤其是展品,全都仰仗于社会组织或个人的提供。从表1的合作单位(或个人)可以看出,南宁市博物馆举办的23个"以展促藏"式展览中,社会机构或企业参与的展览18个,占总数的78%,说明合作者以社会机构或企业为主;个人直接参与的展览 5 个，占总数的 22%。从时间的连续性和数量来看，2017—2023 年连续举办了 23 个"以展促藏"式展览，保持年均 3 个展览的频率；2021—2022 年受新冠疫情的影响，每年只有 2 个展览，其余年份都是 3 ～ 4 个展览，2017 年则高达 5 个展览。从这些数字可以看出，南宁市博物馆与社会组织或个人在举办展览和藏品收集方面保持着长期良好的互动，形成了良好的双向循环。

3. 拓展收藏途径和策展模式。从历年的考古成果来看，南宁属于地下文化遗存贫瘠之地，想通过考古发掘提升馆藏量的途径难度较大。与此同时，文物征集经费的捉襟见肘以及一些政策上的问题，使得征集、购买文物类藏品和接受社会捐赠也举步维艰。如此，转变收藏理念，转向以现当代社会发展见证物的收藏来更新和丰富藏品不失为一种有效的征集方式。1996 年国际博物馆日的主题是"收集今天，为了明天"，至今各地博物馆都在沿袭与深化该主题，秉持着"为今天收藏昨天，为明天收藏今天"的理念，有责任、有义务记录一个国家、一个民族或是一个地方的社会、自然、历史、传统文化、文明进程和艺术成就，"以展促藏"的收藏方式其实是对"为明天收藏今天"理念的延伸与拓展。"以展促藏"式展览的展品，完全借助于社会力量，拓宽了展品的来源，让热爱历史、喜欢文化的社会人士或组织参与到博物馆建设中来，为博物馆的发展注入可持续发展的血液。同时，博物馆又可以借助社会力量，转变策展理念，摆脱某种类型藏品收藏薄弱的困境，持续为公众提供丰富多彩的展览，为满足人民对美好生活的向往贡献力量。

4. 建立展览品牌。树立产品品牌化的意识，实现品牌存在的价值，才能够将产品营销并达到长久化的目的。陈列展览是博物馆向公众提供的最有特色和最具竞争力的文化产品，"以展促藏"式展览与社会力量联合，多维度探索策展理念，共同打造"馆社合作"展览品牌，已成为南宁市博物馆"月月有新展，季季有大展"临展体系中重要的展览名片。这张名片在实践中塑造国际国内特色子品牌。"国内艺术展"突破地域、时间、类型、范围的禁锢，敞开大门欢迎社会力量的参与，保持年均 2 ～ 3 个"以展促藏"式展览；"国际双年展"选定不同的主题，特邀不同国家的艺术家，每两年举办 1 个"以展促藏"式展览。"国际双年展"自 2019 年"'一带一路'艺术行——俄罗斯油画名家南宁邀请展"启动，受新冠疫情影响曾有中断，2023 年以"邂逅八千里——中德艺术交流展"重启，逐步构建起自身风格和品牌。

博物馆与地方认同

【作者】潘之琳　南宁市博物馆　馆员

　　从博物馆的发展历史来看，博物馆由单纯的个人收藏品存放之处，逐渐发展成了保存、展示以及重构集体记忆之场所。苏珊·皮尔斯在谈及私人收藏的意义时认为，私人收藏为个人提供了一个独立的世界，在这个独立世界里，个人按照自己的生活经验及喜好收藏藏品，这个世界是个人内心世界的写照。在这里，收藏活动是一种个人行为，收藏是个人意志和记忆的映射。随着以人工制品为研究对象的近代考古学的出现，人类各个时期制造的物品成为人们了解过去的载体，它们是人类活动痕迹的见证，承载着过去的记忆。

一、博物馆是保存记忆之场所

　　博物馆通过系统收集和展示各时期与人类活动有关的物品来保存与传播过去的社会记忆。随着博物馆社会化进程的加快，现代博物馆作为记忆的保存者，其保存的不再是个人记忆，而是集体记忆。这种集体记忆具有官方性，它所代表的是官方主流社会对于过去的看法。集体记忆（collective memory）也被称为群体记忆，由法国社会学家莫里斯·哈布瓦赫于1925年提出。莫里斯·哈布瓦赫指出，记忆是一种集体社会行为，具有公众性和集体性，任何个体记忆都是在特定的社会环境下形成的，个人、家庭、民族乃至国家都有其对应的集体记忆。这意味着，我们的个体思想受到所属社会中多种因素的影响而形成，并且被置于这些社会框架内，最终汇入特定的记忆中去。①2022 年，第 26 届国际博物馆协会大会确定了博物馆的新定义："博物馆是为社会服务的非营利性常设机构，它研究、收藏、保护、阐释和展示物质与非物质遗产。向公众开放，具有可及性和包容性，促进多样性和可持续性。博物馆以符合道德且专业的方式进行运营和交流，并在社区的参与下，为教育、欣赏、深思和知识共享提供多种体验。"与之前的定义相比，"社区"作为一个新的关键词，直接反映了当代博物馆外部发展环境的演变，也在一定程度上揭示了博物馆与人、与社群、与城市密切相关的热点问题和未来趋势。因此，对于以本地区自然生活与社会生活为主题的地方博物馆来说，它们不能再局限于展示具有审美价值与经济价值的藏品，而是应该更多地关注反映本地自然与社会生活变化的各种物证，因为这些物证是社会记忆的载体。②

博物馆在保存城市记忆多样性方面发挥着重要的作用。地方博物馆在征集藏品的时候，也以保留当地历史记忆为前提，因此征集的藏品往往具有多样性，保留着各种各样的社会记忆，而不仅仅是主流的、大众的社会记忆。地方博物馆的展品往往具有当地特色，是当地自然与社会生活变化的反映，其所包含的文化信息也是独特的。除了多样性，"地方"也具有很多确定的共性。第一，地方是一个位置的概念。第二，地方具有物理存在形式，其景观由人文与自然环境构成。第三，地方的正常变迁加深了人们对它的依恋，通过观察这些改变，人们记录着自己的历史，而且这些物理层面的变化并不会影响它们的内在属性。第四，地方由居住在那里的人们来定义，因此人群构成的改变会影响它的含义。第五，由于每个人的人生经历和生活方式的不同，大家都会有对自己意义非凡的地方，并且以非常个人化的标准对其进行阐释。就像博物馆，观众都会把个人价值观和知识结构融入参观体验中一样，每个人都有欣赏一个地方的独特方式。地方既是私人的，也是公共的，它会根据不同个体的看法和时代的更迭而改变。③

① 莫里斯·哈布瓦赫：《论集体记忆》，毕然、郭金华译，上海人民出版社，2002，第 17 页。
② 严建强：《信息定位型展览：提升中国博物馆品质的契机》，《东南文化》2011 年第 2 期。
③ 彼得·戴维斯：《地方，文化展示点和生态博物馆》，李明倩译，《中国博物馆》2019 年第 1 期。

二、博物馆是重构记忆之场所

博物馆是保存地方记忆的载体。地方博物馆通过陈列展览、宣传教育等手段对社会记忆进行重现及再创造，唤起观众对地方人文社会历史的感知，并通过构建展品与展品之间、展品与人之间的新的联系，使集体记忆发生重构，从而为地方文化带来新的生命力与活力。

博物馆是集体记忆的重现。博物馆的陈列展览通过展品、文字、图片、音频、视频等相结合的方式，高度还原历史场景，使观众身临其境，感受历史场景的氛围，产生全方位的体验。地方博物馆不仅要展示个别物品，还要将它们纳入本地社会历史的语境中，探讨物品在该语境中产生、发展和衰退的过程，了解它们在时间上是有联系的；同时也关注这件物品与相关物品的关系，如它们是怎样配合使用的。[1]

博物馆是集体记忆的再创造。国际博物馆协会曾提出："博物馆不仅是旧遗产的投影机，还应成为新文化的发生器。"地方博物馆要根据自身所处的社会环境来研究、收藏本地记忆，也要对这些记忆进行开发和再创造，用合理的手段和创造力来重构与阐释属于本地的独一无二的历史记忆，以顺应社会变革赋予城市博物馆的新的使命。正如刘庆平所言："当务之急不是对一座城市的历史再现，也不是做一本城市历史的介绍书，而是如何以饱满、旺盛的生命力和创造力，为所在城市增添它所需要的文化活力，诠释出城市博物馆所应具备的价值取向。"[2] 在尊重史实的前提下，对集体记忆进行加工、再创造，能够使其具有更深刻的意义和独特的时代风采。地方博物馆应在充分研究展品、尊重地方历史的基础上，通过展览将展品置于新的联系之中，通过建立展品之间新的联系，构建新的社会记忆。同时，地方博物馆还应根据馆藏与地方特点、时代特点，设计出具有地方特色、时代特色的社会教育课程，使参与者在课程学习中构建对城市文化的新的理解。

---

[1] 严建强、邵晨卉：《地方博物馆：使命、特征与策略》，《博物院》2018年第3期。

[2] 刘庆平：《城市博物馆在社会变革中的价值取向》，载中国博物馆协会城市博物馆专业委员会、上海市历史博物馆编《城市记忆的变奏——中国博物馆协会城市博物馆专业委员会论文集（2013～2014）》，上海交通大学出版社，2014，第512页。

三、博物馆是增强地方认同的场所

地方博物馆通过展览、社会实践活动等方式，对当地集体记忆进行保存、展现与重构，从而加强观众对地方文化的认同。"地方认同是个人或群体与地方互动从而实现社会化的过程。这种特殊的社会化包含了情感、感知与认知等多种复杂的过程。通过这一过程，个人与群体将自身定义为某个特定地方的一分子。"[①]2014年，《中国青年报》社会调查中心的一项民意调查显示，在受访的1805人中，约七成的受访者认同地方博物馆是本地文化标志，是培养民众故乡认同感的基地。[②]

首先，博物馆将集体记忆进行保存与重现，又通过展览、社会教育等实践活动将集体记忆进行重构，并引导观众个体或群体的情感和心理归属，使观众在共享集体记忆的过程中构建起对地方的认知、认同，以及对地方居民的认同。[③]2023年10月27日，习近平总书记在主持中共中央政治局第九次集体学习时强调："要讲好中华民族故事，大力宣介中华民族共同体意识。"民族博物馆作为国家重要的公共文化服务机构之一，不仅是民族文化遗产保护传承的场馆，也是宣介中华民族共同体意识的前沿阵地，具有主题明确、受众面广、内容丰富等特点。2024年5月，内蒙古通辽市博物馆组建铸牢中华民族共同体意识宣讲队，前往校园、社区、企事业单位等开展民族文化宣传活动，进一步提高了当地各族群众对党的民族理论政策和相关法律法规的知晓率。同年6月，广西民族博物馆举办"广西铸牢中华民族共同体意识历史文化展"，以文物实物、图文展示、多媒体沉浸式体验等方式，讲述了广西各民族与其他地区各民族交往交流交融的生动故事，积极引导各族观众传承与弘扬民族团结基因、铸牢中华民族共同体意识。

其次，博物馆通过举办沉浸式体验活动，让观众在亲身参与中学习与传承城市记忆，形成并加深自身对地方的理解，从而增强认同感和自豪感。以成都

---

① 朱竑、刘博：《地方感、地方依恋与地方认同等概念的辨析及研究启示》，《华南师范大学学报（自然科学版）》2011年第1期。

② 王品芝：《67.7%的受访者认同地方博物馆是本地文化标志》，《中国青年报》2014年10月16日第007版。

③ 李小鹏：《博物馆在社会记忆中的作用研究——以武汉博物馆为例》，武汉大学硕士毕业论文，2019，第38页。

博物馆开发的研学课程"影舞万象·中国皮影"为例，该课程除了讲解皮影的基础知识，还重点介绍了独具地方特色的成都皮影。该课程通过实际操作的形式，为课程参与者展现了成都皮影人特有的"吹胡子瞪眼"、翎子功等动作[①]，使参与者对成都皮影产生全方位的了解，在轻松的研学氛围中增强对成都文化的认同感。

最后，人们在博物馆中通过共享的集体记忆来了解彼此，并在与博物馆工作人员及其他观众的交流互动中联系彼此，从而形成群体凝聚力和对地方的情感。例如，长沙博物馆以微信公众号、微博、抖音、网站、App等构成数字化空间矩阵，构建了一个观众与工作人员、观众与观众、专业人士与非专业人士之间进行交流互动的场域[②]，使观众在多方交流中加深对长沙历史的认知和增进对长沙的归属感。

四、结语

博物馆不仅是集体记忆的保存之处，也是新文化的创造之处和增强集体认同感的场所。博物馆通过收集和展示藏品、开展教育课程和相关活动，以及为所处社区的居民提供交流的场所等方式，引导社区居民参与到地方文化的再现、重塑与创新的过程中来。在这个过程中，博物馆强化了社区居民对地方的认同感和归属感。

---

① 张春阳、张可盈、白桂湖、刘舒宇：《地方认同：成都博物馆研学旅行设计研究》，《文物春秋》2022年第5期。

② 邓庄：《文化记忆的展演与地方认同——以长沙博物馆为例》，《长沙大学学报》2021年第3期。

博物馆落实"两个结合"思想路径研究

——以孔子博物馆为例

【作者】程丽琦　孔子博物馆　馆员

推进马克思主义基本原理同中华优秀传统文化相结合，重点在于坚持以马克思主义为指导，深入研究马克思主义与中华优秀传统文化之间的相通之处、矛盾之处，用马克思主义基本原理激活传统文化生命力，用传统文化赋予马克思主义基本原理深厚文化底蕴，促进二者相融相通，铸就社会主义文化新辉煌。博物馆作为传承与弘扬中华优秀传统文化的重要窗口，必须坚持以科学的态度对待中华民族传统文化，在文化自觉的基础上，用马克思主义真理的力量激活中华民族历经几千年创造的伟大文明；坚持马克思主义唯物辩证法和历史唯物主义的基本观点，用习近平新时代中国特色社会主义思想武装头脑、指导实践、推进工作，秉承实证传统，以此书写蕴含中国特色、中国风格、中国气派的博物馆事业新篇章。

一、孔子博物馆在促进马克思主义基本原理同中华优秀传统文化相结合方面具备的优势

（一）厚重的历史底蕴

孔子博物馆位于山东曲阜。"千年曲阜，文脉悠悠"，作为黄帝生地、神农故都、商殷故国、周汉鲁都，山东曲阜孕育出了灿烂无比的中华优秀传统文化，尤其是以儒家文化为代表的中华优秀传统文化中所蕴含的讲仁爱、重民本、守诚信、崇正义、尚和合、求大同的精神特质和发展形态，是丰富马克思主义基本原

理的重要文化因素，是阐明中国特色社会主义道路的重要文化密码。博物馆是一座城市的灵魂，是凝聚人类历史和文化的场所。孔子博物馆作为尽揽儒家文化的"集大成者"，在深入研究阐释中华文化的历史渊源、发展脉络、基本走向，以研究成果丰富马克思主义基本原理方面具有得天独厚的区位优势。

（二）丰富的馆藏文物

每一件文物都记载着民族血脉的基因密码，都体现着国家和民族的思想价值追求。孔子博物馆馆藏文物丰富，拥有宋代以来的古籍、明代以来的孔府私家文书档案、明清衣冠服饰以及大量的与祭祀孔子有关的礼乐器等各类文物70万余件。其中，蕴含在礼乐器中古老的礼乐文化、书写于古籍文献里的中国智慧、绣制于传统服饰里的中国审美等都是中华民族独有的精神标识，站在马克思主义的立场上，运用马克思主义的观点、方法，提炼、研究和阐释这些文物背后的时代价值，对推动中华优秀传统文化创造性转化、创新性发展，丰富马克思主义中国化时代化成果意义重大。

（三）多元的载体

博物馆作为文化机构，在从文化角度深入实施马克思主义理论研究和建设工程方面具有资源丰富、特色鲜明、载体多元等优势。孔子博物馆运用自身丰富的儒家文化资源，发挥社会教育、陈列展览、国际交流传播、媒体宣传、文化创意等功能，深入基层、面向群众，开展分众化、对象化的理论展览、理论宣讲，用丰富多样、具有时代气息的形式载体对马克思主义基本原理进行生动阐释，推动马克思主义基本原理"飞入寻常百姓家"，为开辟马克思主义中国化时代化新境界把握正确方向、开辟时代新道路、培育人民力量。

二、促进马克思主义基本原理同中华优秀传统文化相结合的实现路径

（一）以人为本

在推动马克思主义基本原理同中华优秀传统文化相结合的过程中，党员干部作为走在前、作表率的"第一梯队"，他们的理论水平与实践能力在一定程度上决定了二者融合的高度与深度。党员干部理论功底不扎实、传统文化素养不高，就无法推动二者结合达到高级阶段，无法在群众中发挥示范引领作用。

孔子博物馆配合当地党委、政府及相关部门开展主题教育展览，以具象

可视化的方式代替了"填鸭式"的教育培训方式,用博物馆语言为党员干部群众打造"沉浸式"思想政治教育。在不断强化理论素养提升的基础上,孔子博物馆立足自身丰富的文化资源,把中华优秀传统文化教育纳入党员干部教育培训全过程,不断推动党内政治理论与文化育人相辅相成。同时,依托"职工书屋+"模式,打造传统文化经典阅读平台,开展"中华经典诵读"、《面向世界的儒学》线上讲座学习、"经典与青年成长"系列讲座等活动;基于干部职工学术研究成果、创新思想、研究计划,定期开展学术沙龙,营造大学习、大研讨、大提升氛围,引导党员干部从文化角度深入研究马克思主义基本原理与中华优秀传统文化的发展脉络及二者之间的相通之处、矛盾之处,大力推进二者的有机结合,为用党的创新理论武装头脑、凝心聚力提供学理支撑。

(二)以物为核

对中华优秀传统文化的精髓要义进行深度挖掘阐发和对中华历史文脉内容进行科学提炼概括,是推动马克思主义基本原理同中华优秀传统文化相结合的必经之路。文物是一个国家、一个民族历史与文化传承的重要载体和实物见证,其中蕴藏着中华优秀传统文化的精髓要义。为了阐释一个主题,博物馆通常需对馆藏文物进行大量的科学研究,阐明文物背后蕴含的历史文化信息,并以正确的逻辑表达形式将其串联起来,以揭示中华文明的演变规律。因此,对于博物馆来说,每一次布展都是对中华优秀传统文化精髓要义的展示,也是对中华历史文脉内容进行科学提炼概括的实践。

孔子博物馆自 2019 年正式开馆以来,以打造精品陈列展览为手段,深入挖掘以儒家文化为代表的中华优秀传统文化的精髓要义。基本陈列"大哉孔子"通过对 2000 多件文物进行深度研究和梳理,分别以"孔子的时代""孔子的一生""孔子的智慧""孔子与中华文明""孔子与世界文明"五个单元再现中华礼乐文明的起源与发展,中国古代先贤于困境中坚守理想信念的中国精神,中华民族讲仁爱、重民本、守诚信、崇正义、尚和合、求大同的精神特质来源,中华文明的发展历程,以及中华文明与世界文明交流互鉴的文明史等。五个单元从不同角度提炼概括了孔子及其学说与儒家思想的发展脉络、价值与影响,科学、系统、全面地展示了中华文明的发展历程与脉络。

(三)以创为先

推进马克思主义基本原理同中华优秀传统文化相结合,就要通过推动中华优秀传统文化创造性转化、创新性发展不断丰富传统文化内涵，使其更好地与社会主义核心价值观、社会主义现代化道路相契合，服务社会主义文化强国建设，更好地满足人民群众对文化的多元化需求。孔子博物馆立足丰富的馆藏文物和陈列展览，创新文化服务方式，将传统与现代相结合，深入实施文化惠民工程，多措并举推动中华优秀传统文化创造性转化、创新性发展。例如，依托"书记项目"，充分发挥党组织书记示范效应，项目化推进"孔子学堂"核心社教品牌建设，每年策划实施"六艺"、传统节日、青少年劳动教育、科普等生动活泼、寓教于乐的线上线下主题社教活动 500 余场，服务青少年 1 万余人次；依托"流动博物馆"，以弘扬社会主义核心价值观为引领，以传承弘扬传统文化为主线，以培育中华民族共同体意识为目标，广泛开展文化润疆工程、儒家文化"六进"活动，充分发挥文物在引领风尚、教育人民、服务社会、推动发展、培育社会主义核心价值观方面的作用，每年服务周边社区、学校、军营等 20 余所；依托"第一书记"工程，深入实施"儒家文化滋养文明乡风"等活动，搭建基层公共文化服务桥梁，助力乡村振兴"加速跑"；依托"中华文明＋互联网"传播新模式，推出"遇见孔子"网络云直播、"人间孔子·2022 文化和自然遗产日走进孔子博物馆"等直播活动，实现文化服务的内容创新、手段创新和平台创新。

三、结语

综上所述，博物馆作为保护和传承人类文明的重要场所，在推动马克思主义基本原理同中华优秀传统文化相结合方面拥有得天独厚的区位优势、资源优势、载体优势，博物馆应立足自身，坚持正确政治方向，坚定文化自信，站在时代的高度，通过深化学术研究、创新展览展示，推动文物活化利用，推进文明交流互鉴，守护好、传承好、展示好中华文明优秀成果，为马克思主义基本原理同中国具体实际相结合、同中华优秀传统文化相结合提供最直接和最坚实的文化条件与现实土壤。

SWOT 分析框架下公益性博物馆的市场营销
——以南宁市博物馆为例

【作者】刘　婕　南宁市博物馆　馆员

习近平总书记指出："提高国家文化软实力，要努力展示中华文化独特魅力……要系统梳理传统文化资源，让收藏在禁宫里的文物、陈列在广阔大地上的遗产、书写在古籍里的文字都活起来。要以理服人，以文服人，以德服人，提高对外文化交流水平，完善人文交流机制，创新人文交流方式，综合运用大众传播、群体传播、人际传播等多种方式展示中华文化魅力。"[①]博物馆是向社会大众提供文化服务的重要场所，它从收藏、展览等功能逐渐转变为积极参与地方发展和社会进步，通过各种展览和活动，在刺激地方文化发展、凝聚地方文化认同感和促进社会全面进步等方面发挥着越来越重要的作用。博物馆的普及程度和服务水平，是一个地方文明的标志。

一、公益性博物馆面临的转变

目前，我国大部分公办博物馆都属于公益性博物馆，对公众免费开放，经费由地方财政全额拨款或者差额拨款，中央再给予一定的支持补助。随着物质生活的日渐富裕，人们对精神生活也有了更高的追求，越来越多的人开始寻求更高层次的文化服务。博物馆凭借几个一成不变的展览和为数不多的宣教活动，

[①] 习近平:《习近平谈治国理政》第一卷，外文出版社，2018，第 161 页。

很难满足当今观众的需求。博物馆需要转变服务观念，由关注"物"转向关注"人"，坚持"以人为本"的服务理念，才能满足人们日益增长的文化需求，不断提高人们的文化素养。

近几年受多重因素的影响，各地财政经费较为紧张，在公益文化事业方面的投入很难有大幅增加。博物馆作为公益性文化机构，对地方财政的依赖很大，缺少在市场经济条件下生存和发展的意识。地方财政拨给博物馆的经费往往只够维持基本的运转，有些博物馆甚至连维持基本的运转都成问题。博物馆要想举办更多更有特色的展览、开展更丰富的宣教活动或者发展文创产业，仅依靠财政给予的日常运转经费是远远不够的，这就需要借助市场营销手段来筹集足够的资金，以为公众提供更优质的文化服务。

二、南宁市博物馆市场营销 SWOT 分析

美国市场营销协会于 2013 年将"市场营销"定义为："在创造、沟通、传播和交换产品中，为顾客、客户、合作伙伴以及整个社会带来价值的一系列活动、过程和体系。"博物馆可以借助市场营销分析法进行分析规划、战略决策、降低风险。下面以南宁市博物馆为例，进行市场营销 SWOT 分析。

（一）南宁市博物馆的优势

1. 南宁市作为广西的首府，是广西的政治、经济、文化中心，南宁市博物馆作为首府城市的地市级综合性博物馆，具有天然的地理优势。

2. 工作人员结构相对年轻化，思维活跃，更具创新能力和活力，这对展览和活动策划、文创产品研发等都有极大的帮助。

3. 馆舍新建不久，设施设备较先进，且建筑造型独特，可利用空间较多。馆舍外围广场宽阔，适宜举办大型展览活动。停车场地充足，可以容纳大量的观众和旅游团体。

4. 位置处于城市的发展新区，道路宽敞，附近有公交、地铁站点，交通便利。

（二）南宁市博物馆的劣势

1. 人员结构年轻化也代表其工作经验不够丰富，对馆内藏品的文化内涵认识不足。

2. 由于人员编制的限制，缺乏具备文创产品研发和市场营销能力的人才。

3. 由于地理位置和开馆年限的限制，馆藏不够丰富。

4. 位置处于城市的发展新区，人流量较少。

5. 地区政策的限制，对博物馆的经营有许多束缚。

6. 资金投入不足，软硬件设施还有待完善，研发独具特色的文创产品也需要有前期资金的投入。

（三）南宁市博物馆的机会

1. 2008 年博物馆实行免费开放以后，观众显著增多，这为博物馆的市场营销提供了更广阔的发展空间。

2. 2021 年 11 月，国务院办公厅印发的《"十四五"文物保护和科技创新规划》中指出"实施中国特色世界一流博物馆创建计划。支持省级、重要地市级博物馆特色化发展。盘活基层博物馆资源"。2021 年 12 月，国务院印发的《"十四五"旅游业发展规划》中指出"支持博物馆、文化馆、图书馆、美术馆、非遗馆、书店等文化场所增强旅游休闲功能，鼓励各地区利用工业遗址、老旧厂房开设文化和旅游消费场所"。中央和地方政策也大力支持博物馆盘活资源，发展文化产业。

3. 随着知识文化水平的不断提高，人们对博物馆有了更多的关注，博物馆文化消费市场具有很大的提升空间，多元化的服务和产品能满足不同层次观众的需求。

（四）南宁市博物馆面临的挑战

作为广西首府城市的南宁，除了有地市级的南宁市博物馆、南宁孔庙博物馆、昆仑关战役博物馆、顶蛳山遗址博物馆，还有自治区级的广西壮族自治区博物馆、广西民族博物馆、广西自然博物馆等众多博物馆，南宁市的文博市场正面临激烈的竞争，不重视自身营销的博物馆将会被观众遗忘，逐渐淡出公众视野。虽然每个博物馆都各有特点，但是要想吸引大众的目光、更具社会影响力、得到文博界的认可，还是相当具有挑战性的。

南宁市博物馆若能利用自身优势，克服劣势，视挑战为前进的动力，抓住当下的机会，提升吸引力和知名度，就能最大化地实现博物馆的社会效益和经济效益。

三、公益性博物馆市场营销策略

许多公益性博物馆对地方财政过度依赖，长期安于现状，坐等观众自己上门，导致他们只注重社会效益而忽略了经济效益。事实上，引入市场营销模式来实现博物馆的经济效益，经济效益又能更好地促进社会效益，二者相辅相成。博物馆的市场营销与企业的市场营销有本质上的区别，博物馆营销获得的经济效益最终是为了更好地服务观众、服务社会，以获取更多的社会效益，更好实现其公益性。

博物馆进行市场营销不应只停留在场地出租和转让承包之类的模式，虽然这样看似收益稳定、风险较小，但是对博物馆服务能力和社会影响力的提升并无帮助。博物馆的市场营销要根据自身馆藏特点和观众需求，借助市场营销理论和方法，举办有特色的展览，开展丰富的宣教活动，发展文创产业，努力实现博物馆的社会教育和公共服务职能，形成以博物馆为中心、周边商圈为外延，辐射全区域的经济发展新模式，来促进区域经济的繁荣。

将市场营销运用到博物馆管理中，首先要进行市场调研，对营销对象即观众进行分类分析。例如，带着幼童的家长喜欢参加博物馆组织的游园和手工类宣教活动，青少年喜欢参加研学类宣教活动和参观历史类的展览，对艺术感兴趣的观众喜欢艺术类展览，旅游团体喜欢关于南宁人文历史方面的展览，等等。博物馆应根据不同类型观众的需求，举办不同的宣教活动和展览。同时，要避免开发千篇一律的文创产品，这就需要博物馆积极挖掘藏品的文化内涵，研发独具特色的文创产品，以增强观众的购买欲望。其次，根据营销对象的喜好和需求制订博物馆营销策略。例如，将博物馆的某些服务转让承包、在政策允许的范围内进行内部经营、与企业合作经营、成立公司独立运作等。最后，运用恰当的媒介进行多渠道的有效营销宣传，将传统的广告形式与新媒体形式相结合，在人流量较多的地方投放大型活动和临时展览广告，运用微信公众号、抖音、快手等新媒体进行大型活动和临时展览的推广，让更多的人认识博物馆、了解博物馆，从而走进博物馆。

全国各地的公益性博物馆已经在市场营销的道路上开始探索和实践，但由于经费、人才、政策等因素，探索和实践的脚步较缓慢，营销成功的博物馆屈指可数，如北京故宫博物院、上海博物馆、陕西历史博物馆等。一个地区的经济是博物馆的生存保障，博物馆的经济效益又可以赋能该地区的经济增长。

四、结语

目前，我国各类博物馆、纪念馆等文化场所众多，竞争尤为激烈，人们对文化场所的选择空间越来越大，期望值也越来越高，只有转变博物馆的服务观念，根据观众需求和社会需要提供更为人性化的服务，才能充分发挥博物馆的公共服务职能，从而不断扩大其社会影响力，保证博物馆的可持续发展。随着文旅融合新浪潮的到来，博物馆成为一个地区重要的旅游景点，参观博物馆已成为一种文化新时尚，其文化旅游市场潜力巨大。博物馆只有努力提高公共服务质量，积极开发文创产业，才能为自身及本地区赢来更高的关注度，增强区域文化凝聚力和吸引力。

博物馆临时展览社教活动的探索性实践

——以南宁市博物馆为例

【作者】张璐瑶　南宁市博物馆　助理馆员

　　基本陈列和临时展览是博物馆陈列的两种主要类型，是将藏品向公众开放展示的两种方式。[①] 相较于基本陈列的固定性、长期性，临时展览以其专题性、话题性、创新性等特点逐渐成为博物馆陈列的重要组成部分，成为馆际之间交流展示的关键方式，也成为吸引观众参观博物馆的重要原因之一。南宁市博物馆一直坚持倾力打造交流互动、文化蓬勃的"生长的博物馆"，这就要保证临时展览开放的数量和质量。南宁市博物馆近年来的临时展览有三个特点：一是主题丰富，涉及历史、文化、艺术等多个领域；二是开放力度大，每年数量为 10 ～ 20 个；三是每个季度均推出一个重磅展览并保证质量。

　　临时展览是南宁市博物馆陈展不可忽视的部分，策划与临时展览配套的社教活动占宣教部每年工作量的一半。通过近几年的探索性实践，南宁市博物馆逐步完善社教活动的设计开发思路，已形成一套较为有效的社教活动模式。该模式对于扩大临时展览的宣传、增强场馆对观众的吸引力，以及使博物馆公共教育资源更广泛地被公众共享有着积极的意义。本文着重分析南宁市博物馆临时展览社教活动的探索性实践案例，希望能对市（县）

---

① 宋向光：《博物馆基本陈列与临时展览的特性》，https：//mp.weixin.qq.com/s/4BimqvJTTPDl-1ZbZkf7bA，访问日期：2023 年 11 月 1 日。

级博物馆利用好临时展览资源，在资金和人力有限的情况下最大限度地实现博物馆公众教育职能提供一定的参考。

一、研学折页调动受众自主学习积极性

博物馆是社会化的学习场所，博物馆教育是博物馆事业固有和基本的职能。[①] 博物馆教育与传统的学校教育有着较大的区别。首先，博物馆教育面向的是全年龄段的人群；其次，人们在博物馆除了可以被动地接受知识的灌输，更多的是主动参与、自主学习。

面对不同受众，如何才能调动更多人自主学习的积极性？从近年来南宁市博物馆临时展览社教活动开展的情况来看，开展研学折页活动在几个大型临时展览当中都取得了良好的宣传教育效果。该活动的主要形式是配合临时展览设计专属的研学折页，在其中设置与展览相关的问题，引导观众进入展厅自主寻找答案，加强观众与展品的互动，增加其对历史和展品信息的了解。这种类型的活动为何能在南宁市博物馆临时展览宣传教育中取得良好的效果？主要原因有三个。第一，研学折页题目围绕重点展品或展览的主题线索进行设计，内容为最基本的知识普及，简单易懂，这样的活动对观众的年龄、人数、认知水平几乎是不设限的，大部分观众都能获得基本的参与感。第二，每个临时展览的推出都可以引发观众新的兴趣点，这就要求社教活动必须牢牢抓住优质的临时展览展期，尽量让配套的社教活动实现展期全覆盖。南宁市博物馆临时展览的展期一般为3个月，时间较长，研学折页活动成本较低，适合覆盖展期。第三，活动需要设置相应的奖励，让观众的自主学习行为获得正向反馈，从而加强他们对博物馆教育的认识与感受。

虽然研学折页活动在各大博物馆中早有开展，已成为一种常规化的社教活动，但是有的博物馆的研学折页活动仅让观众参与，不包括正向反馈，观众的获得感相应较低。南宁市博物馆的研学折页活动经常免费限量发放与临时展览相关的文创或本馆文创。观众在完成研学折页任务之后，将折页交由工作人员确认，如果完全正确即可获得文创礼品。设置此项反馈主要是因为目前博物馆的观众构成模式较为复杂，大部分观众对博物馆教育职能的认识较为模糊，想

[①] 宋向光：《物与识：当代中国博物馆理论与实践辨析》，科学出版社，2009，第127页。

要让观众意识到博物馆是重要的社会学习资源，就要尽可能地让他们在完成自主学习后获得正向反馈，延续参观和学习的热情。

二、临时展览活动形式多样化满足不同受众的核心需求

被临时展览吸引前来参观的观众也是博物馆受众的重要组成部分，这就要求社教活动形式多样，以满足不同受众的需求。设置临时展览的社教活动，需要以前文提到的受众范围广、参与难度低、涉及知识内容较浅显的研学折页活动为基础，再开展其他类型的活动，从而满足不同受众的学习需求。这类活动可以从以下两个角度来设置。

（一）设置专业度高，研究性、讨论性、互动性和沉浸感强的短期活动

临时展览的展陈时间有限，主题内容多样，部分对展览特别感兴趣的观众希望能在有限的时间内快速地、多方面地了解其中的知识。这就需要博物馆开展一部分专业性强或沉浸感强的短期活动作为补充。

南宁市博物馆的临时展览一般以全国各博物馆优秀展览的巡展及艺术文化类的专题展为主。面对这些非本地历史或非博物馆常规展陈的其他专业领域的内容，在社教活动策划的时候就需要考虑到短期内所能传达的深度和广度。因此，除了研学折页，博物馆还配合开展专题讲座、读书沙龙、研学课程、沉浸式观展演出等活动。这些活动一般对开展的时间和人数都有明确的限定，可以确保带有明确学习目的和对展览有深度了解需求的观众得到学习的满足。此类活动的开展也能有效保证博物馆教育所传授的知识的专业度。

（二）设置线上活动与线下活动互相补充

临时展览社教活动可以延长展览时间、扩大受众人群，而在互联网时代还需要通过线上活动的方式，突破空间限制，实现博物馆教育对象的远程化和间接化。线上开展的教育活动形式包括：通过南宁市博物馆微信公众号发布展览重点展品的推送，引导观众了解展品知识并参与有奖互动；开发临时展览相关的微信小程序。

以南宁市博物馆"皇朝的崛起——沈阳故宫藏清代宫廷珍品展"的小程序"清宫寻迹"为例，该小程序以在沈阳故宫博物院宫殿内寻找展品为主要游玩方式。这种设置从两方面打破了空间的限制：一方面线上观众无须来到博物

馆便能了解展览当中的重点展品；另一方面馆际之间的交流展览打破了仅提供可移动展品展出的限制，像沈阳故宫博物院这类设立在宫殿原址之上的博物馆，它的建筑本身也是中国建筑艺术的瑰宝，值得观众深入了解，线上小程序可作为建筑主体内容介绍的补充。小程序设计以沈阳故宫地图为主界面，选择相应的地点，详细介绍其中的宫殿建筑布局、用途等，让观众可以跨越地域空间的限制在线上"云游"沈阳故宫。

三、以人为本，对基本模式的探索性实践

南宁市博物馆的临时展览社教活动已基本形成了一种稳定的模式，即以研学折页为主，实现活动展期全覆盖；其间穿插多种形式的专题活动，满足不同受众群体的需求；同时，以线上活动作为补充，突破教育对象的空间限制。这种模式不仅为南宁市博物馆的社教活动带来了积极的宣传效果，还在有限的展期内最大限度地发挥了博物馆公共教育资源的功能。

然而，值得注意的是，因临时展览内容各异，任何固定模式都难以完全适应每一个临时展览的展出需求。为了进一步提升宣传效果，南宁市博物馆需要在现有模式的基础上，积极进行探索性实践，其丰富的临时展览资源让这种探索性实践拥有了广阔的调整空间。

所谓"探索性实践"，就是指社教活动能够不断根据教育对象的反馈进行自我调整，调整后的新模式再经过实践检验，并基于新的反馈进行更深层次的探索。南宁市博物馆动态调整的依据是"以人为本"的核心理念，这里的"人"有两个指向：一是指向教育的接受者——观众，二是指向教育的提供者——博物馆工作人员。因此，在探索性实践中，南宁市博物馆必须紧密结合这两类人群的需求和反馈做出相应调整和优化。

（一）充分了解观众需求，结合行业热点更新活动形式

博物馆观众是博物馆事业的有机构成成分之一，是博物馆事业存在的社会基础，是参与和完善博物馆工作的积极因素之一。[1] 相较于基本陈列的固定性，临时展览的更新性使得观众的需求能够随着展期的推进形成新的反馈，为博物馆社教活动的探索性实践提供了明确的方向。

---

[1] 宋向光：《物与识：当代中国博物馆理论与实践辨析》，科学出版社，2009，第216页。

尽管不同的受众所关注的重心各异，表现出的直观需求也不尽相同，但这些需求普遍以知识为背景，围绕文化体验展开，本质是完善自身的知识结构并增强社会生活能力。简而言之，观众期望在博物馆的教育活动中能够获得更高的参与度和更丰富的收获感，或者能够提升个人在互联网环境中的认可度。因此，临时展览社教活动的设计应当力求紧密贴合观众的需求及行业热点。

以南宁市博物馆为例，近年来，临时展览研学折页活动进行了多次调整和更新。2022年暑期，"王的地下宫殿——河北汉代王室文物展"首次引入了研学折页活动。该活动引起了社会的极大关注，获得了观众的广泛参与，一度在社交媒体上引发热烈反响，实现了良好的宣教效果，由此，南宁市博物馆将研学折页活动作为临时展览社教活动的固定组成部分。然而，当时的研学折页活动尚显独立，未能与其他社教活动形成有效联动。

2023年，集章活动热潮席卷文博行业，成为博物馆吸引观众参观的新亮点。在同年9月举行的临时展览"无极——长沙马王堆汉墓文物精品展"社教活动策划中，因研学折页活动与集章活动均拥有广泛的受众基础和不受限的参与性，博物馆创新性地将两个活动相结合，比如将以往研学折页活动中固定发放临时展览的相关文创或本馆文创调整为限定集章本，促进了研学折页与集章活动的有机结合。

此外，南宁市博物馆社教活动的探索性实践不仅着眼于满足大众群体的广泛需求，还格外关注社会少数群体的特殊需求。在"无极——长沙马王堆汉墓文物精品展"展出期间，博物馆首次尝试为特殊人群提供手语讲解服务。这一积极尝试不仅丰富了临时展览社教活动的多样性，也为博物馆社教活动和服务向更广泛人群推广奠定了基础，为后续将更多样化的社教活动融入基本陈列或使其成为博物馆日常服务和教育的一部分提供了实践经验。

特别是随着博物馆步入服务时代，社教活动已不局限于发挥教育职能，更成为衡量博物馆服务水平的重要标尺。因此，深入了解和精准把握观众需求，对推动博物馆临时展览社教活动的持续开展和深入探索性实践具有重要意义。

（二）全面了解工作人员实际工作情况，优化社教活动质量

前文提及的"以人为本"理念，另一个重要维度是关注博物馆教育实施的核心——本馆工作人员。全面了解临时展览社教活动的具体实施情况及工作人员面临的困难，有助于在探索性实践中不断优化活动质量，进而提供更加优质的教育资源和社会化服务。

　　博物馆宣教部的工作人员作为一线执行者，能够最直接地评估社教活动的效果，并为探索性实践提供宝贵的反馈。通过收集工作人员的反馈，活动策划者能够更有效地调整活动方案，精准把握社教细节的实施效果。研学折页活动初期采用纸质折页配套贴纸的设计，虽便于观众操作，但工作人员需提前大量手工粘贴贴纸，导致工作量随折页数量增加而增多，造成人力资源短缺等问题。此外，剩余贴纸的丢弃既浪费资源又影响环境，且贴纸形式简单，任务完成较快，未能充分促进观众与展厅的深入互动，教育效果有限。在高峰期，观众参与人数激增，有限的工作人员难以同时满足贴纸兑换文创礼品和其他的服务需求。

　　针对上述问题，活动策划者收集并采纳了工作人员的反馈后，将研学折页修改为填写式，这一调整有效解决了之前研学任务设置过于简单、耗时太短的问题，不仅减轻了工作人员的前期负担，还利用读写的互动过程，加深了观众与展览的联系，促使观众在思考中加工知识，从而显著提升了社教活动的教育效果，提升了研学活动的整体质量。

四、结语

　　总的来说，临时展览配套的社教活动需要紧密贴合其特性，形成一种稳定且灵活的基本模式。这一模式旨在提供形式多样、鼓励自主参与的活动，同时能充分发挥博物馆的教育职能。目前，南宁市博物馆采用的"以研学折页为核心，辅以多种形式专题活动，并补充线上活动"的基本模式，在临时展览社教活动中取得了积极的效果，并在有限的展期内最大限度地发挥了博物馆公共教育资源的效用。

　　然而，对于南宁市博物馆致力打造的"生长的博物馆"这一目标而言，仅仅保证展览的数量与质量是远远不够的。为了实现多样文化的广泛共享，社教活动必须持续进行探索性实践。在巩固既有模式的基础上，不断探索新的可能性，正是南宁市博物馆在社教活动中所体现的"生长"理念。基本模式如同肥沃的土壤，为社教活动的持续发展提供了坚实的基础；在此基础上，观众逐渐形成了对临时展览活动的习惯性期待，加深了对博物馆教育的理解。同时，观众的反馈意见更是社教活动"生长"过程中不可或缺的养分。通过定期收集不同人群，特别是观众的自主学习需求，博物馆能够对社教活动进行动态调整，确保每一次实践都能精准对接观众需求。

基于这一理念，南宁市博物馆在临时展览社教活动的探索性实践中，可以从以下几个方向作进一步思考：一是加强馆际间的临时展览交流，并借机学习、借鉴其他博物馆在交流展配套社教活动方面的成功经验；二是探索除研学折页外的其他活动形式，以期达到甚至超越现有的宣传效果；三是开发一个线上小程序，用于整合所有临时展览和常设展的过往线上活动资源，从而扩大线上活动的覆盖范围，为观众提供更加便捷、多样且高质量的社会教育服务。通过这些努力，期望能够吸引那些原本不常去博物馆的人成为"偶然观众"，进而转化为"经常观众"，最终实现博物馆公共教育资源向更广泛人群的普及与共享。

浅析博物馆讲解服务面临的问题
及应对措施

【作者】杨　雪　南宁市博物馆　馆员

2021 年 12 月，广东省博物馆发布《关于社会机构和个人开展公益讲解及活动的管理办法（暂行）》，谢绝任何社会人士在未申请并经馆方批准的情况下，在馆内组织开展面向公众的讲解和活动；确因公益目的在馆内开展讲解及活动的，须提前 7 个工作日提出申请，报备申请人、讲解内容、活动方案等材料。2022 年 8 月，北京市文物局发布《关于规范博物馆讲解工作的指导意见》，明确社会团体及个人在博物馆内开展讲解服务要经过考核、培训，博物馆将建立"白名单"，对考核通过者进行规范管理。2023 年 7 月 9 日，中国国家博物馆发布《关于规范馆内讲解秩序的通知》，自 2023 年 7 月 16 日起，未经馆方许可，任何单位或个人不得在馆内开展讲解活动；确因工作需要在馆内开展讲解活动的单位，须提前 5 日提出申请，报备讲解内容、讲解人员、活动流程、安全责任等材料。2023 年 8 月 18 日，国家文物局发布《关于进一步提升博物馆讲解服务工作水平的指导意见》，要求各地博物馆应探索申请备案、培训考核、持证上岗等机制，将信用良好的社会讲解个人或团体列入"白名单"统一管理；应重点加强社会讲解内容审核把关，通过提前报备、检查巡查、社会监督、网络监测等方式，及时发现并纠正歪曲史实、戏说历史、扰乱秩序等行为，纳入"黑名单"重点监测和管理。

多地博物馆乃至国家文物局为讲解服务"立规矩"，可见做好博物馆讲解工作对博物馆整体形象及重要价值的体现具有极为重要的意义。本文从探讨多地博物馆为讲解服务"立规矩"的原因出发，分析当前博物馆讲解服务面临的问题，并提出提升博物馆讲解服务质量的几点措施。

一、多地博物馆为讲解服务"立规矩"的原因

（一）博物馆开展讲解服务的重要性

2015年3月20日施行的《博物馆条例》明确规定："本条例所称博物馆，是指以教育、研究和欣赏为目的，收藏、保护并向公众展示人类活动和自然环境的见证物，经登记管理机关依法登记的非营利组织。"这表明，教育已成为博物馆的首要功能，而讲解正是发挥博物馆社会教育功能的主要方式之一。讲解工作的开展，不仅涉及展览主题、展品文化价值及相关专业知识，而且能引导观众通过了解展品的社会背景，深化对历史的认知，最终达到博物馆教育的目的。

（二）讲解需求量猛增催生社会讲解

2008年，全国各级文化文物部门归口管理的博物馆陆续免费开放。2017年12月，教育部办公厅印发《关于公布第一批全国中小学生研学实践教育基地、营地名单的通知》，博物馆、纪念馆在第一批研学实践教育基地中的数量占一半以上。2018年3月，国务院机构改革方案提出组建文化和旅游部，文化旅游概念随之兴起。政策上的支持，推动了博物馆行业的发展。在文旅融合的背景下，在研学教育如火如荼发展的过程中，人们对博物馆的教育功能更加重视，将博物馆作为旅游目的地已成为越来越多人的共识。多地博物馆发布有关规范讲解秩序公告的时间多集中在寒暑假，由此可见寒暑假的博物馆游异常火爆，博物馆已成为研学实践教育重要的校外课堂。通过博物馆的讲解服务，观众可直观地了解展品的相关知识，进一步理解展览主题，提升文化素养。但是各大博物馆提供的讲解服务远远跟不上急剧增长的观众数量，由此，旅行社、研学机构等社会讲解员开始在博物馆内提供讲解服务，以解决各大博物馆现有讲解服务无法满足观众需求的问题。

（三）社会讲解存在不文明行为

旅行社、研学机构等社会服务形式的出现，的确在一定程度上缓解了各大博物馆讲解服务覆盖面不足的情况，同时也满足了部分观众多样化、个性化的

需求。但博物馆是展示历史文物和文化的重要场所，讲解服务是向观众传递正确的历史知识与文化的重要途径，博物馆讲解只有遵循严谨求实的原则，提供真实、准确、客观的历史文化信息，才能避免观众产生错误认知，才能维护博物馆的声誉和权威。社会讲解由于讲解员来源不一，同时缺乏统一专业的培训，讲解水平参差不齐，部分讲解内容可能存在错误的表述，甚至出现"戏说历史"、野史等原则性错误，与讲解要求的科学性和严肃性相违背。同时，部分社会讲解人员因缺乏对博物馆公共秩序的维护意识，讲解时不注意控制音量，甚至一直霸占着参观展品的最佳位置滔滔不绝地进行讲解，造成了展厅的喧哗与拥堵，不仅给其他观众带来了不便，也破坏了博物馆庄重、有序的参观环境。

近年来，博物馆以公共文化服务阵地、旅游发展的重要载体、研学教育的校外课堂等多重身份备受关注。社会讲解存在质量良莠不齐、讲解内容有原则性错误，以及造成展厅无序化等问题，迫使多地博物馆为讲解服务"立规矩"，规范讲解市场，以确保博物馆向观众传播科学、正确的内容和价值观。

二、当前博物馆讲解服务面临的主要问题

（一）讲解队伍不稳定，人力资源不足

国有博物馆属于公益性事业单位，纳入编制实名制管理，在编制方面有人员数量限制。在有限的编制内安排一定数量的讲解员编制比较困难。以南宁市博物馆为例，现有讲解员10人，其中编制内讲解员仅1人，编制外讲解员9人。长期以来，编制外讲解员作为讲解服务的主力军，承担着博物馆大量的讲解工作，但因为工作待遇低，人员流动大、队伍不稳定的问题一直存在。博物馆讲解人力资源不足，与观众对博物馆讲解需求量激增现状的叠加，凸显出博物馆在讲解接待能力上的短板。

（二）讲解内容深度不够，讲解形式创新不足

目前，在博物馆讲解工作开展过程中，讲解员基本上还使用统一的讲解词，讲解方式较为刻板、没有新意；观众在参观过程中，对讲解内容也多处于被动接受的状态，缺乏互动交流体验，难以真正理解展览内容。博物馆照本宣科式的传统讲解已难以满足现代观众多样化、个性化的需求。

（三）利用社会讲解动能不足

旅行社、研学机构等社会讲解的方式比较灵活，其中不乏具备较深厚的文史知识、对展品能够提出个人学术理解的教育工作者。因此，多地博物馆为讲解服务"立规矩"的内容并非绝对禁止社会讲解的存在，而是提出需提前申请、报备材料等要求。但在实际操作中，博物馆仍存在诸多现实问题。例如，应由哪些人对讲解词等材料进行审核；审核不通过的理由是否需要公示；如果提交了讲解词，实际讲解过程中出现差异，博物馆应如何监管。以上工作均需要博物馆投入大量的人力进行管理，这对于本来就缺乏人力资源的博物馆而言，可谓捉襟见肘。

三、提升博物馆讲解服务的应对措施

（一）深化改革，提升编制外讲解员工资待遇

按照中央和国家对公共文化机构法人治理结构改革的相关文件精神，博物馆在确保公益目标、做强主业、国有资产安全等前提下，可以开展优惠的文化服务和文化创意产品开发，取得的事业收入、经营收入和其他收入等按规定纳入本单位预算统一管理。因此，博物馆可对有能力、观众反映好的编制外讲解员加大奖励力度，通过提升编制外讲解员的工资待遇实现讲解队伍的稳定，确保讲解服务的稳定供给。

（二）树立"以人为本"的服务理念，创新讲解模式

有效的导览解说有以下共性特征：激发观众提问，而不仅是陈述事实；将观众纳入讨论，而不是让他们保持安静；引导观众细致观察、赏析展品，而不是远观；尊重每一组参观人群，区别应对他们的兴趣和热情。[1] 在提供讲解服务的过程中，讲解员要树立"以人为本"的服务理念，注重与观众进行有效的互动交流，根据观众的理解情况，对讲解的语速进行调控，并加入手势语言，对声音表达进行有效的补充，提升讲解效果。同时，在讲解间隙给予观众表达对展品的感受的机会，增强观众的参与感及价值感。此外，根据博物馆展览的特点，讲解员需要具备历史、教育、播音、艺术、科技等学科知识的整合能力，

---

[1] 郑奕：《博物馆教育活动研究——观众参观博物馆前、中、后三阶段教育活动的规划与实施》，复旦大学博士论文，2012，第183页。

以及对国内外相关文献资料进行研究分析的能力，这样才能不断构建和完善自己原有的知识框架，并通过巧妙的讲解技巧吸引观众，真正达到"因人施讲"的效果。

（三）充分调动志愿者积极性，有效缓解博物馆讲解力量的不足

博物馆讲解志愿者通常是指根据博物馆的实际讲解需要和他们现有的自身资源与空余时间，主动参与到博物馆的讲解工作中，自愿奉献个人知识和专业技能，且不索取金钱、物质报酬的个人或团体。他们一般由博物馆向社会公开招募，经过专业的文博知识培训，通过考核后上岗服务。博物馆讲解志愿者的参与，无疑将有效缓解博物馆讲解人手不足的问题，同时也为无力聘请收费讲解员的观众提供了多样化的服务。但志愿者并非博物馆的员工，没有物质上的奖励或精神上的鼓励，工作中容易出现状态不稳定等问题。这需要博物馆在志愿者管理方面做足功夫，强调契约精神的同时，给予其交通、餐饮等物质补贴和奖状、证书等精神奖励，以激励志愿者工作的积极性和主动性，提高博物馆与志愿者的黏合度。

（四）善用社会讲解，引导社会力量参与博物馆讲解服务

随着旅游市场与研学市场的逐渐扩大，讲解的多样化、个性化需求势必凸显，社会讲解力量宜疏不宜堵。博物馆若能从源头上规范讲解，与社会力量积极开展合作，将有利于博物馆公共文化资源的交流与共享。例如，苏州博物馆积极与苏州市导游服务中心合作，参与到每年的苏州市导游年审和岗前培训中，为他们提供苏州地方历史、文化、民俗和苏州博物馆文物、展览等基础知识的培训。培训包括免费提供讲解资料、开设讲座、模拟导游等项目。这些经过培训的导游带团来苏州博物馆参观的时候，能够为游客提供简单但正确的讲解。[1]苏州博物馆参与导游年审和岗前培训的工作方式十分值得推广，各地博物馆可效仿此形式，与研学机构、学校等开展合作，将研学教师、学校教师培养为博物馆讲解的补充力量，最大限度发挥博物馆在文化交流和传承方面的重要作用。

（五）借助科技手段，拓展讲解服务形式

如今，很多博物馆都推出了智能语音导览、二维码介绍等自助讲解方式，

---

[1] 张欣：《贴近公众　精彩体验——苏州博物馆创新讲解服务的探索与实践》，《中国博物馆》2012年第4期。

为观众提供了便捷的讲解服务，同时也解决了人工讲解供给不足的问题。随着科技的发展，智能讲解系统将更具个性化，特别是随着"互联网+"时代智能机器人在部分博物馆的应用，不仅克服了智能语音导览系统存在死板和无互动性的缺点，还能发挥其海量大数据的优势，为观众解答各种难题，成为拓展讲解服务形式的有效手段。

四、结语

"一个博物馆就是一所大学校。"习近平总书记多次强调，要系统梳理传统文化资源，让收藏在禁宫里的文物、陈列在广阔大地上的遗产、书写在古籍里的文字都活起来，丰富全社会历史文化滋养。讲解，正是让博物馆"活起来"的重要方式之一。随着时代的发展，越来越多观众在走进博物馆、爱上博物馆的同时，对博物馆讲解工作也提出了更多样化、个性化的需求。博物馆只有与时俱进，积极与社会力量开展合作，不断提升服务水平和服务效果，拓展服务形式，才能为博物馆讲解工作的发展带来更多新的可能与前景。

博物馆推动研学旅行高质量发展的策略研究

【作者】张玉艳　来宾市博物馆　副研究馆员

研学是一种以提高受教育者的综合素质为目的的研究性学习，又称探究式学习、探究式科学教育、以学生为中心的指导教学法等，强调教育过程中"以学生为中心"，引导学生主动探究、主动学习。研学旅行是把研究性学习与旅游体验有机结合的体验式校外教育活动，是"知行合一"教育理念下的产物，学生通过亲身参与、体验从而得到启发，将所学、所思、所想有效融合，主动发现问题、解决问题。

一、中小学研学旅行的发展及现状

"读万卷书，行万里路"，这种将理论结合实际、学以致用的研学实践，在我国早已有之。20世纪初，受西方教育理念的影响，"休闲教育"思想在我国逐渐兴起。著名教育家、思想家陶行知认为，休闲教育是从有益的娱乐中培养良好的生活状态和习惯，以培育个人的兴趣和才能。[①] 这一观点与当前中小学生研学教育的意义和目的基本相同，都旨在鼓励学生学会独立思考、积极参与实践、学会为人处世，从而培养学生的多元兴趣爱好和高尚道德情操，促进中小学生的全方位均衡发展。这表明，自近代以来，人们早已认识到参与式、体验式教育的重要意义。然

---

① 叶设玲：《民国休闲教育思想研究（1912—1949）》，浙江大学博士论文，2018，第71页。

而，研学的概念直到近几年才真正被纳入中小学生教育的范畴。

相较于西方国家，我国的研学旅行起步较晚。2001 年，教育部、中国科学技术协会首次从法国完整引进"探究式科学教育"，当时简称"做中学"，即让学生在动脑、动手的过程中，利用实践经验发现问题和解决问题；2012 年，我国开始在上海等几个大中城市尝试开展研学教育；2016 年，研学旅行在全国范围内得到广泛推广，并且要求越来越规范。广西的研学旅行起步较晚，发展较慢，直至 2019 年广西壮族自治区教育厅等部门联合印发《关于推进中小学生研学旅行的实施意见》，广西研学旅游才迎来了快速发展期，社会各界对研学旅行的关注度不断增加。

二、博物馆研学旅行的优势

博物馆作为地区城市名片和文化窗口，对传承中华优秀传统文化、弘扬民族精神和推进社会主义精神文明建设具有至关重要的作用。特别是随着博物馆免费开放覆盖面的不断拓展和免费开放服务水平的持续提高，博物馆与学校之间的互动越来越多，"馆校合作"深入发展，这也推动了博物馆教育和学校教育互促互补，使博物馆逐渐成为学校重要的校外课堂之一。

多年来，博物馆作为重要的社会教育机构，在丰富大众日常教育和提升民众文化素质方面发挥着重要作用。2022 年 8 月 24 日，国际博物馆协会官网公布了博物馆的新定义："博物馆是为社会服务的非营利性常设机构，它研究、收藏、保护、阐释和展示物质与非物质遗产。向公众开放，具有可及性和包容性，促进多样性和可持续性。博物馆以符合道德且专业的方式进行运营和交流，并在社区的参与下，为教育、欣赏、深思和知识共享提供多种体验。"这一新定义进一步强调了包容性、多样性和可持续性，以及社区参与的重要性，与新时代博物馆的发展趋势高度契合。博物馆的可及性、包容性和参与性特点，以及其教育民众、服务社会的功能，使其成为开展研学教育的首选之地。

（一）科学精准的政策为博物馆研学提供有力依据

博物馆研学旅行是把研究性学习和旅游体验相结合的一种特殊校外教育活动。中小学生是研学的主体，博物馆是研学的场地，课程以博物馆资源为载体，研学方式包括集体旅行、亲身体验和学习，极具趣味性、实践性和启发性。博物馆研学的目的是帮助中小学生通过实践活动建立学习世界与现实世界的联系，引导他们在实践中认识自我、发展自我、提升自我。

近年来，党和国家高度重视博物馆在青少年教育中的作用，出台了一系列政策措施，以促进博物馆与学校教学及综合实践的有机结合。从2014年印发的《关于培育和践行社会主义核心价值观进一步加强中小学德育工作的意见》，到2020年印发的《关于利用博物馆资源开展中小学教育教学的意见》，国家政策方面为博物馆教育和学校教育的深度融合提供了有力保障，特别是第一批204个全国中小学生研学实践教育基地中，博物馆、纪念馆的数量就有103个，占总数的一半以上，这极大地推动了博物馆研学教育的快速发展。

（二）丰富多样的馆藏资源为博物馆研学夯实了基础

藏品是博物馆的立馆之本，也是开展各项业务工作的基础。博物馆的藏品真实地记录和反映了本地区在特定自然、历史条件下的生产生活、民族民俗节庆活动、宗教信仰等，具有极高的历史价值、文化价值、科学价值和艺术价值，是研究历史文化发展、城市变迁等的重要实物资料。博物馆藏品所蕴含的历史信息和故事，为博物馆开展研学提供了丰富的教学资源。

近年来，在国内博物馆研学迅猛发展的大背景下，广西各地的博物馆也积极投入研学教育的大潮中。在广西壮族自治区教育厅已公布的中小学生研学实践教育基地中，共有博物馆、纪念馆29个，其中既有广西壮族自治区博物馆、广西民族博物馆、桂林博物馆这样的一级馆，也有金秀瑶族自治县瑶族博物馆、天等县博物馆等县级博物馆。无论是哪个级别的博物馆，它们都有一个共同特点，就是以本馆馆藏为依托，开发独具特色的研学课程。例如，广西壮族自治区博物馆的"跟着博物馆游广西"、广西民族博物馆的"探寻壮美家园"、广西自然博物馆的"小小博物学家"、顶蛳山遗址博物馆的"博物馆里的小小考古家"等研学旅行项目，就是依托博物馆的藏品、展陈及其丰厚的历史文化资源，经过不断的探索和创新开发出来的。

（三）持续多彩的教育活动为博物馆研学提供了良好条件

社会教育是博物馆职能工作中的重要内容，博物馆持续性地开展社会教育活动，为开展研学教育奠定了基础。近年来，各级博物馆充分发挥自身优势，开展了一系列研学教育活动。例如，广西民族博物馆推出的"五彩八桂"研学实践教育活动，桂林博物馆的"桂博少年行"研学活动，崇左市壮族博物馆的"宣讲壮族文化 感悟壮乡文明"研学活动，南宁市博物馆的"非遗传承人带你玩转研学"活动，防城港市博物馆的"馆长带你看文物"活动，玉林市博物馆的"讲好家乡话""行走的博物馆"研学活动，金秀瑶族自治县瑶族博物馆的"弘扬民族文化 传承手工技艺"刺绣研学活动，来宾市博物馆的"博物馆里鉴古知今话未来"研学活动。这些活动都是依托博物馆的展陈、文物、民族民俗文化等资源，在原有的社会教育活动的基础上进一步探索出来的适合中小学生身心发展的研学活动。

（四）完备的人才队伍为博物馆研学提供支撑

研学旅行是近几年我国新兴并迅猛发展起来的特殊教育方式，但由于发展时间较短，研学旅行领域的人才十分缺乏，特别是研学师资极度匮乏。研学导师必须是复合型、全能型人才，不但要具备优质导游的服务能力和教师的教学能力，同时还要有丰富的知识储备和良好的职业素养。博物馆工作人员本身具有较强的专业知识储备，博物馆的社会教育职能使工作人员在参与教育活动的过程中培养了教育教学能力，尤其是博物馆的讲解员，本身就是集导游、教师于一身的优秀研学人才，这为博物馆开展研学教育提供了强有力的人才支撑。此外，博物馆合理的人才结构、完善的人才保障制度和趋于成熟的管理机制，更是为开展研学旅游提供了便利。

三、新形势下博物馆开展研学旅行应如何创新发展

随着研学旅行的快速发展，各级博物馆根据自己的优势，综合考虑不同年龄、不同层次受众的心理特点、知识储备和接受能力，打造了丰富的研学课程，设计了多样的博物馆研学内容，广受观众喜爱。在取得好评和成绩的同时，我们也应该看到，受资源、人才、资金等因素的影响，我国各省（自治区、直辖市）、各级博物馆的研学旅行发展存在较大差异，经济发达、文化繁荣的大城市博物馆研学旅行发展质量和速度都远远高于经济欠发达的中小城市。

目前，就广西各博物馆研学旅行发展情况来看，广西壮族自治区博物馆、广西民族博物馆等实力较强的区直博物馆，研学旅行起步早、发展快、研学课程丰富，为区内其他博物馆树立了榜样和标杆；地市级博物馆研学旅行起步晚，研学课程比较单一，多以学习借鉴其他馆的活动经验为主；部分基层博物馆还未意识到研学旅行的重要性，尚未开发研学课程，利用博物馆开展研学旅行方面的工作滞后。针对存在的问题，我们应该勇于创新，主动化解难题，通过多

种方式推动博物馆研学旅行工作进一步发展。

（一）加强博物馆研学活动品牌建设

"品牌战略是新时代博物馆研学的必由之路"，博物馆凭借独特的文化资源优势打造独具特色的博物馆研学品牌，成为中小学研学的重要目的地之一，让观众在博物馆研学旅行中研有所悟、学有所获。

1.打造精品课程。博物馆研学活动内容包罗万象。历史类博物馆的研学课程多以历史文物、通史陈列为依托，突出史实和文物背后故事的有机结合，更加重视情景式教育；专题性博物馆的研学课程多以某一要素、主题为基础，内容包括自然天文、建筑桥梁、航空航天、制度典籍、文学艺术等，更加重视参与性教育；综合类博物馆的研学课程则更加丰富，可以根据不同主题、不同时间、不同主体和社会热点设置多元化研学课程，更加重视参与性、互动性、启发式教育。伴随着研学教育的不断发展，博物馆研学也日趋成熟，很多博物馆更加重视对文物价值的挖掘和阐释，并结合地域特点开发研学课程。如合山国家矿山公园博物馆利用合山煤矿资源优势，针对中小学生设置了"穿越百年时光隧道 探秘八桂'光热城'""探秘八桂'光热城'研学我国能源结构""探秘八桂'光热城'研学我国能源发展战略"三个课程，让学生了解不可再生自然资源与人类生产生活的密切关系，并深刻理解国家的能源发展战略，从而增强保护自然环境、建设美好家园的自觉性、责任感，进一步激发爱国、爱党、爱家乡的家国情怀。金秀瑶族自治县瑶族博物馆利用丰富的瑶族文化资源和刺绣这一传统手工技艺，打造"弘扬民族文化 传承手工技艺"刺绣研学课程，让学生在体验民族文化技艺的过程中锻炼手眼协调能力，了解古人的聪明才智，增强文化自信，进而在生活中以传承和弘扬民族文化为己任。

2.用活文物资源。习近平总书记强调"让收藏在禁宫里的文物、陈列在广阔大地上的遗产、书写在古籍里的文字都活起来"，研学活动正是"让文物活起来"的具体实践。博物馆研学活动基本都是依托于丰富的馆藏文物资源。如来宾市博物馆的"锦绘千年"壮锦专题研学课程，依托馆藏壮锦资源，结合壮锦装饰艺术、图案特点和文化内涵，引导中小学生感受壮锦图案的形式之美。课程设计将壮锦的基本设计原理、要素等融入实际绘制的图案中，让学生在了解家乡非物质文化遗产的基础上，学会将图案设计运用到生活的美化、装饰中，以培养审美能力。这一极具参与性、趣味性的沉浸式研学活动广受师生欢迎。

博物馆的每一件文物都有着丰富的内涵，无论是造型艺术、制造工艺，还是历史信息和背后的故事，都值得仔细研究。结合中小学生身心发展特点，活用、巧用文物资源，可以开发出高质量的研学课程。

3. 注重特色建设。博物馆研学旅行活动是一种集体性、规模性的活动。随着研学旅行的蓬勃发展，博物馆研学人数不断增多。一些博物馆虽然有了研学实践教育课程，但是没有根据自身特色合理设置课程，或者研学课程没有针对特定学生群体的实际需求设计，面对大中小学生都采取统一化、模式化的课程，课程体系设计深化不够，无法达到理想的教育效果。为此，博物馆首先应该找准自己的定位，清楚自身长处和优势，打造高质量的研学实践课程。其次，博物馆应当加强与大学、科研机构等的合作，将特色专业与内容引入研学实践活动中。最后，在活动形式方面，也要注意将研学活动的内容通过多种形式投放，即不仅可以依托博物馆现有藏品开展研学实践活动，也可以与其他单位合作组织研学活动，以拓展博物馆研学的空间，增加博物馆研学的受众。

（二）加强博物馆研学人才队伍建设

虽然博物馆拥有一批专业知识精深、研究能力突出、教育经验丰富的优秀人才，并已经构建了完备的人才梯次结构，但是在研学教育快速发展的大背景下，博物馆还需要更多熟悉中小学教育现状、课程标准和馆藏资源，了解学生身心发展特点和研学需求，熟练掌握研学旅行流程的研学专业人才。博物馆要进一步加强研学旅行人才建设，可以通过以下途径来实现。

首先，博物馆可以通过对现有工作人员开展教育学、教育心理学、教学能力、教学技巧等方面的培训，增强博物馆工作人员的教学技能，提升他们的综合素质，使他们实现从"门外汉"到"多面手"的转变。其次，博物馆可以借助博物馆协会、教育协会、联席会等社会组织的力量，开展主题交流学习活动，提高博物馆研学从业人员的专业能力，使他们实现从"人员"到"人才"的转变。最后，博物馆应该加强与有关院校的合作，通过委托培养等方式，有针对性地为博物馆培育研学专长人才，使研学从业人员实现从"人才"到"专才"的转变。此外，博物馆还可以通过引进人才、特聘人才、人才支持计划等方式，增加博物馆的研学教育人才数量。

（三）完善馆校合作机制

馆校合作一直以来都是博物馆教育领域的重要课题，特别是素质教育推进以来，馆校合作越来越密切，各博物馆推出的高品质的馆校合作项目，受到一致好评。但总体来看，大中型博物馆无论是合作机制还是合作项目都比较完善，活动也比较丰富，而基层博物馆尚未形成完善的合作机制，馆校合作项目主要以学生进馆参观为主，辅助其他活动，形式比较单一。

博物馆研学活动是博物馆教育与学校教育、家庭教育的有机结合，需要博物馆的主动作为。在实际工作中，博物馆应进一步密切与学校的合作，改变由其单独策划或由学校主导的馆校合作现状。博物馆应深入学校调研，聘请学校教师作为荣誉馆员，了解不同阶段学生的学业特点和身心发展特点，结合博物馆藏品进行差异化、针对性的内容设计，研发精品研学课程，以促进博物馆研学旅行的发展。

（四）加强博物馆数字化建设

新时代的博物馆应从公众的实际需求出发，积极运用新的数字信息技术，主动利用线上资源对展陈设计、藏品数字化展示等数字服务供给方面进行创新，通过身临其境的场景设计等，提高公众的参与性、互动性，增强体验感。例如，广西壮族自治区博物馆推出的"广西文博故事大会"，通过数字技术让精美文物"活"起来、动起来，让文物打动人心，给观众留下了深刻印象。同样，博物馆的研学课堂也可以利用现代科技手段，改变传统的展览、手工制作、角色扮演等环节，利用互联网、VR虚拟空间、交互技术等手段实现线上线下相结合，开展沉浸式教学，提高研学活动的参与度，推动博物馆研学旅行高质量发展。

四、结语

总之，博物馆研学旅行是在博物馆服务水平持续提升和学校教育理念转变的基础上发展起来的。作为重要的社会教育机构，博物馆对研学旅行工作应给予高度重视。随着研学旅行相关政策、措施的不断完善和文旅融合的深入发展，博物馆更应该重视研学品牌建设，突出博物馆研学的独特优势，为当前中小学生研学活动提供优秀案例和典型样本。

博物馆红色文化资源和高校思政教育融合研究

【作者】黄智艺　广西壮族自治区博物馆　馆员

高校思想政治教育对正处在世界观、人生观、价值观形成时期的大学生非常重要。红色文化是开展思想政治教育的有效资源，它使大学生在学习过程中潜移默化地接受思想政治教育，而博物馆恰恰是红色文化资源的重要殿堂。习近平总书记指出："革命博物馆、纪念馆、党史馆、烈士陵园等是党和国家红色基因库。要讲好党的故事、革命的故事、根据地的故事、英雄和烈士的故事，加强革命传统教育、爱国主义教育、青少年思想道德教育，把红色基因传承好，确保红色江山永不变色。"[①] 高校的思想政治教育应充分融合博物馆红色文化资源，助力大学生树德立魂。本文从博物馆红色文化资源和高校思想政治教育实现融合的理论依据与路径对策等几个方面进行论述，为二者实现深度融合提供思路。

一、博物馆红色文化资源和高校思想政治教育相融合的可能性、必要性及现状分析

（一）可能性

1. 目标一致。2020 年 12 月 18 日，中共中央宣传部、教育部正式印发《新时代学校思想政治理论课改革创新实施方案》。

---

① 习近平：《用好红色资源，传承好红色基因，把红色江山世世代代传下去》，《求是》2021 年第 10 期。

方案指出，高校思想政治教育课应"重点引导学生系统掌握马克思主义基本原理和马克思主义中国化理论成果，了解党史、新中国史、改革开放史、社会主义发展史，认识世情、国情、党情，深刻领会习近平新时代中国特色社会主义思想，培养运用马克思主义立场观点方法分析和解决问题的能力；自觉践行社会主义核心价值观，尊重和维护宪法法律权威，识大局、尊法治、修美德；矢志不渝听党话跟党走，争做社会主义合格建设者和可靠接班人"。

教育是博物馆的三大职能之一。博物馆进行革命文物的修复、红色展览的设计及呈现、社会教育活动的开展等，最重要的目的就是充分挖掘革命文物背后的丰富内涵，起到教育启发、凝聚人心的作用，其立意和高校的思想政治教育有异曲同工之处。

2. 内容共性。博物馆红色文化资源与高校思想政治教育有高度的契合性。根据《新时代学校思想政治理论课改革创新实施方案》，高校思政课程设置见表1（打"√"表示该学历阶段设置了该课程）。

表1　高校思政课程设置

课程	学历层次			
	本科	高等职业学校专科	硕士研究生	博士研究生
习近平新时代中国特色社会主义思想概论	在全国重点马克思主义学院率先开设			
马克思主义基本原理	√			
毛泽东思想和中国特色社会主义理论体系概论	√	√		
中国近现代史纲要	√			
思想道德与法治	√	√		
形势与政策	√	√		
新时代中国特色社会主义理论与实践			√	
中国马克思主义与当代				√

从表 1 中可以看出，博物馆红色文化资源和高校思想政治教育是存在内容共性的。博物馆中的红色文化资源是中国近现代史的有力佐证，是马克思主义基本原理在中国成功实践的生动诠释；革命文物是进行大学生思想道德教育的鲜活教材，其背后蕴含着革命先烈舍生忘死、为大家舍小家的英雄气概。二者内容共通、互为说明，这为二者的融合提供了可能性。

（二）必要性

思想政治教育课是为大学生树德立魂的重要课程，学生从中可得到人生航向的启发。多种社会、历史、文化资源都应参与和运用到教育中，以便更为真实地向学生展示鲜活的历史，让学生多角度、多层次地了解社会和人生，更为深刻地反思和观照自我，成长为一个成熟、善思、笃行的人。将博物馆红色文化资源和高校思想政治教育融合，不但可以丰富思想政治教育形式，使其有血有肉、真正入脑入心，提高课程"点头率"和"抬头率"，还可以搭建起博物馆和高校互动互联的交流合作平台，实现博物馆和社会的良性互动，助推博物馆长足发展，让博物馆的社会职能得到更好发挥。

（三）现状分析

笔者向广西高校学生发放了 500 份调查问卷，参与填写问卷的包括北部湾大学、玉林师范学院、广西水利电力职业技术学院等院校的学生，年级涵盖大一至大四，收回有效问卷 408 份。根据调查问卷，得出以下三点结论。

一是高校学生走进博物馆的频次及对博物馆的了解程度需要进一步提升。从调查数据来看，84 位受访学生表示课下走进过博物馆，占比 20.59%；270 位受访学生则表示没有去过，占比 66.18%。可见，要融合博物馆红色文化资源进行高校思想政治教育，首先第一步应该是让学生走进博物馆、了解博物馆。

二是大学生对走进博物馆了解红色历史、接受红色文化熏陶与教育有一定的意愿。在调查中，19.00% 的受访学生表示，若在思想政治教育课中贯穿党史学习教育实践活动，最想参加的就是到博物馆参观革命文物或革命主题展览。

三是当代高校学生对博物馆红色资源的需求是多样性的。97.00% 的受访学生就填空题"你去博物馆更希望看到什么形式的红色文化资源？"填写了答案，答案内容包括革命文物展览、历史文化小剧场、党史知识讲座等。这表明大学生对走进博物馆了解红色历史、接受红色文化熏陶与教育有一定的意愿，并且对希望在博物馆内看到的红色文化展示形式进行了思考。

二、博物馆红色资源和高校思想政治教育相融合的对策与路径

(一) 博物馆红色文化资源的挖掘、保护与研究

1. 挖掘文物内涵，充分开展学术研究。研究红色文物的内涵是一切红色资源利用的前提。博物馆应广泛征集当地革命文物，记录文物来源和历史背景，积极开展革命文物的保护性修复项目，深入挖掘红色革命文物的内涵，充分开展红色历史研究。红色文物资源是红色革命历史留存于世的物质基础，不能脱离文物空谈革命历史，很多红色文物之所以有意义，是基于其在特定的历史年代，由特定的历史事件造就的。因此，红色文化资源是一种特殊的馆藏文物，对其研究不能仅停留在"是什么"，必须结合史实透彻研究才能让其"活起来"。

2. 打造精品展览，开展高校红色教育。可依托红色文化资源，打造针对高校学生的精品陈列展览；同时，积极拓宽展览的内涵和活动半径，除了馆内常设展览，还要配套历史文化小剧场进行革命事件展演和革命人物呈现、在博物馆走廊等公共区域进行展板布置与宣传、在博物馆内开展"党史知识大家答""红色歌曲大家唱"等富于互动性和参与性的活动，全方位地展示和弘扬红色文化。

3. 加强社会教育功能，精准对接高校课堂。要促进博物馆红色文化资源和高校思想政治教育相融合，就必须充分发挥博物馆的社会教育功能，将红色文化服务活动与党史宣传教育工作结合起来，与高校课堂精准对接，更贴合高校教育内容，通过流动展览、宣传讲座、红色课堂等形式，将党史知识输送进高校，让红色文化资源"移动"进校园。

4. 加强文旅融合，开发红色研学路线。在文旅融合背景下，充分依托当地宝贵的红色旅游资源，结合馆藏教育资源，积极开发、推出适合高校学生出游的安全、有针对性的红色研学路线。例如，可将当地有代表性的红色地标串联起来，让学生通过红色研学活动打卡红色教育基地，将思想政治教育课上所学的革命人物、重大事件、重要场馆串联起来，在研学中加深对红色文化的领悟与感知。2017年至今，广西壮族自治区博物馆（简称"自治区博物馆"）的"跟着博物馆游广西"研学旅行项目已经开辟包括"广西红色文化之旅"在内的8个主题12条研学路线，横跨4省20余个地级市，参与活动的青少年逾千人。此研学旅行项目还设计了专属的标识，制作了帽子、T恤、笔记本、印章、扇

子等周边产品，树立了良好的品牌形象。2021 年，自治区博物馆"红色之旅"研学小程序正式上线，开启了"互联网＋研学旅行"的线上线下融合发展新路径。①

5. 利用"互联网＋"，打造红色全媒体平台。利用各类新媒体链接更广泛的网络公众，通过推出虚拟展览、展厅直播、互动游戏等形式多样的线上项目，发挥官方网站、微博、微信公众号、抖音号等网络平台的传播力，不断增强博物馆展示、教育、宣传推广等功能，拓展受众群体，提升社会影响力，推进博物馆服务提质升级。以自治区博物馆为例，为庆祝党的百年华诞，2021 年其在抖音等平台推出了"红旗漫卷壮乡"系列短视频（表 2）。这些短视频时长 3 分钟左右，选取了重大革命历史事件和重要革命文物进行展示或介绍，制作精良，形式新颖，向社会公众传播红色历史和红色文化，取得了良好的社会效应。

表 2　自治区博物馆"红旗漫卷壮乡"系列短视频

序号	名称
1	斗争的旗帜——劳五暴动
2	革命的旗帜——土地革命
3	团结的旗帜——抗日救亡
4	信仰的旗帜——中共七大
5	胜利的旗帜——解放广西
6	人民的旗帜——民族自治
7	共产党宣言
8	广西农讲所第六期学员李赤雷日记本
9	红军长征路过灌阳时遗留下的武器
10	红七军政治部宣传材料手抄本《工作手册》
11	红军长征过桂北遗留的旗帜
12	红军长征过桂北留下的标语木板
13	告广西人民书

① 黄璐：《跟着博物馆游广西——广西壮族自治区博物馆"博物馆＋研学旅行"的探索与实践》，《文化月刊》2021 年第 11 期。

（二）结合高校课堂，充分融入博物馆红色资源

发挥高校课堂的主阵地作用，充分融入博物馆红色资源。立足高校学生年龄段特征，把握教育规律，创新教学理念和手段，合理利用博物馆红色文化资源，把文物背后的故事融入课堂、融入校园实践。

1. 主导性融入思想政治教育课教学。教师在备课过程中，分析高校思政教材与当地博物馆红色文化的契合点，将教材中的革命事件、革命人物、重要会议、重要地点等，与博物馆的藏品、展览、教育宣传内容进行有机结合。在保证安全的前提下，可组织学生到博物馆参观，通过实地参观，用历史说话，让文物成为教科书的最好诠释。也可直接利用博物馆红色资源的宣传视频，加深学生对课本知识的理解，增强课堂的生动性和感染力。例如，从2016年开始，自治区博物馆利用微信、微博等新媒体平台推出了一档文物普及类微视频节目——《馆长说宝》，每期选择一件馆藏文物，让馆长讲解文物背后蕴含的历史文化和故事。该节目短小精悍、立意新颖，其中多期讲解了革命文物，是将博物馆红色文化资源针对性融入大学思政课堂的优秀素材。下面将该节目自开播以来所讲解的革命文物逐一罗列，并与思政课中的课程内容进行对应（表3）。

另外，要培养一支具备广阔历史视野的思想政治教育师资队伍。这支队伍不但要熟悉思政教材和教学要求，具备灵活的授课技巧和深厚的学术研究功底，还要对博物馆的红色文化有深入了解，能为学生带来生动讲解，提升学生对历史的兴趣，引导学生从历史中汲取精神滋养。

2. 嵌入性融入专业课教学。高校的专业课，除了传授专业技术，还要引导学生确立正确的职业方向、清晰的人生规划，树立正确的价值观。博物馆红色文化资源亦是社会主义核心价值观、中华优秀传统文化、中华优秀传统美德、工匠精神、职业道德、理想信念教育等价值观的重要体现，革命文物背后的革命历史具有感召力，有助于引导学生成为德才兼备的全能型人才。

3. 全面性融入党团课教学。结合博物馆红色文化资源，组织学生党员、团员走进博物馆，争当博物馆红色讲解员，弘扬光荣传统进行志愿服务，进一步引导学生党员、团员筑牢思想根基，传承红色基因，赓续红色血脉，坚定"永远跟党走"的理想信念，做社会主义事业合格的建设者与接班人。

表 3　自治区博物馆《馆长说宝》与高校思想政治教育课对应内容

序号	《馆长说宝》		思想政治教育课对应内容			
	选取文物	内容概述	《马克思主义基本原理概论》	《毛泽东思想和中国特色社会主义理论体系概论》	《中国近现代史纲要》	《思想道德与法治》
1	红军长征过桂北遗留的旗帜	1934 年 11 月，中央红军长征队伍在灌阳新圩附近阻击桂系军阀三个师的进攻。一位姓李的战士负了伤没能跟上部队，将他隐藏起来，治疗脚村的村民发现后，将他隐藏起来，治疗好他的伤，再送他赶上部队。红军战士为了表示感谢，将这面红旗送给了村民①	第一章马克思主义是关于无产阶级和人类解放的科学	第二章新民主主义革命理论 第三节新民主主义革命的道路和基本经验	第五章中国革命的新道路 第二节中国革命在曲折中前进 一、土地革命战争的发展及其挫折	第二章追求远大理想 坚定崇高信念 第二节坚定信仰信念信心，增强对马克思主义、共产主义的信仰
2	中国红军第七军第一纵队第一营第四连连旗	1930 年 4 月，红七军回师河池途经大苗山三防区时，与国民党军队激战，四连队伍被打散，该连战士刘瑞武将连旗带回家保存。此旗是目前仅存的一面红七军旗帜②	第一章马克思主义是关于无产阶级和人类解放的科学	第二章新民主主义革命理论 第三节新民主主义革命的道路和基本经验	第五章中国革命的新道路 第二节中国革命在曲折中前进 一、土地革命战争的发展及其挫折	第二章追求远大理想 坚定崇高信念 第二节坚定信仰信念信心，增强对马克思主义、共产主义的信仰

① 广西壮族自治区博物馆《馆长说宝》第四期：红军长征过桂北旗帜，https://www.gxmuseum.cn/Education/CloudEdu/CuratorSay/edbf5cb2df07a926d4edb3046ab070，访问日期：2024 年 3 月 12 日。
② 广西壮族自治区博物馆《馆长说宝》第十三期：中国红军第七军第一营第四连连旗，https://www.gxmuseum.cn/Education/CloudEdu/CuratorSay/7e10fd85465541491566c635a2c7d316，访问日期：2024 年 3 月 12 日。

续表

序号	选取文物	《馆长说宝》内容概述	思想政治教育课对应内容			
			《马克思主义基本原理概论》	《毛泽东思想和中国特色社会主义理论体系概论》	《中国近现代史纲要》	《思想道德与法治》
3	中国人民解放军桂滇边区纵队第八支队军旗	中国人民解放军粤桂滇边纵队第八支队与敌人进行战斗100多次，摧毁了桂中南地区国民党的县、区、乡政权，建立了广大的桂中南革命游击区。这面旗帜见证了这支队伍洒血备战的光辉历程①	第一章马克思主义是关于无产阶级和人类解放的科学	第二章新民主主义革命理论 第二节新民主主义革命的道路和基本经验	第五章中国革命的新道路 第一节中国共产党对革命新道路的探索 三、农村包围城市、武装夺取政权道路的开辟	第二章追求远大理想 坚定崇高信念 第二节坚定信仰信念 一、增强对马克思主义、共产主义的信仰
4	融县抗日挺进队"北斗"进队符号臂章②	此臂章见证了广西融江两岸各族人民群众顽强抗日、威震战场的光辉历程②	第一章马克思主义是关于无产阶级和人类解放的科学	第二章新民主主义革命理论 第二节新民主主义革命的道路和基本经验	第六章中华民族的抗日战争 第四节抗日战争中的中流砥柱	第三章继承优良传统 弘扬中国精神 第一节中国精神是兴国强国之魂 四、实现中国梦必须弘扬中国精神

① 广西壮族自治区博物馆《馆长说宝》第十四期：中国人民解放军粤桂边纵队第八支队军旗，https://www.gxmuseum.cn/Education/CloudEdu/CuratorSay/GZVideo/9224 1429dba6d2ae59bace984d0320ac，访问日期：2024年3月12日。

② 广西壮族自治区博物馆《馆长说宝》第十五期：臂章，https://www.gxmuseum.cn/Education/CloudEdu/CuratorSay/GZVideo/477c16d0f7420f6814600128e80a511，访问日期：2024年3月12日。

续表

序号	选取文物	《馆长说宝》内容概述	思想政治教育对应内容			
			《马克思主义基本原理概论》	《毛泽东思想和中国特色社会主义理论体系概论》	《中国近现代史纲要》	《思想道德与法治》
5	李赤雷日记本	日记本记录了李赤雷住在广州农讲所第六期学习时的生活、工作和住广西开展农民运动的情况，是其斗争岁月和革命精神的真实写照①	第一章马克思主义是关于无产阶级和人类解放的科学	第二章新民主主义革命理论 第三节新民主主义革命的道路和基本经验	第四章中国共产党的成立和中国革命的新局面 第三节中国革命的新局面 一、民主革命纲领的制定和工农运动的发动	第二章追求远大理想坚定崇高信念 第二节坚定信仰信念信心，增强对马克思主义、共产主义的信仰
6	中国红军第七军翻印的《中国共产党第六次全国代表大会政治议决案》	这份文件是根据邓小平同志从中央带去的中共六大《政治议决案》翻印的，彰显了共产党员前赴后继、奋不顾身的革命精神，也见证了中国共产党第六次党代表大会对中国革命作出的不可磨灭的贡献②	第一章马克思主义是关于无产阶级和人类解放的科学	第二章新民主主义革命理论 第三节新民主主义革命的道路和基本经验	第四章中国共产党的成立和中国革命的新局面 第三节中国革命的新局面	第二章追求远大理想坚定崇高信念 第二节坚定信仰信念信心，增强对马克思主义、共产主义的信仰

① 广西壮族自治区博物馆《馆长说宝》第二十一期：李赤雷日记本，https://www.gxmuseum.cn/Education/CloudEdu/CuratorSay/GZVideo/d2a22cc4c649e9027b5328b69a81a21f，访问日期：2024年3月12日。

② 广西壮族自治区博物馆《馆长说宝》第二十三期：政治议决案，https://www.gxmuseum.cn/Education/CloudEdu/CuratorSay/GZVideo/eefd8506227e448770l271a3fc7b0153，访问日期：2024年3月12日。

续表

序号	选取文物	《馆长说宝》内容概述	思想政治教育课对应内容			
			《马克思主义基本原理概论》	《毛泽东思想和中国特色社会主义理论体系概论》	《中国近现代史纲要》	《思想道德与法治》
7	谢扶民同志用过的棉被	这床薄棉被是谢扶民同志曾经使用过的棉被。谢扶民同志1930年加入中国共产党，曾参加过百色起义、长征、解放战争等。中华人民共和国成立后，曾任中共广西省委组织部部长兼省委纪律检查委员会副书记、第三届全国人大常委会委员兼谢扶民同志等职务。几十年中，这床珍贵的棉被陪着谢扶民同志经历了硝烟弥漫、战火纷飞的战争岁月，又伴着他奋斗在社会主义建设时期，被谢扶民亲切地称为"二代被"。①	第一章 马克思主义是关于无产阶级和人类解放的科学	第二章 新民主主义革命理论 第三节 新民主主义革命的道路和基本经验	第四章 中国共产党的成立和中国革命新局面 第三节 中国革命的新局面	第五章 遵守道德规范 锤炼道德品格 第一节 社会主义道德的核心与原则 二、坚持以为人民服务为核心

① 广西壮族自治区博物馆《馆长说宝》第二十二期：谢扶民同志用过的棉被，https://www.gxmuseum.cn/Education/CloudEdu/CuratorSay/GZVideo/5632739f61cb833717b40c-26312ba5b4，访问日期：2024年3月12日。

续表

序号	选取文物	《馆长说宝》内容概述	思想政治教育课对应内容			
			《马克思主义基本原理概论》	《毛泽东思想和中国特色社会主义理论体系概论》	《中国近现代史纲要》	《思想道德与法治》
8	广西壮族自治区成立纪念章	纪念章用壮、汉字铸有"广西僮族自治区成立纪念1958"字样。1958年，国务院决定成立广西僮族自治区，撤销广西省建制。1965年前，壮族称为"僮族"。周恩来认为，"僮"字容易被误读为"童"或其他音，特别是"僮"还含有"仆人"的意思，显得对少数民族不尊重。因此，周恩来提议将"僮"字改为"壮"字，取得壮壮之意。1965年，根据周恩来的倡议和广西人民的意愿，国务院批准将"广西僮族自治区"改称为"壮族""广西僮族自治区"改为"广西壮族自治区"①	第一章马克思主义是关于无产阶级和人类解放的科学	第三章社会主义改造理论 第三节社会主义基本制度在中国的确立	第八章中华人民共和国的成立与中国社会主义建设道路的探索 第三节初步确立社会主义基本制度，确立社会主义政治制度	第三章继承优良传统 弘扬中国精神 第二节做新时代的忠诚爱国者 二、维护祖国统一和民族团结

① 广西壮族自治区博物馆《馆长说宝》第二十四期：广西壮族自治区成立纪念章，https://www.gxmuseum.cn/Education/CloudEdu/CuratorSay/GZVideo/5af9adbeb8e4b8a5b25f668233f9fe72e，访问日期：2024年3月12日。

(三)营造校园红色文化氛围

1.融入校园物质环境建设。一是博物馆与高校通力合作，在校园开辟红色文化专题展板，融入革命文物图片介绍、文物背后故事讲解、英雄人物事迹介绍等内容，用红色文化对学生进行信念引领和道德品质教育；二是在高校校园中设置一定数量的红色主题雕塑，可以是革命英烈、著名爱国校友的形象，也可以是相关文物雕塑，用雕塑艺术再现重大历史事件和英烈事迹，传达革命文物背后的文化内涵。

2.融入校史馆、高校博物馆建设。把博物馆的专家资源、学术研究资源充分整合起来，指导、支持、参与高校自身校史馆、博物馆建设，这是博物馆陈列向校园延伸的最有效形式之一。这是因为高校的校史馆、博物馆是固定在校园中的，既有利于学生定期开展参观学习活动，又能通过校史等文化熏陶进一步激发学生的民族自豪感和归属感。

3.鼓励高校学生进入博物馆参与红色实践活动。博物馆红色资源和高校思想政治教育相融合，要特别注重实践活动与课堂教育同步开展，引导学生把在思想政治教育课上引发的深刻思考、激发的拼搏进取精神、树立的远大理想抱负转化为矢志报国、服务社会、实现人生价值的实际行动。鼓励和组织高校学生走进博物馆，担任红色文化志愿者，身体力行学习红色知识、了解党的历史，发扬志愿精神，宣传红色文化。让学生通过实践活动，从党史中汲取精神动力，锤炼品格意志，强化担当意识，厚植报国之志，立志为中华民族的伟大复兴作出应有的贡献。

(四)搭建红色网络教育平台

如今是网络时代，大学生的认知特点、接受习惯、信息来源、审美视角等都有了很大改变，传统而单一的教育模式已难以满足他们的需求。博物馆必须联合高校充分利用网络资源，针对大学生的认知特点，搭建起红色网络教育平台。

1.高校联合博物馆，共同打造红色文化宣传板块。目前已有不少高校开辟了红色文化宣传板块，通过线上传播平台，拓宽学生的政治理论学习渠道。如果能在这些红色文化宣传板块中融入博物馆红色资源，链接各大博物馆优质红色展览网上展厅，可收到"1+1＞2"的教育效果。

2.用好用活博物馆官方媒体平台。在"互联网＋"大背景下，通过官方网站、微博、微信公众号、抖音号等网络平台的传播，加大博物馆的宣传力度，扩大其社会影响力。同时，针对大学生的认知特点，重点推出对接高校思想政治教育的精品栏目，广泛链接高校受众，助力高校思政教育。

3. 引导学生用好"学习强国"学习平台。积极引导学生使用"学习强国"学习平台，拓宽学习视野，了解国家大政方针，不断提升自身政治素养和专业技能。特别是"学习强国"学习平台上的文博板块和党史板块，有大量革命文物和故事的介绍，应引导学生借此平台多了解博物馆，了解革命文物，了解中国革命史上的重大事件，通过互联网优势汲取红色文化的滋养。

（五）加强馆校合作育人建设

一是搭建馆校合作平台。加强博物馆与高校之间的学术交流和人文交流，博物馆可与高校结对共建，共享人才和教育资源，不断搭建馆校合作新平台，加强二者合作育人建设。二是健全馆校合作机制。建立健全馆校合作长效机制，以机制激励人、鼓舞人，推动馆校合作长效运行、行稳致远。三是加强馆校人才互培互送。高校聚集了大批高学历知识分子，是产学研的排头兵；博物馆则汇集了文博领域的专家、学者、工作人员，具有广阔的学术研究视域、深厚的学术研究能力和完善的社会宣传教育体系。通过加强学术交流、博物馆专家进校园开讲堂、高校教师进博物馆开讲座等方式，双方可实现优势互补，最大化地挖掘馆校人才优势，打造馆校人才交流高地，共同助力博物馆红色文化资源和高校思想政治教育融合发展。

三、博物馆红色资源和高校思想政治教育相融合的前景展望

"不积跬步，无以至千里。"融合博物馆红色资源进行高校思想政治教育是需要教育界和博物馆工作者持之以恒、共同努力推进的长期性和系统性工程，希望通过不懈努力，能够达到以下效果。

（一）把博物馆建设成为高校思想政治教育基地和开展爱国爱党教育的重要场所

在文旅融合的大背景下，让博物馆成为高校学生开展党史学习教育和红色旅游的重要目的地，以此宣传伟大建党精神和中国共产党人的精神谱系，进一步提升高校学生的政治理论素养，不断加深高校学生对国史党史军史的了解，进一步激发高校学生的爱国爱党热情。

（二）将博物馆红色文化资源纳入高校思想政治教育体系

对融合博物馆红色文化资源进行高校思想政治教育的具体实践进行不断总结、归纳经验，形成一批有特色的高校学生红色旅游路线，创建一批高校学生红色教育基地，打造一批高校学生思想政治教育活动品牌；将博物馆红色资源真正纳入高校思想政治教育体系，拥有较为成熟的教育方法，形成较为全面的教育经验总结，具备较为深刻的现实启发意义，配备较为熟练的讲解人员，培养较为出色的思想政治教育教师，真正推动博物馆红色资源与高校思想政治教育相融合；使博物馆成为高校学生厚植爱国爱党情怀、胸怀远大志向抱负、秉承先烈遗志、赓续红色基因的重要场所，助力其在人生漫漫征途中高扬理想之帆，乘风远航。

课程资源视域下的石刻类文物展陈探析

——以广西区内博物馆为例 [①]

【作者】马一博　广西师范大学美术学院　副教授

　　国际博物馆协会将 2022 年国际博物馆日的主题定为"博物馆的力量"（The Power of Museums），这一主题旨在强调博物馆对社会发展的巨大推动作用，而在博物馆的各种力量中"教育的力量"[②] 尤为重要。收藏、展览、研究、教育是博物馆的基本功能，但人们在实践中往往容易将它们割裂，忽略了这几个功能是相辅相成、互为一体的。一般认为教育活动有教育者、受教育者与教育环境三要素，展陈设计可视为教育活动三要素之一的教育环境，且展陈设计指向对参观者的教育，这使展览具有或隐或显的教育价值，是彰显博物馆教育力量的重要基础与手段。因此，人们应充分认识博物馆展陈所彰显的教育力量。广西石刻数量众多，是反映广西历史文化发展的重要文物。博物馆的石刻类文物以石头为载体，以文字为表现，故从"物"与"文"两个角度承载着历史的文化基因。在博物馆陈列中，这些石刻"物"的可感性与"文"的可读性，使石刻文物的教育功能更加直接。有论者指出，广义上的课程资源，应该包含各种有利于实现课程目标的因素；狭义上的课程资源，则只是指课程资源形成的直接

----

① 本文为 2024 年度广西高等教育本科教学改革工程项目"研—临—创—展：地域资源融入书法学专业课程教学的实践探索"（2024JGA125）成果之一。
② 贺云翔：《什么是博物馆的力量？》，《大众考古》2022 年第 5 期。

因素与来源。^①将博物馆展陈视为一种重要的课程资源已成为教育界与文博界的共识,无论是从广义的课程资源来看,还是从狭义的课程资源来看,对课程资源的视域探索或许可以更有效地彰显石刻类文物的教育力量。

一、类型丰富:广西石刻展陈作为课程资源的基础

广西石刻展陈类型多样,能立体地展现石刻的样貌,是广西石刻展陈作为课程资源的开发基础,能满足不同层次课程开发的需要。广西各博物馆石刻展陈除了采用石刻拓片、石刻原件等常见方式,还采用了复制碑石、重刻碑石、现场模拟、情境创设、原地设馆、数字展示等展陈形式。

其一,拓片展陈。石刻拓片可以真实反映石刻文字信息,使不易移动的石刻得以广泛传播。因此,石刻拓片是基本的也是最常见的石刻文物展示方式,但这种方式不易全面反映石刻的立体面貌。广西各博物馆中以石刻拓片作为展品的有自治区博物馆、桂林博物馆、桂海碑林博物馆、灵山县博物馆等。

其二,原件展陈。以石刻原件作为展陈内容既是对石刻文物的有效保护方式,也能更好地立体呈现石刻文物本身的信息,但这种方式会导致石刻文物脱离原生环境。广西各博物馆中以石刻原件作为展品的有自治区博物馆、防城港市博物馆、横州市博物馆、容县博物馆等。

其三,复制碑石。因许多石刻无法或不宜搬运,故以石刻复制品作为展品在一定程度上可以弥补不能展示原件的遗憾。如自治区博物馆在相应的展陈中根据需要展出部分石刻的复制品(图1),南宁市博物馆在其基本陈列中展陈了南宁市所存的唐代摩崖石刻复制件。

其四,重刻碑石。重刻碑石是依据拓片对某些已经损毁、漫漶等的石刻重新刻制,这些重刻的碑石是对损毁、漫漶的石刻的还原。随着时间的流逝,这些重刻的碑石本身也具备了文物价值。如桂海碑林博物馆对《乳床赋》等损坏严重的石刻进行重刻并展示。

其五,现场模拟。现场模拟不仅复制了石刻本身,而且注重石刻现场的还原,这在对摩崖石刻的模拟中尤为明显。如自治区博物馆在"胜览风物"中设有"摩崖石刻"部分,将展墙设计并制作成摩崖石刻的现场,将唐宋时期著名

---

① 吴刚平:《课程资源的理论构想》,《教育研究》2001年第9期。

图 1 自治区博物馆展出的古代石刻复制品

的摩崖石刻刻于其上，有效地展示了摩崖石刻的场景。桂海碑林博物馆也利用其围墙复制了摩崖石刻的现场，展示教育效果突出。

其六，情境创设。情境创设是为弥补馆藏原碑脱离石刻原生环境的遗憾，将碑刻原本存在的情境在展陈中还原的做法。如桂海碑林博物馆"桂城遗痕——大型古代桂林石刻展"，将收集于城市街巷、乡村山野的散碑集中展示，在展陈中尽力还原其原来的环境，使得石刻整体性强，展示氛围浓厚。

其七，原地设馆。原地建馆是石刻文物保护展陈的特殊方式，对石刻文物资源要求极高。桂海碑林博物馆具备相应的资源，其所在的龙隐岩龙隐洞摩崖石刻群有唐代至民国时期的石刻200多件，是桂林市石刻最集中、最典型的地方，故而具备就地设馆展示的条件。

其八，数字展示。数字展示即将石刻原石、拓片数字化，采取图片、视频乃至全景等方式展示石刻。如自治区博物馆在基本陈列中多展示有拓片图片；桂林博物馆、防城港市博物馆在其官方网站上展示了多种当地石刻拓片的照片；

桂海碑林博物馆官方网站设有"碑林数字化"专栏，有"三维文物""碑林全景虚拟游览"内容等，这是以现代科技优化石刻文物展陈进行的新探索。

二、"文""物"相映：广西石刻展陈作为课程资源的优势

广西石刻类文物展陈类型多样，在多侧面展示其文物价值的同时，呈现出开放化、综合化、情境化的特点。这些特点使博物馆展陈具有了精神构建的指向，即通过空间特质连接起人与文物，触发"文物"活起来，实现"文""物"相映，激发观赏者的兴趣并引导其思考文物展示的内容，从而营造出良好的微观教育环境。

（一）开放化之于课程资源的直观性

石刻文物坚固耐久，不易磨损，故而古人有"寿如金石佳且好兮"的吉语。在博物馆石刻展陈中，无论是拓片还是原件，不少博物馆都以开放的展陈方式呈现。这种开放式的展陈方式实现了多元的可能性，不仅满足了不同层次观众的需求，也呈现课程资源开发与利用的直观性。如桂海碑林博物馆在展陈拓片时，大多数拓片都没有用玻璃隔离起来，人与拓片的距离相对较近，观众可以近距离并清晰地观摩石刻拓片的细节，诸如石花的情况、墨色的变化等，也可以近距离辨认拓片上石刻书法的运笔轨迹与效果，甚至还可以隐约闻到拓片的墨香，获取全身心、多元化的感受。防城港市博物馆在"海蕴山藏——防城港出土出水文物专题展"中，开放展示了《奉宪碑记》《丰乐桥》等三方石碑。观众近距离、多角度观摩石碑，一方面可以直观感受石碑的材质、保存情况、镌刻技法等"物"的属性，如细看石碑上崩裂的细节，唤起对保护石刻文物的思考；另一方面，观众还可以清晰观察文字镌刻的细节，乃至辨识认读石碑上部分漫漶的文字，直观体悟"文"的内容。开放式的展览在保证石刻文物安全的前提下体现了"以人为中心"的展陈理念，解答了文物展览中"为谁而展"的问题。

（二）综合化之于课程资源的立体性

如上所述，广西各博物馆在石刻展陈上探索出了多样的展陈方式，而最值得注意的是同一博物馆在石刻展陈中尤其注重对不同的石刻采取不同的展陈方式，这体现了石刻展陈综合化的特点（图2），满足了课程资源开发与利用立体性的需要。如自治区博物馆在"广西古代文明"这一陈列中十分注重对广西石

刻文物的呈现，根据石刻的情况采取了多种展陈方式：《荔子碑》不仅是广西重要的石刻，也是重要的书法学习范本，故而采取拓片陈列的形式，这既有助于呈现苏轼书法的风神，也有助于观众品味其中的笔墨情趣；范成大是南宋著名的文学家与书法家，是南宋"中兴四大家"之一，因其在桂林伏波山的《鹿鸣燕》诗刻原石已损毁过半，故自治区博物馆在陈列中展示了原石损毁前的完整拓片，这样既展示了范成大诗刻的完整信息，又还原了范成大书法的整体面貌；《开元廿年宁道务残志碑》为广西较为罕见的陶质碑刻，故自治区博物馆在陈列中展出原碑，更有助于观众从"物"的角度准确把握碑刻的质地；《李琪题记》摩崖石刻位于融水苗族自治县玉华洞，自治区博物馆展示了该石刻的复制品，很好地呈现该摩崖石刻的形制与文字内容。

图2 自治区博物馆展厅中展示的石刻拓片、石刻复制品

（三）情境化之于课程资源的生成性

纵观广西各博物馆石刻文物的展陈，其都在不同程度地努力还原石刻的原生环境，展现石刻展陈的情境化特点，这无疑呼应了课程资源开发与利用的生成性。不论是可移动文物还是不可移动文物都附带着诸多的周边环境信息，但

博物馆中展陈的碑刻或多或少都会遗憾地丢失一些原碑所在地的信息。为了弥补这一遗憾，不少博物馆在布展的时候十分重视还原碑刻的原生环境。前文提及的展陈方式中，除"情境创设"外，针对碑石不存后的"碑石重刻"，针对摩崖石刻类无法搬动的"碑刻复制"，以及运用多种手段的"现场模拟"无不体现石刻展陈情境化的特点。而依托石刻资源"原地建馆"的桂海碑林博物馆则是其中的典型，其所在地摩崖石刻群共计有唐代至民国时期石刻200多件，进入洞中，不但可以感受其中的空间分布情况，而且能感受"壁无完石"的情境。虽然大多数博物馆的石刻展示无法达到"原地建馆"的效果，但广西各博物馆在石刻展陈中均作出了各种努力与尝试，力求还原碑刻的情境信息。有的博物馆尽管只展示拓片，但同时还以图片辅助所展示石刻的现场环境。如自治区博物馆在"摩崖石刻"部分的展示中，把石刻拓片、复制品等组合成摩崖石刻的现场，很好地呈现了摩崖石刻的环境信息，使观众身临其境。即便是面对从各地收集回来的散碑，有的博物馆也在布置上创设情境，如桂海碑林博物馆的"桂城遗痕——大型古代桂林石刻展"。

三、殊途同归：广西石刻展陈作为课程资源的开发路径

广西各博物馆中的石刻展陈以其多样的形式与鲜明的特点，典型化、集中化、艺术化地将石刻资源向观众作展示，这为将广西石刻展陈作为课程资源的开发路径提供了基础和优势。教育者可以根据各学科的需要，通过多样的途径将广西石刻展陈转化为课程资源，而走进场馆、引进课堂、融进"研创"应是其中的基本路径。

（一）走进场馆

如前文所述，博物馆具有收藏、展览、研究、教育四大基本功能。与此同时，"博物馆展览是文化、知识、信息、审美和思想的传播媒体，又是博物馆履行教育功能的主要形式和手段"[1]。因而走进博物馆观摩展览是实现博物馆展览教育功能的手段之一，也是将博物馆展陈作为课程资源的重要途径之一。这种观摩需要以学生为中心，设法让学生在展览中进行学习，从而促进学生的个体发展。为此，博物馆需要根据参观对象的学情，对展陈的导览、讲解等进行相

---

① 单霁翔：《试论博物馆陈列展览的丰富性与实效性》，《南方文物》2013年第4期。

应的处理，实现以展陈促进学生发展的目的。教师虽较为熟悉学生的学情，但对博物馆展陈的熟悉程度不如博物馆宣教工作者，故需要加强对展陈资源的了解，在学情与展情中找到课程资源的生发点；博物馆宣教工作者虽熟悉展陈的情况，但对学生学情的熟悉程度不如教师，故需要加强对学生学情的了解。实际上，许多博物馆在这方面都进行了积极的探索，如桂海碑林博物馆在相关石刻展陈中十分强调"针对不同观众群体开展社会教育活动"[①]，从教育的视角来看，这是博物馆宣教工作者以"学生为中心"理念的体现，是展陈"课程化"的取向。因此，将石刻展陈作为课程资源的开发路径时，"走进场馆"可成为其中重要的路径之一。

（二）引进课堂

课堂是学生学习的主要阵地，也是博物馆展陈"课程化"的重要方式。有的高校以石刻展陈作为教学素材，开设了石刻方面的课程。如广西师范大学历史文化与旅游学院的"观石读史"课程已入选国家高等教育智慧教育平台课程，该课程运用了较多广西各地博物馆展陈的石刻资料作为课程资源，共分为14 个专题来介绍石刻文化的渊源、类型、特点、价值、作用等，并从碑刻解读、石刻宗谱、乡村社会、民族关系、抗战石刻、区域社会、中外文化、收集整理等角度进行专题授课。

广西师范大学美术学院在书法学专业的本科生和研究生课程中均开设了"桂林摩崖石刻书法"课程，该课程以桂林城区为范围，依托各博物馆展陈的桂林石刻资料，撷取历代摩崖石刻中具有代表性的石刻为学生作介绍，目的在于通过课堂帮助学生熟悉桂林摩崖石刻中不同时期的经典书法家及其经典作品的书法特点，培养学生关注地方、立足文化的"大书法观"，让更多的学生了解桂林古代摩崖石刻的艺术与文化内涵，认识和感知桂林石刻文化的魅力。而未有条件开设相关课程的学校，则是将石刻展陈作为教学素材引入课堂。

（三）融进"研创"

走向研究与创作是石刻作为课程资源的一种成果化的路径。从研究的角度看，学生通过展陈资料获得石刻线索，进而从历史、文学、书法、经济、考古、

[①] 廖煜：《做活专题博物馆教育　促进社会的可持续发展——以桂海碑林博物馆为例》，载广西博物馆协会、广西壮族自治区博物馆编《博物馆致力一个可持续发展的社会——广西博物馆协会第二届学术研讨会暨广西壮族自治区博物馆第八届学术研讨会论文集》，广西科学技术出版社，2017，第 6 页。

设计等学科角度进行研究；从创作的角度看，优秀的石刻书法也是书法资源，是学习临摹的范本，其笔法、字法、章法等都值得学习借鉴。从对象看，不同学习阶段的学生可以根据实际情况选择不同的方式，如中小学生可以从拓片体验、文创设计等方面入手，而本科生、研究生则可以根据专业情况进行深入的研究与创作。如广西师范大学历史文化与旅游学院鼓励学生从历史的角度研究广西石刻，学生在毕业论文、"大学生创新创业训练计划"项目等方面都取得了丰硕的成果，也在研究中获得了成长；广西师范大学文学院、广西民族大学文学院则鼓励学生从文学的角度出发撰写与石刻相关的论文，产出了一批有价值的广西石刻研究成果；广西师范大学美术学院鼓励书法专业的师生从书法的角度研究广西石刻，不少学生由此深入学习与研究石刻，并获得了科研、创作方面的进步。这些成果彰显了石刻展陈作为课程资源的育人优势。

总之，将各类展陈作为课程资源是彰显博物馆教育力量的手段之一。广西石刻资源丰富，各博物馆的石刻展陈方式多样、体验性强、情境性优，从课程资源的角度看，这样的展陈无疑为观展者营造了立体化、开放化、沉浸化的微观教育环境，观展者在其中受到熏陶、感染、教育。若能进一步探索博物馆展陈作为课程资源的多样途径，可更加有效地彰显石刻等各类文物所蕴含的教育力量。而要想凝练更具体的案例、做出更详细的课程设计，则需要更多学校教师、博物馆工作者的进一步探索。

浅析纽马克理论指导下的展览文本翻译
——以"意象——中国西南少数民族服饰审美及其当代重塑"为例

【作者】覃 蓓 南宁市博物馆 馆员

一、纽马克理论的相关背景

彼得·纽马克（Peter Newark）是英国著名的翻译家和翻译理论家，是英国翻译理论语言学派的代表人物之一，其代表作有《翻译问题探讨》（1981年）、《翻译教程》（1988年）、《论翻译》（1991年）、《翻译短评》（1993年）等。

在《翻译问题探讨》一书中，纽马克提出了著名的"交际翻译"和"语义翻译"概念："交际翻译指译文对译文读者产生的效果尽量等同于原作对原文读者产生的效果。语义翻译则指在译语语义和句法结构允许的前提下，尽可能准确地再现原文的意思。"①

具体而言，交际翻译以目标读者为中心，强调目的语读者的反应，要求尽可能在目的语中再现原文读者感受到的同样效果。为了达到这种效果，不求尽可能忠实复制原文文字信息，一字一句翻译，重点在于根据目的语的语言、文化背景和语用方式传递信息，尽量为目的语读者排除理解上的困难，保证实际交际效果的对等。因此，在专业术语词句较多、翻译难度较大的篇章

①Peter Newmark：《翻译问题探讨》，上海外语教育出版社，2001，第39-40页。

中，会注重化繁为简，使文本更流畅、更加通俗易懂。交际翻译通常用于新闻报道、公共告示等非文学作品的翻译。

语义翻译则是以原文和作者为基础，在形式结构上也尽量接近原文，通过如实解释原文的含义来尽可能表现出原文确切的语义，保留原文的原汁原味。为了尽可能完整地传达译文的信息，在语义翻译策略指导下的译文通常需要过多的翻译，让译文更详细、更复杂。语义翻译通常用于诗歌文学、金融科技、法律文献等文本的翻译。

虽然从理论上讲，这两种翻译方法有很大的不同，但是纽马克同时提出，交际翻译和语义翻译各有特点，却也有很多相似之处，应看成一个整体，互相补充。在翻译过程中，"没有纯粹的交际翻译，也没有纯粹的语义翻译"[①]。交际翻译和语义翻译的目的都在于充分表达原文思想，它们有着共同的理论基础。简单来说，语义翻译就是要完全还原一段语句原本的意思，而交际翻译则强调文本翻译的效果。在同一个译文中，交际翻译和语义翻译这两种翻译方法交替使用很常见，没有规定在一种语境下只能使用交际翻译或者语义翻译，采取何种翻译策略完全取决于译者本人根据不同的内容和文体对原文语境的理解和判断。

纽马克提出了一套文本功能分类方法，根据不同的文本类型，应当采用不同的翻译方法。文本功能分类主要分为表达功能（expressive function）、信息功能（informative function）、呼唤功能（vocative function）、审美功能（aesthetic function）、应酬功能（phatic function）、元语言功能（metalingual function）。表达功能，主要是指人可以利用语言这个媒介来表达自己的思想和情感，比如个人的意愿、态度及观点主张等。表达型文本主要有小说、诗歌、戏剧、戏曲等文学作品，以及权威性言论等。信息功能主要是指描述、叙述事物，对事物进行解释说明。信息型文本的形式和用词均比较规范，如报纸文章、学术论文、教材等。呼唤功能是以读者为中心，用语言唤起他人情感，促使他人产生某种想法或做出某种举动，广告、说明书、倡议书等均属呼唤型文本。

二、纽马克理论下的展览文本特点及理论适用性分析

纽马克在《翻译教程》中提出，采取何种翻译方法取决于以下三个因素：

---

①Peter Newmark：《翻译问题探讨》，上海外语教育出版社，2001，第43页。

文本类型、目标读者和翻译目的。从纽马克对文本类型的分类来看，展览文本主要属于信息型文本，即通过解释说明展览内容，给目标受众传递出准确的信息。同时，文物的翻译也向外国受众传递中国的传统文化信息，让他们感受到中华民族的文化自信，有"移情"作用，因而也兼有呼唤型文本的功能。展览文本直接面对的对象是和展览息息相关的博物馆工作人员，比如策展人、讲解员、志愿者等，但展览的目的是通过传递信息让参观者看得懂，而展览信息基本上来源于展览文本，所以最终受影响的对象还是参观者。从目标读者角度来说，展览文本翻译的服务对象比较复杂，既包括国外的相关工作人员，又包括潜在的国外参观者，这两者的共同之处就是在思维方式、语言习惯和文化背景上与国内受众有较大的差异，翻译的主要任务就是尽可能地让外国受众能获得与中国受众相同的阅读效果。从翻译目的来看，展览信息的翻译目的在于向外国受众介绍中国文物及文物背后所承载的悠久历史和深厚文化内涵，积极传播中国历史文化，讲好中国故事，激发外国受众对该展览的参观热情，使其进一步了解中国、喜欢中国，对中国的历史文化产生浓厚的兴趣。因此，在翻译展览文本的过程中，为保证外国受众对中国的文化接受度，适用以"交际翻译"为主、"语义翻译"为辅的翻译策略。在翻译过程中，译者应以外国受众为中心，尽量用符合目的语用词特点、语言结构及表达习惯的翻译方式，让外国受众易于接受展览信息。

三、展览文本翻译的实例分析

"意象——中国西南少数民族服饰审美及其当代重塑"展览是南宁市博物馆历时两年多精心打造的原创展览，于 2022 年 12 月 30 日至 2023 年 8 月 30 日展出。展览分为"天·人""象·意""约·繁""常·易"四部分，通过甄选 65 件（套）民族服饰以及制作各民族服饰的原料、工具，从探索服饰取材与自然的关系、服饰纹饰元素与象征意义、服饰搭配与人生礼俗、传统服饰与现代创新的融合等四个方面，聚焦少数民族服饰的审美意识，为观众带来一场寻美之旅，多角度展示少数民族"各美其美、美美与共"的美学意蕴。该展览文本具有以下两个特征。第一，与少数民族文化相关的术语较多，这些文化术语承载了大量的文化信息，文化内涵深厚。这要求译者掌握相关的文化背景知识，对民族文化有一定的认识和理解，领会少数民族文化的精髓，确保传递的文化信息准确到位。此外，在确保翻译词信息表达充分的前提下，少数民族词汇的翻译标准也需要统一，让目的语受众对专有词有固定的印象，便于阅读理解。第二，展览文本中的长句、排比句、难句等较多，翻译时译者需要厘清句子的层次结构，在长句居多、信息庞杂的情况下，通过适当的翻译技巧打破原文结构，根据目的语表达习惯重组原文，使译文更加地道、自然、流畅。

（一）文化词汇的翻译

根据展览内容，本次翻译实践中的词汇涉及少数民族服饰及文化，是重点及难点。文本包含了大量的少数民族服饰专有名词、少数民族文化空缺词以及汉语四字格等。这些词语背后都承载着较多的历史文化信息，大多在翻译中需要细细甄别词汇的不同含义，甚至部分还无法在英语中直接找到对应的词汇。这种为中国文化所特有，在其他文化背景中无法找到相对应词汇的词被称为文化空缺词。对于这类词的翻译，在"交际翻译"理论的指导下，主要采用直译法、音译法、加注法等，以补充完善相关的文化信息，这样既能保留本民族特色，又能通过注释让外国受众了解这一类词汇所蕴含的文化信息和历史内涵，拓宽他们的文化视野，激发他们了解探索中国历史文化的热情，进一步弘扬中国文化，达到跨文化交流的目的。

例 1：在鼓藏节时，苗族人民穿着百鸟衣祭祖，认为这样能与祖先神灵进行对话，表达对祖先的感恩和思念，以求吉得福。

译文：During the "*Guzang* Festival"（the sacrificial occasion to worship ancestors），the Miao people wear Birds' Feather Coats plumage to worship their ancestors, believing that in this way, they can have a dialogue with the ancestral gods, express their gratitude and missing for their ancestors, in order to achieve good luck.

分析："鼓藏节"和"百鸟衣"这两个词汇极具少数民族特色，无法在英语中找到直接对应的词汇，在翻译过程中，需要先了解其文化背景。鼓藏节是苗族的重要节日，又称"牯藏节"，仪式活动十分隆重，主要是杀牲口献祭和进行斗牛等，以祭拜祖先，祈求神灵与祖先的保佑。通过音译补释法，简要补充鼓藏节的目的，"鼓藏"直接用拼音音译为"Guzang"，后加括注补充信息，说明其是祭拜祖先的祭祀场合。百鸟衣是苗族的节日盛装，以羽毛飘带饰边和服饰上的鸟纹而闻名，其形制华丽、厚重，却又十分灵动，通常穿在最外层，与英语中的"大衣"类似，因此直译成"鸟的羽毛大衣"，即"Birds' Feather

Coats"，突出百鸟衣的服饰特点，让外国受众了解其背后的文化内涵。

例2：广西南丹白裤瑶男服。

译文：Male Costume of *Bai Ku Yao* nationality in *Guangxi*，*Nandan*.

分析：白裤瑶是瑶族的一个支系，因男子身穿白裤而得名。如翻译成"穿着白裤的民族"，则会让外国受众不能顺畅理解这是一个少数民族的支系统称，还有可能误以为这个民族的人只穿白裤子。并且此例是展览文本中的一个服饰名称，后期会用于展览的说明牌，把得名由来完全翻译未免过于冗长，不利于受众理解。因此，通过"交际翻译"指导，在翻译时直接采用拼音音译法，用斜体标识，让外国受众接受这个具有少数民族特色的专有词汇，提高双方沟通交流效率。

（二）文本句子的翻译

展览文本中除了有大量少数民族专有名词、文化空缺词，还有很多长难句、意合句等，内容信息庞杂。在翻译时应使用纽马克提出的"交际翻译"理论指导，以目的语受众为中心，在充分了解观众需求的前提下，充分考虑文化背景、语言习惯、表达方式的差异，更加注重增添文物的背景知识介绍，以弥补目的语受众的文化空白，更充分地发挥展览文本的信息传递和文化传播作用，尽可能保证目的语受众与中国观众获得同等的阅读效果。下文简要讨论文本中长难句和意合句子的翻译。

1.长难句的翻译。汉语文化历史悠久，博大精深，一直讲究对仗工整、声韵和谐、辞藻华丽，大量使用四字格、排比结构等，修辞手法较多，描述性语言丰富，以达到诗意盎然的效果，给受众以美的享受。展览文本是整个展览传递信息的基础，应以尽量客观的语句去表达信息，但为了增加展览文字说明的生动性并升华展览，展览文本在某些表达中使用了比较华丽的辞藻和繁复的修饰语，以呼唤观众的情感。然而，如果将这种语言结构完全按照语义一字一句翻译成英语，会显得拖沓累赘。英语注重简练，因此在翻译时应适当对原文进行删减、调整语序、增加连接词等，使其逻辑结构更直白清晰。

例1：少数民族服饰的形制、色彩与图案，无处不彰显着和合思想，或上繁下简，或服简饰繁，或服素饰华，尽显民族服饰的和谐之美。

译文：The shapes, forms, colors and patterns of minority costumes show the idea of harmony everywhere.

分析：原文中为了表达少数民族服饰中体现的和合思想，通过四字格排比具体举证说明少数民族服饰如何体现"和合"，加强了情感的表达，给读者强有力的共鸣。在翻译中，在保留关键性信息的前提下，四字格排比可以删减，只翻译中心句，即"少数民族服饰的形制、色彩与图案，无处不彰显着和合思想"即可。

例2：壮锦中的回字纹经常用作底纹，象征回环往复，菊花代表长寿，"囍"字代表双喜临门、喜上加喜。

译文：The Chinese character "回" is often used as background in Zhuang brocade, symbolizing the life cycle. Chrysanthemum pattern represents longevity, and the character "囍" represents that goodthings come in pairs.

分析：壮锦中的纹样取自中国的汉字"回"，为了让外国受众更直观理解纹样的形制取自中国的汉字，翻译时直接使用了"回"，而没有把"回"进行对等翻译。"双喜临门"和"喜上加喜"所表达的意思类似，因此翻译时进行了删减。

2. 汉语意合句子的翻译。汉语重意合，主要以词语的内在含义作为连接手段，把整个句子组合在一起，强调语义和逻辑上的关联。而英语重形合，更注重句子的结构和形式，每个独立句子都必须有主语和谓语等成分，并采用一定的连接手段才能构成完整的句子。在翻译时，应当关注英汉两种语言的差异性，将句式较为松散的中文译为逻辑清晰的英文，以符合外国受众的语言习惯。

例：冀望通过此次展览，展示少数民族"各美其美、美美与共"的美学意蕴，探索少数民族文化交流与融合的可能性，讨论民族美学与现代审美的关联，启发更多的人在弘扬民族美学的道路上守正创新，为铸牢中华民族共同体意识、赓续民族文化血脉、提振文化自信注入强大力量！

译文：It is hoped to show the aesthetic implication of "One should value not only one's own culture; but also the cultures of others" through this exhibition. In this exhibition, we explore the possibility of cultural exchange and integration of ethnic minorities, discuss the correlation between ethnic aesthetics and modern aesthetics, inspire more people to keep the right and innovate on the road of carrying forward ethnic aesthetics to make great power to strengthen the Chinese nation's sense of community, extend national cultural blood and boost cultural confidence.

分析：这段话逻辑清楚、顺序合理，同样通过排比句一层层增强所要表达的情感，强调意合，但句式冗长，与英语中必须强调"形合"的语言习惯有所冲突。英语中每个独立的句子都必须有主语和谓语，因此可以通过增补主语"it""we"进行断句分译，让句子层次分明、结构简洁。

四、结语

展览文本文化信息量大、词汇和句子类型多变、文化空缺词较多是本次翻译实践的难点和重点。在纽马克交际翻译理论的指导下，笔者针对展览文本中词汇、句子及交际层面所遇到的问题提出了相应的策略与方法。在文化词汇层面，运用直译、音译及加注等翻译方法，弥补文化空缺给目的受众带来的理解差异；在句法层面，采用断句分译、减译、增加连接词等方法，使译文结构逻辑清晰，符合英语表达习惯；在交际层面，主要采用增译、减译的方法，使译文符合外国游客的信息需求。当然，展览文本的翻译技巧并不局限于上述几种，采取何种翻译技巧还需译者对原文细细斟酌。

创建博物馆网上数字展厅需要注意的问题

【作者】韦燕桂　南宁市博物馆　馆员

"数字博物馆"这一概念最早出现于 20 世纪 90 年代，是指通过计算机网络、虚拟现实（VR）、多媒体等数字化技术手段，将现实中存在的实体博物馆以三维立体的方式呈现在互联网上，让更多的人可以随时随地观赏和学习，从而达到科普的目的，让实体博物馆的职能得到最大限度的发挥。随着互联网信息技术的广泛应用，尤其是电脑、平板、智能手机等电子产品的盛行，网上数字展厅作为数字博物馆建设的重要内容，逐步进入快速发展阶段。受新冠疫情影响，一段时间内全国多家博物馆相继暂停对外开放。为了满足"宅家"公众对精神文化的强烈需求，国家文物局鼓励各地博物馆充分利用已有的文博数字资源推出网上展览，博物馆创建网上数字展厅的热度高涨起来。

博物馆网上数字展厅又可称为虚拟数字展厅、网上展馆、线上展览等，是相对实体博物馆在特定时间内直观地向观众展示展品的线下展览而言的，它是一种利用全景摄影、三维重建、交互体验等技术手段，通过搭建虚拟展示平台，将博物馆展览的相关文字、图片、音视频等信息进行数字化展示的方式。与线下展览在固定的时间和地点进行展示不同，网上数字展厅打破了时间和空间的限制，不仅可以通过 3D 建模技术自定义设计和搭建虚拟展厅空间，还可以将线下展览的场景 1:1 还原到线上展厅，打造沉浸式的空间体验，让观众隔着屏幕也能拥有身临其境的观展感受。下面以南宁市博物馆主办的"一瞻·一礼——青海多杰旦民族职业技术学校旧勉唐派唐卡作品展"和"意象——中国西南少数民族服饰审美及其当代重塑"两个临时展览的网上数字展厅项目为例，整理和归纳创建展厅时遇到的问题，希望能对今后博物馆同行创建网上数字展厅有所启发和帮助。

一、创建博物馆线上展厅应与专业的软件技术公司合作

闻道有先后，术业有专攻，随着社会分工的精细化发展，各行各业都培育出了本行业的专业技术人才。博物馆是公共文化服务机构，引进人才的专业大都是文史类，比如历史学、考古学、文物与博物馆学等，极少配备计算机类相关专业的人才。因此，创建博物馆网上数字展厅，应与专业的软件技术公司合作，交由其负责展厅全景拍摄、全景制作和优化、展示系统开发、网络系统调试等技术方面的工作，确保项目在技术层面的专业性与高效性。利用合作模式，将专业的事情交给专业的团队来做，不仅能保障网上数字展厅的顺利呈现，还能推动博物馆进一步向现代化转型。

甄选合作的软件技术公司，除了查验其营业范围是否包含软件和信息技术服务的内容，更应注重其以往项目的业绩成果，尤其是与文博行业相关的项目成果，可以从是否与大型或知名博物馆合作开发过类似项目、成果展示是否清晰流畅、软件技术水平是否获得合作博物馆的认可等方面去考量。对拍摄展厅全景的摄影师，同样需要仔细筛选，尤其要注意考察其摄影摄像水平，关注其从业年限、所持照相机的技术参数是否达标、摄影作品或参与创建的网上数字展厅项目成效等。经再三比对，南宁市博物馆最终选择与广州一家项目经验比较丰富的软件技术公司合作，创建的两个网上数字展厅均取得了良好的效果。

二、要与软件技术公司做好创建前的准备和沟通工作

创建网上数字展厅并非拍摄后经软件技术公司加工即完成制作那么简单。在对展厅进行正式拍摄之前，要加强与软件技术公司的沟通，做好充足的准备工作。一方面，作为馆方项目负责人，要深入理解展览主题，充分了解每个单元所阐释和呈现的思想和内容，并对每一件展品的基本信息了然于胸，熟悉展厅布局及每一件展品的展示位置，同时要整理好展览设计稿、展览简介、单元说明、展品清单、展厅和展品高清图片等与展览相关的所有资料。另一方面，

要将展览主题内容和相关资料提前交给软件技术公司，就拍摄和制作流程及网上数字展厅呈现效果等内容进行沟通，比如根据展厅空间布局和展线商定拍摄所需的站点①位置和数量，根据展览内容讨论热点信息②的内容和数量，明确拍摄所需的照明条件和环境、拍摄范围，约定拍摄日期和制作工期等。只有提前做好这些准备，才能确保双方后期工作能顺利开展，使网上数字展厅项目能够高效完成。

三、严格审核创建内容

软件技术公司在完成对展厅的全景拍摄后，还需要利用专业软件对全景影像进行拼接、合成和优化，再综合运用编程、三维等互联网技术开发展示系统平台，主要包括地图导览、场景漫游、热点信息展示、VR展示等功能，同时通过数据库统计技术，实现浏览量、点赞量的统计等，这些内容的制作周期约为一个月。博物馆在接收到软件技术公司初步制作的网上数字展厅后，不可忽视对创建内容的审核，审核应做到细致入微，对呈现内容严格把关，以期与数字技术公司共同打造一个专业的网上数字展厅，为公众带来良好的线上文化体验。

（一）展览内容的审核

博物馆作为展览的主办方，不管是线下展览还是网上数字展厅，都应该对展览内容负责，力争将差错降至最低。审核网上数字展厅的展览内容，需要从两方面入手：一是看文字内容本身是否有错，比如文字内容是否展示完全、是否与展板或展品说明相一致，标点符号是否有遗漏或错误，是否出现漏字、多字或错别字等；二是看文字格式是否整齐美观，比如不同级别标题的字体大小差别在视觉上是否令人舒适、同一级标题的字体大小是否一致、文字段落首行是否统一缩进两个字符、文字段落两端是否平齐、是以纯文本形式展示美观还是图文混排展示美观等。

---

① 站点指照相机为在展厅进行全景拍摄而架设的定位点，也是观众游览网上数字展厅时从一个观赏位置移动至另一个位置的固定点位。展厅内每一部分的两个相邻站点之间可以目视通透。

② 热点信息指将与展览内容相关的文字、图片、音视频等资料进行整理，并植入网上数字展厅与内容相对应的位置进行集成展示的信息。只需点击热点图标，即可浏览，方便观众深入了解展览相关信息。

（二）操作体验的把关

网上数字展厅的最终目的是服务观众，让观众足不出户就能方便快捷地参观线上展览，获取想要了解的信息，因此观众的操作体验尤为重要，这不仅事关博物馆展览的口碑，也会影响展览的传播速度和影响力。与线下展览一样，网上数字展厅也应该以人为本，将观众的观展体验放在第一位，而要想达到清晰流畅的操作体验效果，则需要博物馆从观众的角度出发进行严格把关。

1.画面质量的检查。网上数字展厅全景画面的质量检查主要包括两方面：一是图像画质是否清晰，比如画面像素和分辨率是否达标、放大后是否模糊、曝光是否过度，画面的瑕疵如光线明暗不一是否要修补和优化等；二是画面的连接是否准确，比如是否存在错位、拼接缝隙的问题，在进行前进、后退和旋转等操作时画面是否卡顿等。

2.图标编排的审查。网上数字展厅的图标主要分为三类：一是始终出现在屏幕页面的指南类图标，二是出现在站点四周的地面指向图标，三是精准标记在展品、展项上的热点信息图标。不管是哪一类图标，其都是为了让观众迅速获取所需的展览内容和信息。因此，网上数字展厅的图标编排要科学合理、简洁明了。

（1）指南类图标。指南类图标对网上数字展厅的操作起到总指引的作用，包含地图导览、场景导览、选择背景音乐、自动旋转、VR模式、全屏显示、清除屏幕信息、展览简介、分享、浏览、点赞等图标。指南类图标一般比较适合排布在屏幕的四周，这样可以尽量避免图标对观看整体画面的干扰。因指南类图标的类目比较多，可根据实际需求来选用，排布原则为先进行大致分类后再集中编排至屏幕周边。考虑到操作的便捷性和屏幕页面的美观度，同时为了统一风格，前文列举的南宁市博物馆的两个网上数字展厅都将包含展厅主要场景图片及其名称的场景导览编排至屏幕页面底端，以便初访者快速浏览展览的主要内容和区域划分，也能使观众能快速切换至其他场景。为了让观众清楚所处展厅的具体位置，有哪些场景已经浏览或未浏览，南宁市博物馆将标明了站点位置的展厅空间平面图做成地图导览。观众还可根据自身喜好自主操作其他功能，如选择背景音乐、自动旋转、全屏显示、VR模式等，这些功能的图标均编排至屏幕页面右上角形成一列。而有关展览本身的介绍和操作统计，如展览简介、分享、浏览、点赞等，同样缩略成相应的图标，编排至屏幕页面右下角形成一行，这样做是因为位于场景导览之下较为醒目。观众在指向或者点击任一缩略图标时，均会出现相应的操作说明和反应。

（2）地面指向图标。地面指向图标主要是指引导观众移动直达周边最近站点位置的标识，一般用箭头、角、圆圈等图形来表示，可单独使用一种，也可搭配使用，这取决于相邻两个站点之间的走向。如果展厅内的站点均为直行可达，统一使用同一种图形的图标比较合适；如果展厅内除了直线行走还有拐弯的情况，则可搭配使用角（表示直行）和箭头（表示拐弯）两种图标。

（3）热点信息图标。热点信息图标的设置是为了保持浏览页面的简洁，将与展览相关的文字、图片、音视频等详细资料隐藏于图标之下，观众点击图标即可获取相关信息。热点信息图标根据不同的信息载体使用不同的图形，一般用手指、放大镜、圆圈、耳机等图形来表示，比如音频可用耳机图形来表示，视频可用手指图形来表示，纯文字或者"文字＋图片"组合可用圆形来表示，超大图片可用放大镜图形来表示。

不管是何种图标，在同一个网上数字展厅中，同一类地面走向或者信息载体，其图标都应该使用同一种图形来表示并标注在显眼且准确的位置，以免观众陷入混乱。同时，在图标上增加闪动发光的功能，可以起到提示观众点击操作的作用。值得注意的是，整个展厅所有图标闪动的频率要统一且不可过高，约每两秒钟闪动一次比较合适；同一个画面出现的图标总数也不可过多，在标识全面且清晰的前提下，最好控制在四个以内，否则极易造成画面闪动频繁，从而让观众眼花缭乱，甚至在观展时产生厌烦情绪。

3.整体漫游的检验。在完成画面质量的检查和图标编排的审查后，最重要的是以普通观众的视角从头至尾对整个网上数字展厅进行体验，以便查找出不足之处并进行修正。可从三方面进行检验：一是沿着展厅走线对所有环节进行一一检验，比如自动旋转的时速是否合适、背景音乐响起的节点是否准确、操作图标的反应是否灵敏、场景之间的转换是否流畅等；二是通过不同的设备（包括不同类型的台式或笔记本电脑、平板电脑、手机以及浏览器等软硬件设备）对整个网上数字展厅的操作进行检验，注意观察画面在不同尺寸的屏幕上会不会变形、场景切换是否卡顿、点击图标时热点信息是否展示及时和全面等；三是组织单位内部测试，尽可能多地邀请职工参与其中，最大限度地查找网上数字展厅可能存在的问题。

四、做好知识产权的保护

互联网技术的发展加快了信息传输的速度，也拓宽了信息获取的渠道，导致数字化信息很容易被下载和复制，给知识产权的保护带来了新的挑战。因此，作为一键就能完成发送和分享的网上数字展厅，从筹备至创建完成的全程都要注意做好资料保密工作，以防展览文字、图片等知识产权受到侵犯。在与软件技术公司合作时，必须在合同中明确规定其须对博物馆提供的所有展览资料进行严格保密，且项目成果和知识产权全部归博物馆所有。在进行单位内部测试时，也应要求参与测试的职工不得随意将网上数字展厅的临时链接进行转发和扩散。在将正式链接挂靠至博物馆官方网站时，有条件的博物馆还可将官方网站的服务器升级至加密版本的网络传输协议，这样可以为网上数字展厅在网络的传播中建立一个安全的传输通道，保证数据的安全性，最大限度避免受到计算机病毒和黑客的恶意攻击和截取，以防不法分子对网上数字展厅知识产权进行侵犯。

五、结语

一个网上数字展厅的创建周期约为两个月，除去沟通对接、技术制作的时间，一般留给内容审核的时间为半个月左右。在这半个月中，需要进行几十甚至上百次的仔细审核和反复修改，网上数字展厅才能最终呈现。然而，不管是审核创建内容，还是甄选软件技术公司并做好前期的沟通和准备，抑或是知识产权的保护，都应该认真对待整个网上数字展厅创建过程中的每一个环节。只有秉承"细中更细、优中更优"的工作态度，通力做好每一个环节的工作，网上数字展厅才能顺利推出，给观众带来清晰流畅的观展体验。

"一瞻·一礼——青海多杰旦民族职业技术学校旧勉唐派唐卡作品展"和"意象——中国西南少数民族服饰审美及其当代重塑"两个网上数字展厅分别于 2020 年 10 月 27 日、2023 年 3 月 15 日推出。截至 2023 年 10 月 20 日，其浏览量分别为 17024 次、14565 次，点赞量分别为 175 次、97 次，从时间跨度来看，显然前者的传播效率、关注度和影响力比后者更高，而这些数据反馈也为博物馆的展览策划和研究提供了基础和方向。网上数字展厅以实体博物馆为依托，是对线下展览的虚拟呈现，同时又反过来作用于实体博物馆，是实体博物馆展示、宣传、教育功能的拓展和延伸。而如何创建一个体验感更佳、互动性更强的网上数字展厅，为观众打造一个永不落幕的展览，值得博物馆同行进行更深入的探讨和实践。

"红色文化 + 旅游"融合发展实践与创新研究

——以邓颖超纪念馆为例

【作者】眭小洁　南宁市博物馆　馆员

2023 年 10 月 24 日，第十四届全国人民代表大会常务委员会第六次会议通过《中华人民共和国爱国主义教育法》。该法自2024 年 1 月 1 日起施行，明确提出，推动红色旅游融合发展示范区建设，发挥红色资源教育功能，传承爱国主义精神；推进文化和旅游深度融合发展，引导公民在游览参观中感受悠久历史和灿烂文化，激发爱国热情。邓颖超纪念馆（图 1）在首届南宁城市旅游名片评选中获最具爱国主义教育意义景点奖，是全国三八红旗集体、全国妇女爱国主义教育基地、广西壮族自治区爱国主义教育基地、广西廉政教育基地、广西中共党史教育基地、南宁市爱国主义教育基地、南宁市廉政示范教育基地、南宁市铸牢中

图 1　邓颖超纪念馆序厅

华民族共同体意识教育实践基地等，也是党政机关、事业单位及广大人民群众喜闻乐见，接受红色教育和爱国主义教育的重要文化场所。

一、邓颖超纪念馆的文旅融合优势

（一）红色文化赋能

邓颖超是伟大的无产阶级革命家、政治家，著名的社会活动家，坚定的马克思主义者，党和国家的卓越领导人，中国妇女运动的先驱。1904 年 2 月 4 日，邓颖超出生于邕江北岸南宁镇台官邸，并在南宁度过了她难忘的童年时光。中华人民共和国成立后，邓颖超时刻关注着家乡的建设和变化，为家乡的发展出谋划策。邓颖超曾两次回到家乡南宁。第一次是在 1960 年 3 月，她随同周恩来专程视察西江和红水河，听取广西相关的开发规划。1961 年 3 月，邓颖超第二次回到南宁，找到了自己的出生地，并接见了广西"全国三八红旗手"和妇女积极分子，鼓励她们继续为人类的解放事业作贡献。

在邓颖超出生地旧址立有一块纪念石碑，上面有周恩来的侄子周尔均将军题写的"志洁行芳"四个字（图 2）。邓颖超常说："我是地地道道喝着邕江水长大的南宁女儿。"在邓颖超 70 多年的革命生涯中，她为中国的革命、建设和改革事业毫无保留地奉献了自己的一切。她不仅是 20 世纪中国妇女的杰出代表，也是南宁人民的骄傲。

图 2　周尔均将军题写的"志洁行芳"

（二）文旅融合发展

为缅怀邓颖超的丰功伟绩，南宁市委、市政府在其出生地北侧的原民国广西高等法院办公楼旧址内建立邓颖超纪念馆，并于 2007 年 2 月 4 日邓颖超 103 周年诞辰纪念日免费对社会开放，全国政协原主席李瑞环题写馆名。为重现当年老南宁的风貌，更好地延续历史文脉，2017 年南宁市委、市政府开展了"老南宁·三街两巷"历史文化街区改造项目。2018 年 12 月，邓颖超纪念馆迁址至"老南宁·三街两巷"历史文化街区内。邓颖超纪念馆是目前广西唯一全面展示邓颖超生平事迹的场馆，是缅怀邓颖超的重要场所（图 3）。

图 3 位于"老南宁·三街两巷"历史文化街区的邓颖超纪念馆

"老南宁·三街两巷"历史文化街区，距南宁市邕江大桥不远，恢复的仿古建筑街区，保留了大量老南宁的人文景观、民俗文化和美食文化，有城隍庙、中华影剧院及具有地方特色的各种商品专卖店，是人们休闲怀旧的好去处。"老南宁·三街两巷"历史文化街区吸引了很多游客前来打卡，是外地人和南宁人的"网红"打卡地，也是南宁市的城市新地标和人文会客厅。

（三）人文特色突出

新建的邓颖超纪念馆为三进两天井合院式建筑，建筑面积 1273 平方米，陈展面积1000平方米。纪念馆内展览由"邕城记忆""革命征程""妇女先驱""伉俪情深""公仆本色""情系广西"六个单元组成。馆内展出邓颖超在各个历史时期的珍贵照片近200张、实物20余件、手稿70多件，通过实物、图片、场景复原、多媒体等多种展陈方式全面展示了"南宁的女儿"邓颖超波澜壮阔的一生（图4、图5）。

为充分发挥基地作用，邓颖超纪念馆自主开发了"讲好党史故事 传承红色基因"党史学习教育线上答题小程序，活动期间累计线上阅读及点击答题人次超3万。开发了"坚定共产主义信念"主题课程，在南宁市党史学习教育期间共接待观众7万余人次，其中接待各级党政机关、企事业单位团体300余批

图4　邓颖超纪念馆的六个组成单元

图5　邓颖超纪念馆荣誉墙

次，讲解200余批次。邓颖超纪念馆作为南宁市开展党史学习教育的精品现场教学点之一，掀起了南宁市党史学习新热潮。与广西网络广播电视台等单位合作拍摄《党史故事大家讲：南宁女儿——邓颖超》等视频，为前来参观的观众现场播放，进一步强化党史学习教育的效果，在学习中传承红色基因，促进思想政治水平提高。开发了"激荡风雷 脱颖而出——五四时期的邓颖超"红色教育课程，并以此为基础，开展党史文化进校园活动，走进壮志路小学、南宁市特殊教育学校等多所学校，通过讲解员带领参观展厅、小课堂授课的方式，向广大青少年讲述邓颖超的伟大革命事迹，普及党史知识。与南宁市直机关工委、南宁市妇联共同打造的南宁市直机关女党员志愿服务中心，作为开展新时代文明实践活动的重要阵地，开设"革命伴侣 红色婚恋"课堂，通过宣讲周恩来和邓颖超等老一辈无产阶级革命家的红色婚恋故事，增强广大观众的爱党、爱国、爱家情感。

二、邓颖超纪念馆文旅融合过程中遇到的困难

（一）发展模式较为单一

邓颖超纪念馆开展活动的主要形式是讲解、服务接待和进行线下宣教，模式较为单一，研学活动和各类形式的线上线下活动开展较少。随着邓颖超纪念馆知名度的上升，其吸引了众多游客入馆参观，每逢节假日和寒暑假期间观众流量暴增，游客的参观需求不断增加，现有发展模式的局限性日益凸显，转变和创新发展模式成为邓颖超纪念馆未来发展的首要任务。

（二）专业人才资源匮乏

邓颖超纪念馆作为爱国主义教育基地和中共党史教育基地，日常接待单位参观团体较多，且均有讲解服务的需求。但由于该馆隶属南宁市博物馆，馆内编制非常有限，现有一线服务岗位的讲解员均为外聘岗。由于工作任务重、薪资低、晋升难，较难招聘到优秀的专业讲解员，不能满足观众日常参观的讲解需求。

（三）活动场地较为狭小

迁建后的邓颖超纪念馆位于南宁市中心历史文化街区人流量较大处，而场地空间较为狭小，存在一室多用、设备陈旧的问题。这不利于日常开展各类线下实践活动，缺少适合开展红色教育的特色阵地。

三、提升邓颖超纪念馆文旅融合度的思考

（一）加强文化资源统筹规划

加强顶层设计，完善政策支持。可由政府部门牵头为红色旅游资源的开发提供支撑，文化和旅游主管部门对"老南宁·三街两巷"历史文化街区及周边甚至对整个南宁市区的红色旅游资源进行摸底普查工作，充分挖掘红色旅游资源，加强统筹规划，结合实际情况，明确红色旅游资源开发的方向和标准，部署好红色旅游的整体设计和规划，为红色旅游资源的开发提供执行性强的指导。邓颖超纪念馆紧抓旅游文化发展机遇，不断挖掘邓颖超作为党和国家领导人、革命先辈的英雄业绩和风采，通过馆藏文物、珍贵照片、文献手稿等历史材料，以再现中国共产党壮丽的历史画卷为吸引点，打造文艺精品，精心打造新型红色文化形象，进一步提升邓颖超红色文化影响力和打造旅游品牌，扩大知名度，提升吸引力。同时，紧扣南宁红色文化特色和邓颖超的丰功伟绩，整合红色文化资源，深入挖掘红色旅游资源，开辟红色文化新的发展方向。

整合精品线路，完善配套设施。"老南宁·三街两巷"历史文化街区及周边现有的旅游景点较多，但存在景点面积小、景点分散等问题。邓颖超纪念馆迁建后接待观众游客已超百万人，是党建活动、主题教育学习、红色革命精神学习的重要基地。可以邓颖超纪念馆为文旅地标，将众多的景点整合成一条精品线路，聚集人气、整合资源、串点成线，让游客免去往返奔波之苦。完善旅行线路上的设施，如停车场、休憩点、补给点、打卡点等，优化旅游景点的电子导航系统、多语言自助导游器、旅游触摸屏等无线终端。结合数据采集、分析、运用，实现旅游公共服务信息化、智能化，发展智慧景区、智慧营销、智慧管理等新业态。优化旅游公共服务信息资源配置，加强旅游舆情监测，全面掌握旅游行业市场动态、游客消费行为、旅游企业运行状况，引导旅游公共服务创新发展。推动旅游数据与文化服务数据整合，促进文化与旅游的深度融合。

发挥资源优势，培育特色品牌。充分利用邓颖超纪念馆的特殊地理位置优势，聚焦南宁市"老南宁·三街两巷"历史文化街区旅游产业发展定位，与文艺展演部门加强联系，合作开展演艺活动、歌舞剧等，如"红色文化＋话剧""红色文化＋歌剧""不忘初心·红色足迹之旅"等，以讲述红色故事、宣扬革命精神为出发点，全力打造独具影响力的文艺精品，创立新品牌；充分利

用南宁市"三街两巷""节会""年会"等主题活动特色，举办打卡赠送具有纪念意义的小礼品、纪念章等活动，积极宣传邓颖超先进事迹以期扩大其普及面，激发广大游客的爱国主义情怀和文化自信。利用重大历史事件开展红色主题教育，结合邓颖超诞辰、八一建军节、"九一八"事变纪念日、烈士纪念日等重大节日和重要纪念日，组织党政机关干部、学校师生、部队官兵及社会各界群众到邓颖超纪念馆开展形式多样的爱国主义教育活动，打造优质旅游体验，促进红色文化旅游产业高质量发展。

（二）做好旅游产品开发利用

加强红色文化研究。多层次、全方位挖掘历史故事、精神内涵和文化价值。设立资源数据库，科学评估各项资源价值，有计划、有重点地进行开发。开展系统研究，支持成立邓颖超红色文化研究会等，挖掘革命先辈所蕴含的时代价值，推动红色文化普及传承。文化和旅游管理部门做好协调、组织工作，不断拓展红色旅游资源开发的途径，提供新模式、新渠道、新思维。积极推动、发展红色旅游业，带动经济快速发展。

推出特色研学线路。整合红色文化名人资源，依托红色文化名人故居、博物馆、纪念馆等，精心打造红色文化名人专题游等文旅产品，打通文物文博文创事业链、产业链，形成文化新业态。与大中小学联合开展研学活动，增强师生的爱国意识，传承红色基因，赓续红色血脉。引入 AR 智慧研学，研发 App、小程序等，通过数字化资源，生动展示红色文物，深度剖析文物本身及其背后的故事，为观众带来不一样的新体验，打开"新视界"，让红色文化精神火起来、红色文物故事活起来、红色旅游资源热起来。

开发创意旅游产品。开发青年游、新婚游、夕阳游、研学游等个性化旅游产品。采取灵活多样的开发手段，活化利用红色文化资源，实现社会效益与经济效益的有机统一。利用红色文化名人效应，引入文化产业和文化休闲服务业，融入展览展示、文化创意、艺术摄影、艺术品鉴、文化休闲、影视制作等产业，形成多元化的文化产业发展格局。利用科技赋能发展云展览、云演艺等新业态，推动创意旅游走上"云端"，加强科技与文化的融合发展。引导和鼓励文化创意企业开发以红色名人为主题的特色书店、咖啡店、民宿等休闲旅游产品，组织开展系列休闲文化活动，吸引旅游者参与体验，满足旅游者审美怀旧、红色文化教育、社会交往、情感升华等高层次的自主选择，让红色旅游所蕴含的文化内涵得到更广泛的传播。

　　加大宣传推介力度。采用高科技进行展览推介宣传，实现科技赋能，推动红色文化传播，提升游客的参观体验，为文旅融合增添发展活力。利用邓颖超纪念馆"伟人风采"展厅的多媒体互动展示墙（图6）这一广西文博界首次引进使用的魔幻镜面互动系统技术，通过高科技手段展示与邓颖超相关的数百张照片和14段影像资料。观众可以通过触摸屏幕实现对图片和视频的相关操作，如为图片和视频点赞、了解背后的信息、扫描二维码保存图片到手机相册等。通过开发"讲好党史故事 传承红色基因""追寻伟人足迹""伟人故事我知道"等党史学习教育线上答题小程序，推出党史知识有奖答题活动，吸引公众关注、参与，加快官方微信、官方网站的传播速度和扩大其影响，使其在宣传和弘扬红色文化的同时，体验获得学习成果的满足感，提升公众对品牌独特价值的认知，使品牌形象深入人心。

图 6　邓颖超纪念馆中"伟人风采"展厅的多媒体互动展示墙

（三）激发人力资源创新活力

加强合作交流。推动与政府、企业、高校、文化旅游科研机构之间的合作，积极筹建各种类型的人才培养基地、红色文化旅游研究中心，促进红色文化的保护性旅游开发，加快政、产、学、研一体化发展，并加强红色文化保护和旅游开发方面的专家队伍、管理队伍、宣传队伍、志愿者队伍等队伍建设。

提高管理效率。在整合利用好现有系统的同时，结合人工智能、云计算、物联网、大数据等新一代信息技术，稳步推进智慧化建设，使管理工作更为科学、智能、高效，并为观众提供更加优质的展示展览服务，以充满生机和活力的面貌，展示本地红色文化，加速提升管理效率，更好地服务八方游客。

培育优良团队。邓颖超纪念馆作为党史和爱国主义教育基地，需要培育和组建"思想政治好、知识储备好、讲解服务好、示范带头好、社会影响好"的"五好"讲解员及组建一支素质高、本领强、有情怀的党史讲解团队。对专业人才进行定期进修培训，强化红色文化理论知识和政治素养，全面提升讲解服务专业人才的综合素质，将邓颖超的伟大革命事迹传播至全国各地，将红色革命基因深植人心，为红色旅游产业发展提供人才支持，推进文旅产业提质升级。

四、结语

邓颖超纪念馆作为广西重要的红色文化资源，蕴藏着丰富的红色文化资源。通过利用红色文化资源、弘扬红色精神、传承红色基因，实现优势资源转化；通过创新品牌、灵活运行科技赋能、培养专业技术人才提升服务质量，探寻多元化的发展路径，将红色文化与红色旅游融合发展，坚持以文塑旅、以旅彰文，着力提升广西文化旅游特色化、品质化、国际化水平，切实推动文化旅游不断改革创新发展，为奋力开创新时代壮美广西文旅融合发展新局面作出更大的贡献。

略论博物馆文化创意产品的设计、开发与营销

【作者】高贵艮　　桂林博物馆　助理馆员

近年来，随着人们精神文化消费需求的迅速增长，国家越来越重视文创产品的开发。文化和旅游部等八部门联合印发的《关于进一步推动文化文物单位文化创意产品开发的若干措施》强调，要深入挖掘文化文物资源的精神内涵，使文化创意产品成为广大人民群众感悟中华文化、增强文化自信的重要载体。博物馆作为历史积淀的场所、文化交流的载体，不能仅仅满足于收藏、保管、陈列、展示等功能，而是要抓住历史机遇，更新思维、迭代理念、用好资源，大力加强相关文创产品的开发，让文创产品成为弘扬中华民族优秀历史文化、展示博物馆形象的平台和窗口。

一、把握博物馆文创产品设计的基本原则

只有拥有好的设计和好的产品，文创产业才有持续发展的生命力。当前，我国博物馆文创产品开发如雨后春笋般蓬勃发展，其中不乏"出圈"的爆款精品，但也存在不少问题。例如，在开发设计上存在外形平庸、简单套用文物元素、缺乏文化深度、产品类型分散、同质化严重等问题，这不仅使文创产品缺乏设计美感和特色，缺少优秀文化内涵的衍生价值，而且难以有效抓住观众的眼球，也难以涵盖所有层次群体的文化需求，无法较好地融入现代生活，导致用户体验感较差。博物馆文创产品开发设计要注意在特色性、文化性、精品性、审美性、亲民性上下功夫。

（一）文创产品代表的文化元素要独具特色

文化元素是文化的沉淀物。文创产品的文化元素是一种符号结构，不仅能使该文创产品从本质上区别于其他产品，而且能为文创产品带来溢价空间，产生资产的增值效应。产品设计的独特性是塑造特色文化品牌效应至关重要的一环。因此，博物馆文创产品要打造具有自己馆藏特色的文化品牌。博物馆文创产品可以"文物之形态""文物之符号""地域之精神"等特色元素作为设计创作的素材，让文创产品既能代表馆藏特色，又能传扬地域精神文化。"文物之形态"是基于馆藏文物的样态来设计文创产品，可将文物的形状、图样、纹饰等元素运用到设计之中。此种表达方式简单直接、通俗易懂，是最基本、最朴素的设计开发形式。例如，近年爆火的以精品文物和地标性建筑为题材的"网红"文创冰品系列，甘肃省博物馆以铜奔马为原型开发的"马踏飞燕"文创系列等，获得了网友的一致好评。"文物之符号"是对文物的文化内涵进行深入剖析，解构出一系列文化元素，并将其融入文创产品的设计内容中，进而体现馆藏文物的文化内涵特质。例如，在北京故宫博物院文创产品中，大臣朝珠被设计成创意耳机、防晒伞原来是顶戴花翎、圆珠笔可能是尚方宝剑等。这些文创产品成为人们了解故宫文化的重要载体和途径。"地域之精神"是对博物馆所在地域的时代精神、社会风貌进行深入挖掘和高度概括，把地域特色文化内涵融入文创产品中。其不只是追求文物形态的转化和部分文化元素的运用，更是体现产品的文化精神和价值内核。例如，中共一大纪念馆以红色文化为切入点，以馆藏文物为延伸，推出党员"政治生日"贺卡、《中国共产党章程》楷书字帖套装、联名文创点心定胜糕"一定胜"等，实现了品牌与文化精神的双传播。

（二）文创产品蕴含的文化内涵要阐释到位

空洞无物的设计不是设计，只是个装饰而已。丰富的文化内涵是博物馆文创产品的灵魂。大部分消费者在购买文创产品时会特别看重产品本身所蕴含的文化内涵。作为博物馆与藏品文化内涵的重要载体，文创产品的成功与否体现了人们对博物馆所传达精神的认可程度。现实中，诸多博物馆的文创产品仅停留在对馆藏文物的图案进行简单复制的层面上，而对藏品背后的文化内涵挖掘较浅。即使部分设计较为精美的文创产品，对丰富的文化底蕴也阐释得不够清楚，导致消费者只注重其外表，忽略其内涵，从而失去了文创产品的宣教功能。

如果观众对文创产品的文化内涵了解不充分，即使是独具匠心的产品也会出现不被接纳的情况，不利于历史文化的传播。北京故宫博物院在售的许多文创产品不但有材质、规格、用途等产品信息介绍，产品背后还附有创意说明。例如，从"皇帝亲亲之宝手机座"的产品说明可知该产品来源于北京故宫博物院藏"皇帝亲亲之宝"宝玺。该宝玺为交龙纽，白玉质地，密藏于紫禁城交泰殿中，为清代乾隆皇帝的二十五方御宝之一，作"以展宗盟"之用。因此，在文创产品中可以通过内附产品说明，介绍文创产品的创意来源、设计思路或与该产品相关的网站、二维码链接，也可以在产品外包装中印制博物馆的名称、Logo、文化理念、特色藏品、公众号等，既能够展示文创产品的文化内涵，又能彰显文创产品的质感与文化气息，有利于扩大博物馆的社会影响力和知名度。

（三）文创产品涵盖的文化层次要雅俗共赏

文创产品开发的本质目的是发挥博物馆和藏品文化内涵的熏陶教化功能。文创产品只有做到雅俗共赏，才能被社会各阶层广泛接受，从而在潜移默化中起到艺术熏陶和人文浸染的功效。这需要在产品层次和覆盖面上下功夫。一方面，文创产品要亲民"接地气"。"接地气"的文创产品要融入普通消费者的日常生活。博物馆文创产品不仅要涵盖吃喝玩乐等生活需求，产品的定价也要适中，符合一般观众的消费需求和消费能力。有研究表明，关注最多、销量最高、广受好评的博物馆文创产品大多是定价在百元之内的日常用品。"接地气"的文创产品还要活泼有趣。例如，北京故宫博物院推出的"奉旨旅行""朕就是这样汉子"等系列文创产品，生动活泼；敦煌博物院将"飞天"IP与盲盒结合，推出"梦回敦煌"系列盲盒和骆驼胸针盲盒，潮劲十足。另一方面，对文创产品的开发设计要有高端精品意识。部分观众在博物馆购买文创产品旨在旅游留念或是将其作为礼物赠送他人，这对文创产品设计能否彰显文化底蕴和审美内涵提出了更高的要求。要充分运用工程学、美学、心理学等学科理论对产品进行设计，严控产品的用料材质、色彩装饰、整体造型、细节布局、生产工艺等品质要素，力求产品达到传统文化元素和时尚潮流的有机结合，蕴含丰富的文化内涵并呈现最为精致引人的外观。在定价上可遵照"721"原则，即 100 元以内的大众文创产品占比 70%，100 ～ 500 元的精品占比 20%，500 元以上的高端创意产品占比 10%。经市场分析和观众调查，这一定价原则符合文创产品的基本消费规律。

二、探索博物馆文创产品开发的主要模式

产品开发是博物馆文创产品能否成功进入流通环节的关键。随着一些博物馆的先行先试，许多独具特色的文创产品开发路径和经验逐渐被总结出来。不过，我国博物馆群体规模庞大，开发文创产品的实力参差不齐，文创产品开发模式不可一概而论，要依据各个博物馆的性质、规模、馆藏资源以及经济实力，探索建立差异化的文创产业发展模式。博物馆要立足自身的"文化资产"优势，积极与工业设计界和文化产业界密切合作，探索文创产品开发的新模式，不断提升文创产品的开发能力和品质。

（一）立足博物馆独立开发

独立开发模式，是指博物馆独立进行文创产品的自主设计、研发和销售，需要自担风险、自负盈亏。独立开发模式的优势在于，博物馆自行研发的产品与博物馆的理念和藏品紧密联系。这些独具特色的产品能明显区别于博物馆外的其他文创产品。博物馆自行研发的产品若能充分彰显馆藏的文化底蕴，有效结合目标群体的需求，可以达到自主设计销售的最大效益。观众强烈的购买意愿和频繁的购买行为，将快速提升文创产品销售的收益，这对博物馆的自主发展积极性具有正向保护和激励的作用。因此，博物馆自行研发应成为文创产品开发的首要模式。但在现实中，受研发能力和资金实力限制，许多博物馆的文创产品制作工艺简单粗糙，大多只是对馆藏文物实体按比例复制，或只是在手提袋、抱枕、丝巾、文具盒和手机壳上直接印制一些文物的纹饰图案。这些产品的开发没有结合博物馆馆藏文化特色，导致品种创意单一，难以给观众留下难忘的印象，更无法激发人们购买的欲望。相较而言，一些大型博物馆的资源相对丰富和充足，如北京故宫博物院就专门成立文创事业部，综合经营管理部门、资料信息部门和专业研究部门的力量，搭建功能齐全的文创研发平台，由院内外专家组成专业研究团队，负责梳理藏品的人文学理，阐读文物的文化内涵，核验产品的文教价值。因此，独立开发模式需要博物馆拥有较为雄厚的经济实力和较为成熟的开发设计团队，以及承担较大投资风险的能力。

（二）与其他企业合作开发

合作开发模式，是由博物馆进行文创设计和制作招标，由中标的设计公司、设计师或厂家负责研发、生产文创产品，并利用博物馆的渠道进行销售，

博物馆与合作企业或个人之间按约定比例分配利润。博物馆在这种模式中参与程度较高，从开始设计产品时就可与合作企业进行充分的沟通，先根据博物馆的需要提出设计需求和思路，再由设计企业提出文创产品研发方案，提交博物馆审核，方案确定后由企业投资制造。这种模式可以为博物馆节省开支，规避部分营销风险，尤其是规模较小的博物馆，在经费与人力不足而又有文创产品开发需求时，宜采用这种模式。另外，博物馆对采用这种模式开发的文创产品通常要求拥有独家专卖权，使人们难以从其他渠道购买该文创产品，因此该文创产品更有特色、价值和纪念意义。博物馆无论规模大小，均可采用合作研发模式。例如，大至南京博物院、天津博物馆、广西壮族自治区博物馆，小到江门市博物馆、吉安市博物馆等都会定期举办文创产品设计比赛，通过大众媒体向社会公开设计的主题、要求和馆内的文化素材资源，由企业或个人从中挑选感兴趣的方向进行创意研发，提交参评文创开发方案。这种设计大赛形式新颖，既为博物馆储备了大量文创产品开发的优质方案，也为从事文创开发的企业和个人搭建了一个展示、沟通的平台，同时还可提升博物馆的社会影响力。由此可知，合作开发的模式能够有效引导专业力量积极投身文创产业，与博物馆形成目标同向、互利共赢的产品开发态势。这对于博物馆摆脱独自开发文创产品力不从心的窘境，无疑是一种有益的路径指向。

（三）吸引社会力量授权开发

授权开发模式，是博物馆将所拥有文物的直观形象、纹饰图案、文化元素或名称商标等特有资源授权给文创企业使用，获得授权的企业给博物馆支付一定的版税或权利金，企业自负文创产品销售的盈亏。然而，博物馆在这个过程中亦不能置身事外，要发挥好监管的作用，确保企业所研发的产品在质量和艺术水准上均能达到要求。通过授权，借助企业的力量，才能开发出带有博物馆标志的众多文创产品并销售至全国各地，使那些未曾实地到访博物馆的观众得到文化艺术的熏陶，这样更能充分发挥文创产品的文化传播效应。例如，国家博物馆与阿里巴巴集团进行战略合作，联合打造了"文创中国"线上运营平台。根据协议规定，国家博物馆提供给阿里巴巴集团馆藏文物的高清图像、三维数据、学术成果和知识版权等信息，阿里巴巴集团负责全面整合投资方、设计方和销售渠道，以国家博物馆文物为原型进行文创产品的研发、销售，利润由双方按合同约定分成。此模式的优势在于，通过艺术授权的方式可以使博馆免于承担文创产品研发的财务负担和风险。但这种模式也存在两个主要问题：一是大多数博物馆对于授权的理念认识相对保守，被动等待合作机会上门较多，主动寻求合作较少、授权率不高、转化率较低；二是由于博物馆文创项目具有价值评估难、回报收益慢，以及预期长、风险性大等共性难题，这在一定程度上影响了企业和社会资金投入的积极性，尤其是中小型博物馆对企业的吸引力更为不足。

三、优化博物馆文创产品营销的实施策略

我国很多博物馆都是免费开放的公共文化事业单位，其生存和发展大多依靠国家财政支持。免费开放的博物馆的文创经营不以营利为目的，但并不代表不能盈利。博物馆文创产品是检验博物馆运营绩效的重要指标，也是谋求博物馆生存发展的重要手段。这点应成为包括管理部门在内的社会各界的共识。在文创产品日新月异、竞争激烈的背景下，要让观众更好地理解并接受博物馆文创产品、有效提升产品销量、树立品牌形象，需要在文创产品的宣发模式和营销方式上寻求创新与突破。

（一）打造推广展示文创产品的窗口

许多博物馆文创产品之所以未能广泛吸引受众，除产品缺少新意和亮点外，不擅长进行自我推销和宣传也是一个重要因素。也就是说，观众可能不知道、不了解博物馆文创产品，因此博物馆要加大文创产品的宣传推广和展示力度。第一，采用类型多样的展示平台展现文创产品的艺术气息。可依据商品属性进行分类分区摆放或设置造型，在醒目位置标明商品的详细尺寸、设计理念等信息，也可将不易损坏的产品放置在展示柜外，以便让观众近距离地观察或接触。第二，充分发挥网络新媒体的作用，在网站、论坛及官方"两微一端"、小程序、短视频等网络平台上进行宣传和推广，通过图、文、声等传统形式，及视频、游戏等现代形式，甚至是多人互动 VR、AR 等高科技形式，介绍文创产品的尺寸、规格、材质等基本信息，及其所蕴含和透射的文化价值，使观众能够多元、便捷、直观地获取与藏品相链接的文化知识。第三，在博物馆讲解员的解说环节中，可适时推介基于该文物开发的相关文创产品，引起观众的兴趣和消费欲望。第四，有条件的博物馆可携带文创产品"走出去"，参加诸如中国（深圳）国际文化产业博览交易会、中国义乌文化产品交易博览会、海峡

两岸（厦门）文化产业博览交易会、香港国际授权展等文化创意产业博览会，以扩大知名度。博物馆要选择有地域文化特色的精品参展，充分借助文博展会等平台有效宣传博物馆的文化指代，同时努力推动文创产品走出省市、跨出国门、迈向国际。

（二）拓展文创产品销售服务的渠道

总体而言，博物馆文创产品的营销渠道分为实体渠道和网络渠道两大类型。博物馆文创产品实体营销一般是在博物馆商店进行。在展厅里，观众无法触碰珍贵的文物展品，而在实体文创商店里却能轻松触摸、把玩与展品相似的复制品或相关物件。实体商店具有观察直观性、了解透彻性、购买便利性的优点。在实体店经营时，应确保实体店位置易寻找、路线易行走、环境干净、氛围良好，展陈美观、大气专业，尤其是服务人员要亲切有礼貌，不仅了解文创产品的内涵且能讲解到位，并具有一定的营销技巧和沟通能力。此外，要打破只能在博物馆里进行销售的认识桎梏。在车站、机场、景点、宾馆、饭店、商场、社区等人口密集、人流量大的场所，都可以考虑建立博物馆文创产品专营店（或无人售货柜）。然而，实体商店建设投入大，运营时空受限，交流评价受制，影响范围狭小，但网络渠道能有效弥补这些缺点和不足。在网络信息时代，博物馆要转变经营理念，善于利用互联网思维创新营销模式，进一步拓展销售渠道。已有较多的博物馆正在尝试或已经在利用官网、App、新媒体等网络平台进行文创产品的推广和销售。例如，北京故宫博物院很早就在淘宝上开设了"故宫淘宝"店铺，其"故宫宫猫"系列、"十二花神"系列等文创产品在网络营销的助力下，深受网友的青睐与追捧，取得了相当可观的销量。在博物馆网店的设计上，要有强烈的品牌意识，在设计风格上要注意与实体文创商店保持一致，比如设计使用统一的商标 Logo、统一的文创形象、统一的色彩格调，打造独具特色、辨识度高、设计精美的网店风格。

（三）搭建文创产品体验营销的平台

"体验式营销"是一种新的营销方式，其以体验为基础，注重与商品的互动，创造值得消费者回忆的活动，追求感性与情境，进而取得消费者的认同。就博物馆文创产品而言，可策划一个明确的主题，通过模拟场景塑造或传统工艺展示，让观众在沉浸式体验中成为产品的创造者或工艺的完成者，实现第一视角的感官体验。例如，南京博物院民国馆创造性地将实体店铺与展陈相结合，在展览大厅内塑造展示民国时期南京城内的社会百态，打造了民国理发店、照相馆、服装店等 30 余处特色场景，同时将情景展示与活态经营融为一体，观众可以与身着民国服装的工作人员互动，体验民国时期的购物、照相、寄信等活动，在身临其境中产生消费欲望。又如，广西壮族自治区博物馆开办民俗"文创集市"，营造集历史、艺术、潮流、购物于一体的"文创＋"沉浸式体验氛围，将观众带入博物馆"国潮"时代。再如，许多博物馆收藏有精美的历代瓷器，则可以"陶器制作"为主题，复原开发沉浸式"窑坊"体验场馆。按照古代瓷器制作工艺，由专业师傅现场演示瓷器的制作过程，并将瓷器成品出售给观众。同时，可开设观众 DIY 专区，邀请现场观众参与制作体验，器物可销售或赠与观众作为留念。例如，河南博物院推出"鎏金盲盒"，让消费者动手体验古老的鎏金技法、贴金工艺，感受岁月流金。体验式营销既能够直观地加深观众对产品工艺与内涵的理解，又让其在直接参与中了解产品的价值并对产品产生归属感，进而提高对文创产品的满意度和对文创品牌的忠诚度。

四、结语

随着文博游的持续火热和博物馆的不断"出圈"，博物馆文创产品已经成为当地文旅市场的一大亮点，成为文化产业的一项重头戏。博物馆文创产品开发要走特色发展之路，持续挖掘地方文化元素，通过精心设计、有效研发、多维营销，形成自己的品牌集聚效应，在带来经济效益的同时，有效助力当地的文化传播和产业发展。习近平总书记指出："文化产业既有意识形态属性，又有市场属性，但意识形态属性是本质属性。"在博物馆文创产品开发中，一定要牢牢把握正确导向，坚持以社会主义核心价值观为引领，坚持马克思主义历史观，坚持守正创新，既要合理利用文化文物资源，讲好博物馆故事、传播好中华文化精神，又要避免过度商业化、娱乐化，以确保博物馆文创产业持续健康发展。

南宁市博物馆文化 IP 设计与应用研究

【作者】韦文恒　南宁市顶蛳山遗址博物馆　馆员

石林峰　南宁市博物馆

随着技术的变革，全球文化产业由"创意产业"迭代为"数字文化产业"。在数字化浪潮推动下，数字经济与文博行业的融合进入了新阶段，"如何让文物活起来"有了新的探索和实践，通过对博物馆文物元素的梳理和萃取，"博物馆文化 IP"应运而生。

IP 是 Intellectual Property 的缩写，译为知识产权，指权利人对其智力劳动所创造的成果享有的财产权利，也是智力活动创造的成果和经营管理活动中的标记、信誉所依法享有的专有权利。《2018 中国文化 IP 产业发展报告》首次提出"文化 IP"的概念，即特指一种文化产品之间的连接融合，是有着高辨识度、自带流量、强变现穿透能力、长变现周期的文化符号。[①]

自 2020 年新冠疫情发生以来，全国博物馆业均受到闭馆、限流等影响，但客观上也促使各馆利用互联网技术将陈列、藏品等资源通过数字化模式传播。博物馆具有深厚的底蕴，是一座巨大的文化 IP 宝库。打造文化 IP 已成为我国博物馆发展文创产业的一种新模式。一些大型博物馆成功打造的 IP 率先成为"明星 IP"，如陕西历史博物馆的吉祥物"唐美丽"和"汉英俊"，北京故宫博物院的"宫里的世界""遇见九公主""妙物宫廷"等知

---

① 陈彦：《2018 中国文化 IP 产业发展报告》，https://www.163.com/dy/article/EG902BTU0514R9OJ.html&wd=&eqid=8c5e0fd4000cb47900000002646ac4d5，访问日期：2023 年 11 月 1 日。

名 IP 均得到了公众的认可与喜爱。

南宁市博物馆为国家一级博物馆，拥有藏品 2 万余件，文化资源丰富，目前在文化 IP 开发方面处于起步阶段。本文以南宁市博物馆为研究对象，探讨如何利用藏品、南宁历史故事等进行创新设计、丰富内涵，打造文化 IP 并进行有效的传播。

一、我国数字文化产业政策分析

近年来，国家和各省（自治区、直辖市）对数字文化产业下的各细分领域，如文创开发、动漫、视频、游戏、音乐等多个领域均颁布了相关政策，有力地推动了数字文化产业的发展。这些政策主要分为宏观指导政策、微观支持政策、产业规制政策等。

（一）宏观指导政策

我国数字文化产业宏观指导政策旨在促进整体产业发展、对细分领域进行指导等。2016 年 3 月，国务院印发《关于进一步加强文物工作的指导意见》，文件指出："大力发展文博创意产业……进一步调动博物馆利用馆藏资源开发创意产品的积极性……为社会资本广泛参与研发、经营等活动提供指导和便利条件。实施'互联网＋中华文明'行动计划，支持和引导企事业单位通过市场方式让文物活起来。"同年 11 月，国家文物局等五部委印发《"互联网＋中华文明"三年行动计划》，明确提出："创作基于文物资源的影视、游戏、音乐、出版、商标以及计算机软件等数字产品，从事文物实体的数字化发行与信息网络传播推广……重点发展表达中国特色、中国风格、中国气派的原创动漫、游戏、影视产品及衍生产品开发和服务，推进内容创作、音乐创作、形象设计、节目制作、版权交易创新发展。"

2017 年 4 月，文化部印发《关于推动数字文化产业创新发展的指导意见》，提出我国数字文化产业发展的整体目标，及促进优秀文化资源数字化等产业发展方向。2020 年 11 月，文化和旅游部发布《关于推动数字文化产业高质量发展的意见》，提出要培育和塑造一批具有鲜明中国文化特色的原创 IP，加强 IP 开发和转化，充分运用动漫游戏、网络文学、网络音乐、网络表演、网络视频、数字艺术、创意设计等产业形态，打造更多具有广泛影响力的数字文化品牌。

以上宏观指导政策为我国数字文化产业提供了人才支撑、政策支持、财税优惠等，也体现了我国数字文化产业发展方向：一是培育发展具有核心竞争力的品牌 IP；二是促进动漫、游戏、视频、音乐等多细分产业共同发展；三是提高数字文化产业增加值所占 GDP 比重。

（二）微观支持政策

在国家层面政策的指导下，各地方政府和行业部门因地制宜，对本地区、部门的数字文化产业进行具体部署、实际扶持，主要包括人才引进与培养政策、技术创新发展扶持政策、产业园区政策等。

一是人才引进与培养政策。人才政策主要包括人才引进、人才培养等政策。例如，2019 年《山东省支持数字经济发展的意见》规定，对在本省企业工作的高层次数字技术人才最高补贴 15 万元；同年浙江省科学技术厅颁布了《浙江省关于促进文化和科技深度融合的实施意见》，提出校企合作建立实训基地，由高校与先进企业共同培养人才。

二是技术创新发展扶持政策。主要包括数字文化产业技术创新、丰富产业业态的政策。例如，2015 年国务院发布《关于积极推进"互联网 +"行动的指导意见》，将人工智能技术列为数字产业重点领域之一；2019 年科技部等六部门联合印发了《关于促进文化和科技深度融合的指导意见》，指出加强文化共性关键技术研发、强化文化技术标准研制与推广等八大重要任务，提出到 2025 年基本形成覆盖重点领域和关键环节的文化和科技融合创新体系。

三是产业园区政策。目标是加快产业布局，推动图书、电影等传统业态升级，建设产业集聚区。产业园区政策主要是对园区土地提供、财税等优惠提出要求，对有创新性的企业给予一定的奖励或补贴。例如，《广西贯彻落实国家文化数字化战略实施方案》提出，打造数字文化产业集群，到 2025 年培育自治区级数字文化创意产业园 1 个以上。

（三）产业规制政策

针对我国数字文化产业创新能力参差不齐、产量和质量良莠并存的状况，国家与地方出台了相关的产业规制政策，对数字文化产品的行业标准、价格标准、质量标准、市场准入及退出机制等进行了规范。例如，2018 年文化和旅游部发布的《全国文化市场黑名单管理办法》对文化市场主体进行规制，有效地维护了文化市场的秩序；2019 年，国家广播电视总局颁布的第 3 号令《未成年人节目管理规定》，规定了电视节目等文化产业不能对未成年人进行错误价值观的引导，未成年人节目不得宣扬童星效应或者包装、炒作明星子女等。此外，国家和地方还针对版权、生产与传播方式等方面对数字文化产业进行了规范，推动产业健康发展。

二、博物馆文化 IP 设计类型

当前国内外各大博物馆都进行了文化 IP 创作，主要类型有形象 IP、故事 IP、影视 IP、游戏 IP 等。

（一）形象 IP

各博物馆通过馆藏文物形象卡通化来设计博物馆吉祥物或形象 IP，以体现博物馆的文化内涵，为文创产品的开发作好铺垫。

在 2014 年博物馆及相关产品与技术博览会上，北京故宫博物院吉祥物"壮壮""美美"（图 1）首次亮相。该吉祥物创作灵感源自中国传统的吉祥龙凤形象。陕西历史博物馆以唐朝仕女俑为原型打造"唐妞"人物形象（图 2）。该人物形象头梳唐代盛行的高发髻，穿宽袖襦裙，面着红妆、花钿等唐代妆容，脸颊圆润，表情丰富，体态饱满丰腴，整体色彩艳丽，在设计风格上融合了水墨和卡通的特点，彰显大气、包容的唐文化特点，符合当下审美，深受观众欢迎。大英博物馆小黄鸭形象（图 3）是将馆藏古埃及狮身人面像、日本武士、古罗马骑士、维京海盗等形象与小鸭子纪念品相结合，古今元素的融合使其成为"网红"产品，为大英博物馆培养了众多忠实的支持者。

以上形象 IP 均采用了卡通造型，将本馆具有辨识度的造型、纹样、色彩进行再创作，设计为具有亲和力的卡通形象 IP，在色彩选择上以黄色、紫色、红

图 1　北京故宫博物院的"壮壮"　　图 2　陕西历史博物馆的"唐妞"形象
　　　　"美美"形象

图3　大英博物馆的小黄鸭形象

色、青色等明亮的色彩为主，既贴近了文物本身的色彩，也符合当代人的审美。博物馆形象IP中对卡通形象进行了动作设计，凸显了卡通形象的生动、活泼，通过在不同场合的传播，可以扩大博物馆品牌的影响力，助推文旅事业的发展。

（二）故事IP

北京故宫博物院深入挖掘《千里江山图》作者——绘画天才王希孟与宋徽宗的故事：宋徽宗钦点年仅18岁的王希孟绘制《千里江山图》，并亲自传授技法，王希孟历时半年完成了这幅巨作，可惜英年早逝，而《千里江山图》奠定了他在中国艺术史上的独特地位。此故事在中央电视台《国家宝藏》节目播出后家喻户晓，节目中还对作画用的矿物质颜料进行了介绍。观众被文物背后的历史与绘画技艺深深吸引，对北宋末年青年才俊以绘画寄托富国强兵、收复山河的理想产生更多的共鸣和思考。

通过深挖文物背后的故事，《千里江山图》由绢本设色画成功转型为有人物、有情节、有家国情怀的"千里江山图"故事IP，传达了爱国、爱民的价值观，更容易让观众与文物产生共鸣，从而建立起观众与博物馆之间的情感联系，也为后续推出品类多样的衍生产品作铺垫。

（三）影视IP、游戏IP

《我在故宫修文物》《国家宝藏》等文化综艺片的热播，带动了文物热潮，形成独特的影视IP。

2015年，湖南省博物馆创作了全国首部文物题材系列动画片《时空博物卡》。观众通过一张卡片，跟随主人公穿越至2000多年前的汉代长沙国，了解与之相关的历史知识。2019 年，解密类手游——《绘真·妙笔千山》上线，该游戏由北京故宫博物院与网易游戏联合开发，旨在还原青山绿水的意境和效果。游戏采用横版平面视角与 3D 自由大视角结合的方式，打造出"如入画境"的体验，通过做任务的形式，让《千里江山图》真正活起来。

影视 IP、游戏 IP 将原创创意价值量化，建立连接市场与消费者的桥梁。目前各大博物馆均以授权为主，即将原创故事、角色、场景等知识产权授予企业使用。对于博物馆和影视游戏公司而言，IP 授权可以带来丰厚的利润回报，有助于提升企业及博物馆品牌的影响力和知名度。但在授权过程中，需要确保博物馆文化 IP 版权合法性，规定授权范围，利用商业条款规范双方的权益，实现博物馆文化 IP 价值最大化。

三、南宁市博物馆文化 IP 设计

博物馆是城市公共文化服务的重要场所，在传承历史文化、促进文旅融合、增强文化竞争力、打造南宁精神等方面具有重要作用。南宁市博物馆的馆藏文物、展陈集中体现了南宁的优秀文化遗产，可对具有特色的区域文化和地方符号进行分析，将馆藏文物元素与南宁历史、人文特征、非遗项目相结合，打造本馆文化 IP，扩大文化影响力。

（一）南宁市博物馆 IP 设计思路与实施

一是体现南宁市博物馆特色文化。博物馆文化 IP 以视觉形象为载体来传播、推广本馆特色文化理念和文化内涵，因此设计师需要从馆藏文物、展陈中提炼文化特征，将文化特征凝练成具有代表性意义的文化符号，借助有趣的视觉形象向观众持续地传达博物馆文化，从而对其产生价值认同和文化认同。馆藏文物的整体或局部形状、纹样、颜色等元素，以及南宁历史的某些片段，均可以进行符号化处理。在形象 IP 设计中，设计目标可选用南宁市博物馆中具有较高文化价值和知名度的"镇馆之宝"作为素材原型，这样的 IP 才能够快速地、直观地传递博物馆文化理念和内涵。

二是以卡通形象为载体。大多数博物馆文化 IP，特别是形象 IP 设计目的就是吸引青少年，因此从外观形象、文创主题产品到后续出版的书籍、开展的研学等，都站在青少年的角度来开展审美创作，如"壮壮""美美""唐妞""小黄鸭"等博物馆文化 IP 均是可爱的卡通形象。

明确目标人群后，设计师就能在文化IP形象的视觉表征、内容、应用产品开发上更具有针对性。南宁市博物馆可以从馆藏文物中寻找适合卡通设计的藏品，通过艺术加工将藏品外形卡通化，做到视觉直观、易于识别、造型亲和、具有生命力，能更广泛地应用于博物馆对外宣传、文创产品开发等场景。

三是为文化IP注入内涵。作为形象IP，首先要进行人格设定，为其设计动作模式、各类情绪表情（表情包），延展设计家族角色等，使其具有人格感染力，让受众直观地与其建立情感层次的交流沟通。其次要对形象IP所关联的文物背后的故事进行挖掘和拓展，让角色形象更为丰富生动，打造故事IP、游戏IP，持续增强文化IP的生命力。

（二）南宁市博物馆IP设计实例

一是卡通形象IP设计。其一，"南博戈"形象设计。"南博戈"形象的设计灵感来源于南宁市博物馆"古代南宁"展厅中所展出的西周穿孔石戈（图4）。

图4　西周穿孔石戈

西周穿孔石戈援长19厘米、宽5.4厘米、通长22厘米，出土于南宁市武鸣区陆斡镇覃内村岜马山岩洞葬，是岭南石戈的精品，国家一级文物。该石戈援体扁平，尖端呈锐三角形，两援平直磨成刃状；长方形端尾，内有一圆穿，自内至援尖有一凸脊，其形制与1976年从河南安阳殷墟妇好墓出土的玉戈相近。蒋廷瑜在《岭南出土石戈探微》中指出："石戈是石器中最晚出的器类之一。

一般认为是兵器，是战争出现的标志。实际上，在更多的场合，它是作为权力、地位的象征和祭祀的仪仗出现的，应同文明时代的到来有关。"①

通过对该石戈进行外形分析，可对其进行卡通化设计（图5）。

图5　石戈的卡通形象

石戈为长条形，将其横放时，左右分别为三角形与方形，不显对称，因而以直立的方式进行设计可获得对称的效果。设计该形象目的是将其作为南宁市博物馆的"吉祥物"，为观众和游客介绍本馆的文物和南宁的历史，因此该形象在石戈的基础上添加了大眼睛、大嘴巴和手足。"南博戈"整体造型生动可爱，各个年龄段游客均能接受，适用于各种场景，如"南博戈讲南博"场景（图6）。

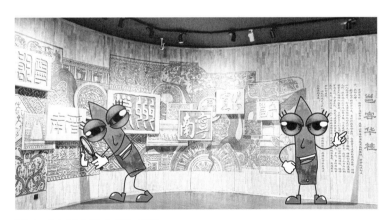

图6　"南博戈讲南博"场景

① 蒋廷瑜：《岭南出土石戈探微》，载《南中国及邻近地区古文化研究》，香港中文大学出版社，1994。
转引自郑超雄、覃芳：《壮族历史文化的考古学研究》，民族出版社，2006，第262页。

"不要迷恋哥，哥只是个传说"是 2009 年开始兴起的网络流行语，表现一种愤世嫉俗的超脱，迎合以低调显高调、以退为进的网络心理，同名的歌曲、都市小说也随之兴起。石戈的"戈"与"哥"字同音，因此在"南博戈"推广时，可利用同音字，将该网络语改编成"不要迷恋戈，戈只是个传说"，增加南宁市博物馆的知名度和曝光度，实现引流，让观众将对"南博戈"的喜爱转化为对南宁市博物馆的热爱。

其二，"小狮娃"形象设计。"小狮娃"形象来源于馆藏"民国木雕卧狮"（图 7）。

图 7　民国木雕卧狮（南宁市博物馆藏）

狮子在我国的文化古籍中被称为"辟邪""狻猊"。历代以来，其在不同的典籍中又有天禄、天鹿、符拔、麒麟、狮子等名称，是迎福纳祥的瑞兽形象。

通过对器物进行分析并参考民间常见的狮子帽，采用"减法"，截取器物头部进行形象 IP 创作，结合穿戴狮子帽的主要人群——幼童，将该形象 IP 定名为"小狮娃"，也可根据南宁本地的语言习惯将其定名为"狮头仔"（图 8）。

图 8　"小狮娃""狮头仔"

　　狮子帽，也称狮头帽，是祥瑞的象征。狮子帽是我国民间常见的童帽，孩子出生时娘家有送童帽的习俗，幼童一般从周岁的时候开始戴狮子帽。狮子帽出现的年代不详，在明、清时期就有史料记载，至民国时期发展至鼎盛。南宁市博物馆"狮头仔"的整体造型是一个头戴狮头帽，身着短袖及七分裤，光着小脚到处跑的小孩子，给人一种喜庆、欢快、吉祥的感觉。

　　聊天软件中的表情包的广泛使用，使卡通形象IP具有极大的曝光率。由此可将"小狮娃"形象进行延展设计，使"狮头仔"拥有喜、怒、哀、乐的表情（图9），配以网络流行语，可减少年轻人与文物的距离感，也利于该IP应用于各类文创产品的设计和推广。

图9　"狮头仔"表情包

　　二是故事IP设计。可将"南博戈"与骆越方国的历史联系起来，打造骆越方国故事IP。西周穿孔石戈所处时代为骆越方国时期，可设计"南博戈"穿越回骆越方国，以骆越王的口吻，讲述方国的兴起、大明山区域岩洞葬与古墓葬、古城、青铜兵器、铜鼓、巫师祭祀、开发岭南及南海等历史片段，结合南宁市博物馆的古代南宁、民歌展厅，铜鼓、青铜器等文物，融入广西的太阳、龙母、布洛陀、花山岩画等自然崇拜、图腾崇拜，及"神弓宝箭""妈勒访天边""莫一大王"等典故，诠释骆越文化的渊源和发展。通过人物、场景、故事情节等要素的完善，打造引人入胜、令人回味无穷的骆越方国故事IP。

　　三是游戏IP设计。以96号汽灯店为IP设计剧本杀，即让玩家在游戏中扮演一个汽灯店新来的店小二，通过破解一个个谜题来推进游戏。店小二从文字提示中寻找解题方法，答案无误方能进入下一章节。通过沉浸式体验游戏，让玩家仿佛置身于战火连连、谍影重重的民国年代。随着剧情的深入，玩家可对"南宁兵变"这一重大历史事件有清晰的认识。目前，该游戏已登录南宁市博物馆微信公众号，深受广大年轻观众喜爱。

四、南宁市博物馆文化IP应用与推广

南宁市博物馆可根据自身文化IP的特征选择不同的内容载体，如图书、游戏等，设计衍生产品，通过线上线下多维度的传播方式，让文化IP走近市民的日常生活，增强市民的文化自信、文化认同感，从而实现南宁市博物馆的社会价值。

（一）南宁市博物馆文化IP应用领域

一是图书与影视载体。将骆越方国IP、南博戈IP的内容翔实化、角色丰满化、情节生动化，制作绘本、漫画等形式的实体、电子出版物，配合冲击力强的色彩、构图，传达铸牢中华民族共同体意识、推进中华民族共同体建设等理念。以动画、短视频等为载体，通过视频网站、短视频平台、南宁市博物馆公众号等平台进行播放，以故事IP向观众传递正能量信息。

二是游戏载体。以微信小游戏、网页游戏、大型手机游戏为载体，在博物馆官网、微信小程序等平台在线或下载体验，强调互动性与体验感，如《96号汽灯店》探索解谜游戏等。

三是音乐载体。将IP内涵音乐化，制作流行音乐、古风音乐等乐曲，通过网络平台发布，吸引观众了解乐曲里所蕴含的IP内涵。

四是衍生产品载体。文化IP可以设计衍生产品，让其更好地传播。南宁市博物馆文化IP可应用于实体衍生产品与数字衍生产品的设计。

其一，实体衍生产品。将文化IP应用于文具、钥匙扣、保温杯、冰箱贴、卡通玩偶、纪念服饰等，这是目前国内大多数博物馆所采用的形式。

其二，数字衍生产品。即以数字媒体为载体的衍生产品，如H5网页、表情包、输入法皮肤等。可借鉴2023成都世界科幻大会上发布、出售的"科梦"（原型为大熊猫与太阳神鸟）、"创生之杖"（灵感源自三星堆金杖）、"星域信使"（灵感源自三星堆青铜鸟）、"科幻会徽"（原型为大熊猫）等数字文创藏品，制作南宁市博物馆文化IP的数字藏品盲盒。

随着科技的发展，未来还会出现更多类型的载体，应分析每种载体的类型及特点、优势与不足，使用恰当的载体让文化IP更好地呈现在观众面前。

（二）南宁市博物馆文化IP的推广渠道

南宁市博物馆文化IP再向下游延伸，可通过开展线下活动推广文化IP，为游客提供丰富多样的体验环境，从而扩大文化 IP 的影响力。线下活动需要在国家政策支持下开展，形式包括与企业共同开设主题奶茶店、咖啡店、茶吧，开设主题展览、流动展览，开办流动商店、体验店。南宁市博物馆可与南宁市的一些公园合作，开设南宁市博物馆文化 IP 主题园艺展并设置文创商店等，在展示南宁市博物馆文化 IP 的同时，让企业获得收益。在线下推广时，观众将打卡照片分享在微信朋友圈、小红书、抖音等自媒体平台，能为博物馆活动提供热度，扩大文化 IP 的影响力。

考古研究

马山县古桥专题调查简报

【作者】卢敏生　南宁市图书馆　副研究馆员

农仁富　南宁市博物馆　副研究馆员

眭小洁　南宁市博物馆　馆员

杨　莹　南宁市博物馆　助理馆员

2023 年 6 月，中共中央宣传部、文化和旅游部、国家文物局联合印发《廊桥保护三年行动计划（2023—2025）》（以下简称《计划》）。《计划》提出要调查摸清廊桥资源家底，统筹好全面保护工作，并在此基础上有效利用。根据第三次全国文物普查不可移动文物数据和目前掌握的情况，南宁市虽然没有发现廊桥，但是存在较多的古桥。对古桥进行专题田野调查，追根溯源，可以摸清古桥资源家底，为将来的保护、利用打下坚实基础。2023 年 7 月，南宁市博物馆（南宁市文物研究考古所）组成调查小组，开展南宁古桥专题调查。调查的第一站是马山县。

一、马山县古桥概况

根据第三次全国文物普查不可移动文物数据及马山县文物管理所的相关原始资料，马山县共有 11 座古桥，其中 2 座已经拆毁不存在（乔老拱桥于 20 世纪 90 年代拆毁，八仙板桥于 2013 年拆毁），1 座（景桥）划入 1988 年成立的大化瑶族自治县（隶属河池市），属地性质改变。故马山县境内现存古桥 8 座，其中 4 座于第二次全国文物普查中发现，3 座于第三次全国文物普查中发现，1 座为新发现。其历史沿革、现状等概况见表 1。

表 1　马山县古桥概况

序号	桥名	始建年代	保存现状	公布时间
1	下巴石拱桥	清代	较为完好	1989 年被公布为县级文物保护单位
2	苏渌石拱桥	明代	较为完好	1989 年被公布为县级文物保护单位
3	头零石拱桥	清代	一般	1989 年被公布为县级文物保护单位
4	杨圩旧圩拱桥	清代	较为完好	1989 年被公布为县级文物保护单位
5	坛基交流桥	清代	较为完好	2011 年被公布为县级文物保护单位
6	金华拱桥	明代	较为完好	2011 年被公布为县级文物保护单位
7	群贤桥	清代	较为完好	2011 年被公布为县级文物保护单位
8	桥健石拱桥	清代	较为完好	未定级

（一）下巴石拱桥

桥梁建于清代，1989 年被公布为马山县文物保护单位，位于姑娘河之上，河水自南向北流。该桥为单孔石拱桥，桥身整体长 19.6 米，东、西侧桥肩宽 2.3 米，桥面宽 3.3 米，桥面最高处距离水面约 3.7 米，桥梁东侧台阶 12 阶，西侧台阶 13 阶（图 1）。相传该桥由寡妇捐钱修建，至今尚未经过修缮，原有碑刻现已丢失。

下巴石拱桥是当地老百姓前往田间地头耕作、放牧的主要通道。其文物保护标志牌竖立在公路边，桥侧还有旅游部门设立的旅游宣传广告牌。据当地人介绍，该桥因为靠近公路交通方便，山水景色秀丽，已成为一处乡村旅游的网红打卡点。

图 1　下巴石拱桥

（二）苏渌石拱桥

桥梁建于明代，1989年被公布为马山县文物保护单位，跨古零河，河水自北向南流。该桥为单孔石拱桥，桥身长6米，桥面宽1.4米，桥身中段厚25～30厘米，桥面最高处距离水面约1.95米（图2）。修建人不详，未经修缮。为防止人畜坠桥、坠河，近年已在桥面南侧及沿河道加装水泥砖护栏。

苏渌石拱桥是古零土司为便利加方乡、里当瑶族乡等边远村寨的往来而修建，在出行依靠脚力、运输依靠肩挑手提的农耕年代，该桥曾发挥过重要作用。时至今日，该桥早已失去当年衔接两岸主干道的作用，处于荒废弃用状态，当地村民只有在耕种、收获农作物（玉米、黄豆等）和放牛牧羊时偶尔经过。该桥由于很少使用，缺乏维护，桥面主道和两头引桥、石路淹没在杂草中，路径难以辨认。

图2　苏渌石拱桥

（三）头零石拱桥

桥梁建于清代，1989年被公布为马山县文物保护单位，位于乔老河之上，河水自北向西流。该桥为单孔石拱桥，桥身长6.6米，桥面宽2.1米，桥身中段厚约25厘米，无阶梯，拱身与岸边自然相连，东临515县道（图3）。修建人不详，未经修缮。

头零石拱桥周围是庄稼地，目前还发挥便利农业生产活动的作用。村民在耕种及收获季节仍多取道石拱桥往返两岸，以减少劳作距离。古桥所处地带较为开阔，原貌完好，田园风光优美，和周边环境融为一体。

图 3　头零石拱桥

（四）杨圩旧圩拱桥

桥梁建于清代，1989 年被公布为马山县文物保护单位，位于杨圩河之上，河水自东向西流。该桥为单孔石拱桥，桥身长 5.2 米，桥面宽 2.2 米，桥面最高处距离水面约 3 米。古桥位于杨圩旧街，连通街道南北两岸，东临 404 乡道（图 4）。

杨圩旧圩拱桥见证了乡镇圩场从兴起到繁荣再到冷清的发展过程。进入 21世纪，杨圩商业、居住区域的整体布局逐渐改变，圩场已不复往日繁华，失去原有的集散作用，旧圩拱桥也不再承担商业交通方面的压力。在日常生活里，只有杨圩旧街的居民往返两岸时才经过该桥。桥梁保存完好，桥头设有文物保护标志牌和太阳能路灯，桥面及四周路面干净整洁，乡村生活气息浓厚。

图 4　杨圩旧圩拱桥

（五）坛基交流桥

桥梁建于清代，2011 年被公布为马山县文物保护单位，位于交流河之上，河水自北向南流。该桥整体为东西走向，单拱，无栏杆，无台阶，桥身北侧雕刻龙头含珠，南侧为上翘龙尾。桥身整体长 13.8 米，桥面宽 4.4 米，桥拱中段厚度约 1.2 米，桥面最高处距离水面约 5 米。龙头雕刻长约 0.5 米，高约 0.5 米，厚约 0.3 米；龙尾雕刻长约 0.5 米，高约 0.7 米，厚约 0.25 米（图 5）。该桥东连交流屯，西通坛基屯，与坛基屯活动中心的直线距离约为 200 米。古桥位于古时马山县连通府城的交通要道上，距离府城约 20 千米。

坛基交流桥现仍是当地村民日常生产生活的重要交通要道，是马山县 8 座古桥里唯一具有雕塑装饰的拱桥，具有一定的审美价值。桥体正中有龙头、龙尾贯穿，寓意龙王镇水、出行平安，又有风调雨顺的美好祈愿，集实用性、艺术性于一身，是两岸村民交通往来的要道。为减少承重，保护桥体，马山县人民政府于 2022 年在桥头两端浇立水泥墩以限制汽车通过。桥梁保存较为完好。

图 5　坛基交流桥

（六）金华拱桥

桥梁建于明代，2011 年被公布为马山县文物保护单位，位于乔利河之上，河水自东向西流。该桥为三拱石桥，桥两侧有桥垛与岸边相连，桥身整体长 25.5 米，桥面宽 3 米，桥面最高处距离水面约 4 米（图 6）。桥南为乔利社区党支部，桥北近吉庆神社。1938年为抵御日军，该桥被拆去一半，后又修复重建，近代于桥面铺设水泥，桥上加装铁护栏，因风吹雨淋，护栏生锈，间有杂草。

金华拱桥现处于弃用状态，桥体东侧长满藤生植物薜荔，其茎蔓遮掩2个桥孔，桥体西侧紧贴2012年新建的水泥桥。金华拱桥和新建的水泥桥平行矗立，人、车均从新水泥桥上通行。金华拱桥已失去往昔的交通功能，但整体保存较好。

图6　金华拱桥

（七）群贤桥

桥梁建于清代，2011年被公布为马山县文物保护单位，位于古零河之上，河水自东向西流。该桥单拱，整体为南北走向，桥身长18.6米，桥面宽2.75米，桥身中段厚约0.25米，桥面最高处距离水面约4.5米，无台阶，与岸边自然相连（图7）。北接355国道，南通古零镇古零村。

群贤桥因位于古零镇人民政府所在地，交通便利，人车密集。为适应现代交通发展的新需求，2010年紧挨其南侧新建了一座水泥桥，并在原群贤桥桥面进行水泥硬化处理，同时加筑石墩。汽车、电动车等可从新建的水泥桥通过，原群贤桥成为人行通道。新桥、旧桥相邻而立，相互映衬，实现了有效的人车分流，共同发挥乡镇交通桥梁作用。

图 7　群贤桥

（八）桥健石拱桥

桥梁建于清代，为新发现，未定级，位于武鸣河马山段，河水自北向西流。该桥单拱，整体为南北走向，桥身长 12.8 米，桥面宽 2 米，桥面最高处距离水面约 2 米，桥拱中段厚约 0.35 米，无台阶（图 8）。修建人不详，历史上无修缮记载。近年已对桥面进行水泥硬化处理，桥面道路平坦整洁。

桥健石拱桥南接古零镇石丰村六花屯，北通石丰村村委。虽然桥面窄小，只有 2 米宽，汽车不能通行，但是因为该桥连接屯里的直线距离短，无须绕弯，所以现在仍是当地人出行的主要通道，仍有不少村民骑着摩托车或电动车从石拱桥上通行。桥梁主体建筑风格粗犷稳固，使用状况良好。

图 8　桥健石拱桥

综上所述，马山县的古桥规模不一，但整体保存状态比较完好。这些古桥在使用程度上有所不同，建设风格大同小异，在工艺上体现了鲜明的地域特点。

二、马山县古桥工艺特点

经过现场勘察、走访当地群众，并结合史料分析，对马山县石拱桥工艺特点形成如下认知。

（一）建筑材料就地取材

马山县地处喀斯特地貌区，石山林立，石头资源丰富，有石灰石、青石、砂岩石等。通过结合现场实际情况及采访当地群众得知，马山县境内8座石拱桥均是建设者就地、就近采用上述当地料石建砌而成。调查发现，古桥和可能的取石地点之间的距离十分接近，最近的一处取石地点距离古桥不足10米，最远的取石地点也不超出1千米的范围。马山县古桥梁建设，选址科学合理，普遍就地、就近取材，反映了造桥者在生产力相对低下的历史环境条件下，充分依靠自然，巧妙利用自然，充分体现人的积极主动性，以及对建设成本（物料、时间、人力等）进行精心统筹控制的卓越智慧。

（二）工艺上体现出粗犷有余、精细不足的实用特点

例如，苏渌石拱桥、下巴石拱桥，在关键结构，尤其在一些主要受力部位，如拱桥的孔体弧形部分，采用加工规整的青石块，以三合土辅助堆砌，咬合严密、稳固；而在桥体其他部位，如引桥，其使用的石块和采用的工艺则明显不同。引桥桥面上采用较为规整的长方条形石，自然原态明显，没有铁凿加工的痕迹，也未采用三合土黏合加固，仅以干堆方式堆砌而成。总体而言，马山县石拱桥的建筑工艺及技术整体水平较低。相较于南宁市其他县区的桥梁，如宾阳县的宾州南桥、文昌桥，横州市的海棠桥，邕宁区的皇赐桥，隆安县的鹭鸶九门桥等，马山县的石拱桥在建筑工艺及技术层面上显得较为朴素和传统，使得这种差异尤为明显。

（三）工艺传承上体现出沿用、加建的活态创新特点

例如，群贤石拱桥，依附原有桥体并排修建起一座新的水泥混凝土桥梁，将原有桥面拓宽一倍以上，桥面宽敞平坦，可以供汽车通行，实现人、车分流，方便两岸群众往来。新、旧两桥并肩而立，共同承担交通重任，从青石块、三合土的古老材料，到现代钢筋水泥的使用，这一变迁见证了材料、技术发展的

巨大进步与创新。桥梁建设的传承与创新，呈现古老的乡村文化传承与发展的蓬勃活力与鲜活活态。中华文化的连续性在这些偏僻小山村里的小小石拱桥上得到了淋漓尽致的体现。它们不仅是交通的纽带，更是文化血脉的延续与见证。

三、马山县古桥保护引发的一些思考

2022年11月，坛基交流桥桥基及桥面因树根入侵开裂，危及文物本体安全，地方文物管理部门启动紧急保护预案，申请经费对桥面进行植物拔除、水泥填充，在桥身东侧加筑水泥石墩，并对桥基进行加固，在较短的时间里完成了隐患排查与整改工作。其中，马山县多部门完成联动履职，各单位各司其职，是一个积极保障文物安全的典型案例。

而在2022年8月6日，第六批全国重点文物保护单位——屏南县万安桥突遭大火侵袭，木质桥梁在大火中化为灰烬。这座拥有900多年历史的古桥的消逝让世人深感惋惜与痛心，更促使文物保护工作者们进行深刻反思。保护古桥文物的安全刻不容缓，由此引发以下深思。

（一）要切实把文物安全摆在文物工作的首位

文物是国家的宝贵财产，是不可再生的历史文化资源和人类文明瑰宝。近年来，国内外文物安全事故频发，如巴西国家博物馆火灾、法国巴黎圣母院失火及我国云南翁丁古寨起火等，均对人类文化遗产造成了无法挽回的巨大损失。2023年7月，《国家文物局关于加强主汛期防灾减灾救灾工作的通知》要求：汛期来临前要重点排查古桥、古城墙、木结构建筑、石窟寺、土遗址等易受灾害影响的不可移动文物，以及开放文博单位、文物保护工程工地、考古发掘工地等的安全隐患，发现险情要及时采取围挡、遮盖、加固、支顶、排水等针对性措施……桥梁文物应按照国家文物局《关于加强桥梁文物防灾减灾工作的意见》落实应急措施。对此，基层文物部门更应该引起高度重视，坚决落实"保护第一、加强管理、挖掘价值、有效利用、让文物活起来"的新时代文物工作方针，采取切实有效的措施防止文物安全事故发生。

在马山县古桥文物的安全保护中，虽然这些古桥是石质不可燃文物，防火不是古石桥文物安全防范的首要任务，但是防止坍塌、压垮、冲毁、周边植被破坏等问题需要给予格外的重视。总之，针对马山县古桥文物的具体情况，必须秉持未雨绸缪、预防为先的原则，预先做好针对性防范措施，尤其要注意避免或减少风吹日晒、雨水侵袭等自然因素和人为破坏因素等的影响。

（二）文物安全工作要加强日常巡查管理

马山县境内的8座石拱桥，除苏渌石拱桥人迹稀少、处于准弃用状态外，其他7座古桥仍在不同程度使用。马山县古桥，尤其是位于山野河边、庄稼地头的古桥梁，面临着严峻的保护挑战。这些桥梁周边植被茂密，但因年久失修，长年累月地遭受自然侵袭，如风的侵蚀、日光暴晒、雷电袭击，加之植物根系对桥体的入侵、洪水泛滥时期水流的冲刷、石桥周边水土流失等，这些因素共同作用使这些古桥的损毁程度各不相同。对此，文物管理部门要加强巡查，及时发现问题和解决问题。加强巡查有两种方式：一种是文物管理部门人员进行巡查，但这种巡查方式的困难在于县级文物部门人员少、经费短缺，要开展常态化的日常巡查，既不现实，也难以为继，一般只能采用定时或不定时抽查作为巡查监管方式；另一种是发动当地群众做好日常巡查，尤其是号召热爱家乡的老党员、老同志，鼓励他们发挥余热，主动充当文物安全巡查员。据了解，南宁市一些基层文物部门近年来在这方面进行了创新尝试，聘请一些热心的退休村干部担任乡村文物巡查员，这一举措在实际应用中取得了显著成效。

（三）文物安全工作要号召全社会共同参与

无论是文物的保护还是利用，都不可避免地涉及经费问题。当前形势下，地方财政在落实保障文物相关经费方面面临诸多挑战，经费的及时到位往往成为一大难题。在马山县古桥调查中发现，下巴石拱桥是由当地一位寡妇捐钱、发起号召建设而成的。这一事例不仅体现了中国乡村社会中集资合力创办公益事业的传统和力量，也为文物的保护和利用工作提供了有益启示：人民群众中蕴藏着无穷无尽的力量。在文物保护和利用工作中，政府无疑要发挥主导作用，但更需要全社会共同参与，才能保护好文物，让文物活起来，讲好中华故事，树立文化自信。因此，如何发挥社会力量，让社会各界力量汇聚到文化遗产的保护建设中来，让人民群众踊跃参与，做好文物保护利用，是一个宏大的时代话题，值得我们深入思考与积极探讨。

浅谈武鸣元龙坡墓群出土的石范

【作者】胡章华 南宁市博物馆 副研究馆员

元龙坡墓群位于广西南宁市武鸣区马头乡马头圩东南约 500 米处的红壤岗丘，坡形呈"丫"字形，3 条坡脉呈向北、向东、向西南走向，墓群主要分布于北支脉到西南支脉处。1985 年 11 月至 1986 年 3 月由广西壮族自治区文物工作队、南宁市文物管理委员会、武鸣县文物管理所（今南宁市武鸣区文物管理所）联合发掘，共清理 350 座墓葬，均为长方形竖穴土坑墓。墓群出土各类铜器、玉器、石器、陶器共计 1000 余件，其中铜器 136 件。通过对该墓群的发掘，厘清了其年代，属西周至春秋时期，是广西发现最早的青铜时代墓群。尤为重要的是，在元龙坡墓群出土了一批用于铸造青铜器的石范，填补了广西在先秦时期青铜器冶铸模具方面的历史空白。这对于研究广西青铜文化的起源、青铜铸造技艺和社会发展概况，具有重要的历史意义。[①]

一、石范及铜器出土概况

元龙坡墓群出土石范 8 套及 13 件（套）和较多残碎片，材质均为红砂岩质，出土于填土及墓葬中。填土出土石范情况如下：M119 填土中出土石范残件 2 件，1 件为单面斜刃钺范，1 件器型不明；M130 填土中出土石范残件 1 件，单边；M147 填土在不同深度出土斧范 1 套，镞范 1 套，叉形器石范半片及镞范各半

---

① 韦仁义、郑超雄、周继勇：《广西武鸣马头元龙坡墓葬发掘简报》，《文物》1988 年第 12 期。

套；M165 填土中出土叉形器石范 1 件，M216 填土中出土镦范 1 件，完整，半合。墓葬出土石范情况如下：M138 出土石范残件 1 件；M174 出土钺范、镞范各 1 套，砺石 8 件；M195 出土斧范、圆形器范各 1 套；M222 出土石范 3 件，其中 2 件为钺范，均略残，1 件为残块；M258 出土石范 1 套，残端，斜刃钺范；M299 出土若干石范残块。计有双刃铜钺范、单斜刃铜钺范、扇形铜钺范、铜斧范、铜镦范、铜镞范、铜刀范、铜圆形器范、铜叉形器范等。石范由 2 片合成，呈长方椭圆形，合面平，刻凿所铸器物模型，一端开扁圆形浇注口。有些范内有烧焦痕，说明已使用过。[①] 这是广西目前出土的数量最多、器型最完整、年代最早且出自墓葬的一批石范，表明这一地区的居民当时已学会并开始铸造青铜器，且青铜制造业有了一定的规模。元龙坡墓群普遍出现先将一些器物打碎，然后抛撒在不同深度的填土中或墓底的现象，此现象尤以陶器、石范、玉饰品最为常见，这种葬俗是该墓群的显著特征之一，为其他地方所罕见。[②]

元龙坡墓群出土铜器 136 件，能辨别器型和分型式的约 107 件，总体数量相对不多，器型简单，但极富地域色彩，有工具、兵器、容器、乐器、饰件等，以工具和兵器为主。工具有斧、刀、凿、针等，兵器有钺、矛、匕首、镞、镦，容器有卣、盘，乐器有铜编钟残件，饰件有圆形器、铃、铜铃链环套饰、泡、铜鞘饰及铜辫形饰等。[③] 此外，还有铜条和铜块。出土的青铜器中，铜斧最多，共计 28 件，铜钺 14 件，颇具地域特色。斧、钺类器型大多小巧、轻薄，为合瓦式扁圆形銎口，弧刃，刃部向两侧延张近"风"字形，由直腰向束腰形、扇形演变；器身两侧及銎口均有合范缝隙铸痕的棱线，上身两面有 2～3 道微隆起的粗阳线，并与两侧微凸的边棱线相连。铜矛 20 件，有宽叶形、三棱形或柳叶形，一般较为短小、轻薄，多为扁圆骹。铜刀 15 件，仅有少部分完整器，大多仅存一小节。铜匕首 4 件，具有独特地域特色，锐角三角形叶，扁茎，无格，叶脊凸起，截面呈菱形。铜镦 15 件。铜镞 11 件。铜圆形器 5 件，地域特色明显，用途尚不明确。这些铜器均体小轻薄，制作较粗糙，器物上往往残留合范缝隙铸痕的边棱，未除去磨平，具有强烈的地域色彩。[④] 此外，还出土有砺石

---

① 广西文物保护与考古研究所、南宁市博物馆编著《武鸣马头先秦墓》，文物出版社，2020，第 97 页。
② 叶浓新：《武鸣马头古骆越墓地的发现与窥实》，《广西民族研究》，1989 年第 4 期。
③ 同①。
④ 同①，第 79-92 页。

48 件，原料绝大多数为红色砂岩，少数为天然河卵石制作而成，器型多样，具有磨面，可能与石范磨制和青铜器磨制有一定的关联。元龙坡墓群出土的铜器大多地域特色明显，器型也多小巧、轻薄，加上大量铸铜石范的发现，表明当时的先民已具备铸造铜器的能力，且形成了具有一定地域特色的铸造风格。

二、石范特点

考古发现的铸铜石范，石质一般为硬度不高的软石，因此容易刻凿加工，最常见的石范材质有砂岩、片麻石、滑石等。根据元龙坡墓群发掘的墓葬和出土遗物分析，该地区所使用的铸范均为石范，材质均为砂岩，所铸工具以小型青铜器为主，如以铜钺、铜斧、铜镞等为主，青铜容器或礼器的铸范较为少见。这些石范质地材质均为红砂岩，具有可以重复利用、一范多型等特点，在青铜铸造技术欠发达地区被广泛采用。此外，由于石质及雕刻和分型技术所限，石范一般只能铸造一些造型简单的工具和兵器。同时，该地区所发现的铸铜遗迹并不是十分明确，除发现少量铜条和铜块外，没有发现铜渣、铸炉等遗存的报道。

随着新的考古发现不断涌现，除了元龙坡发现铸铜石范，广西其他地方也发现有早期铸铜石范。1993 年，灵川县定江镇聚田村新岩内出土的铸铜石范，伴有石斧、环形穿孔石器等，其时代上限可能在西周晚期，下限在战国早期。[①]1997—1998 年发掘的那坡县感驮岩遗址，在商文化层中曾发现有铸铜石范，粉红色砂岩，残损严重，略呈长方形，一面凹凸不平，另一面平整且凿刻有槽，但未发现铜器实物。[②]根据测年结果，元龙坡墓葬群年代最早为距今 2960 ± 85 年（树轮校正为距今 3110 ± 80 年），最晚为距今 2530 ± 100 年（树轮校正为距今 2580 ± 102 年），所处的时代上限在西周时期，下限在春秋时期。[③]这些石范具有共同的特征：材质均为砂岩，质地相对较软；均为小件使用工具范，以斧、钺、镞居多；均采用双面合范技术。从原料来源看，石范可能是因为原料采集方便，加工容易，所以较为常见。由于石材质地坚脆、纹理粗糙，

① 莫志东：《浅析灵川出土的铸铜石范》，载中国古代铜鼓研究会编印《中国古代铜鼓研究通讯》第十七期，2001，第 44 页。

② 韦江、何安益：《广西那坡县感驮岩遗址发掘简报》，《考古》2003 年第 10 期。

③ 广西文物保护与考古研究所、南宁市博物馆编著《武鸣马头先秦墓》，文物出版社，2020，第 79-92 页。

因此不宜镌刻繁缛、细腻的花纹，加之青铜铸造技术的局限，难以解决铸造大型容器的工艺问题。从石范特征观察，采用了双面合范技术，椭圆形浇铸孔，平面扁平，侧面圆滑无棱角。这种形体的石范在浇铸器物时有利于散热，使金属液迅速冷却定型，促进生产效率的提高。浇铸口开在所铸器物柄部，范面打磨光滑，有利于金属液顺畅流注。同种器物的铸范高矮、大小较为统一，有利于合范后的捆绑和加固。

元龙坡的铜镞范刻凿出3件镞模，共用一个浇铸口，范面刻一对相向的云纹，并刻有类似数码的符号（图1：3），出土铜镞与石范内镞的形状有一定的相似性（图1：1、2）。这些器范都是呈抹角长方形的双合范，下面扁平，刻凿器物模型，做出椭圆形浇铸口，外表打磨光平。使用时，两范对合，用绳索捆紧，将熔化的铜液向浇铸口灌注，直到充满为止。同时铸造3件铜镞，反映出石范利用率较高。一次操作便能浇铸数件甚至数十件，是铸造工艺的一大进步。灵川县的3件铸钺石半范可以上下两面交替颠倒浇铸（图1：4），反映了从两个石半范捆绑合范浇铸单件到数件、数十件石半范捆绑上下交替浇铸数件至数十件的先进铸造工艺。[1]

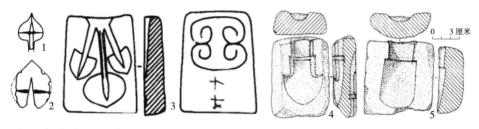

1—铜镞（元龙坡 M72：1）；2—铜镞（元龙坡 M115：4-1）；3—镞范（元龙坡 M174：2＋3）；4—灵川县出土的钺范（LW14）；5—灵川县出土的斧范（LW15）

图1　出土的各类器范

墓葬中随葬铸范的现象，在全国并不普遍，大多分布在北方等其他非中原青铜文化区内，将铸范作为随葬品使青铜器铸造业在当时的生产活动中占有重要地位，是当时人们观念上的反映。[2]而且单就出土的铸范而言，其足以说明在墓葬不远处的区域内，可能存在一个人类的聚居区，而在这个聚居区内设有

① 蒋廷瑜：《桂岭考古论文集》，科学出版社，2009，第31-40页。

② 郭大顺、张星德：《东北文化与幽燕文明》，凤凰出版社，2004，第500页。

青铜器铸造作坊。墓葬出土的石范，与出土的一些铜斧、铜钺、铜刀、铜镞和铜圆形器，放入相应的石范中恰好吻合（图2）[①]，这说明这些青铜器是用相应的石范浇铸出来的。这些石范曾是浇铸铜器的实用器，石范的年代与墓葬的年代应较为相近，有可能属于同一个时期。石范的发现，以及这些石范存在使用的痕迹，可证明这一地区在西周时期已存在铸铜作坊。由于该处为墓群，且具有一定的延续性，墓葬年代从西周跨越至春秋时期也能说明这一点，因此铸铜作坊早在西周或此前的某个时期就存在该地，废弃后被用作墓地。这表明广西至少在西周时期便出现了青铜冶铸业，且能够铸造多种不同的器型。

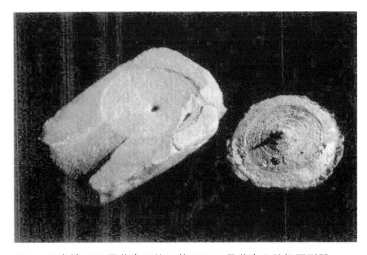

图2　元龙坡195号墓出土的石范及244号墓出土的铜圆形器

三、石范所反映的青铜文化

石范通常被认为是冶铸技术原始阶段的特征，也被认为是铜器最早使用的铸型，因此石范铸造是青铜时代的初始阶段。有学者认为："古代人们从用红铜在石头上敲打成器的实践中发现，在石块上凿刻出一定形状的凹槽，灌进铜液，就可以铸成器具，于是石范应运而生……如果说石范铸造是青铜时代的初始阶段的话，陶范铸造则是青铜时代的发展阶段。"[②]青铜器在先秦时期政治格局、社会生活中始终占据核心地位，既是当时生产力水平的代表、王权的象征，

---

① 广西文物保护与考古研究所、南宁市博物馆编著《武鸣马头先秦墓》，文物出版社，2020，第100页。
② 彭适凡、华觉明、李仲达：《江西地区早期铜器冶铸技术的几个问题》，载《中国考古学会第四次年会论文集1983》，文物出版社，1985，第76页。

也是当时社会思想和意识形态的主要载体，其影响力渗透到社会生活的方方面面。[①]青铜时代是人类进入文明时代的重要标志，青铜器物具有质地坚韧、造型美观、品质优良、耐于磨蚀的特点。人类进入青铜时代，就意味着彻底告别了石器时代原始落后的生产生活方式，是人类创造力的一次飞跃。

在元龙坡墓群被发现之前，有学者认为广西发现的青铜器均为从外地输入，广西没有自己的青铜文化，也没有经历青铜时代，而是从石器时代直接跨入铁器时代。元龙坡墓群石范的发现，说明当时广西已有青铜冶铸业，且能够铸造多种不同的器型。墓葬中发现具有浓郁中原风格的铜炉、铜盘，说明当时广西与北方及其他地区有比较密切的经济和文化交流。元龙坡墓群出土的青铜器及其铸范，是广西发现最早、数量最多的青铜器及用于铸造青铜器的铸范。可以肯定的是，在中原先进的青铜文化影响下，广西地区在商代可能已经出现了青铜铸造工艺，至西周时期已经有了自己的青铜铸造工艺和青铜文化。在元龙坡墓群不远处的安等秧墓群的年代为战国时期，两处墓葬群由于所处时代不同，其文化面貌又各有特点。但二者的时代前后衔接，其葬制、葬俗及其出土遗物所反映的文化面貌特质又互相联系，表现出诸多的共性。这些现象表明，两处墓葬的主人应为同一族属。

青铜铸造的产生是一项极为复杂的技术和文化现象，其产生有三个物质技术条件，即认识铜矿石、掌握还原气氛和能熔化铜块的温度。这是青铜时代一项尖端的生产技术，在人类历史上有划时代的意义。作为铸造技术原始阶段的石范具有一定的代表性，但是元龙坡墓群尚未发现古人的居住遗址，这在一定程度上限制了人们对广西青铜文化的起源、产生和发展的深入了解，为填补这些缺失的环节，仍需进一步材料的佐证和展开深入的研究。

---

① 李心峰：《中华艺术通史·夏商周卷》，北京师范大学出版社，2006，第4页。

兴安县灵渠申遗保护项目考古报告

【作者】姚　镭　南宁市博物馆　馆员

何　磊　南宁市博物馆　副研究馆员

蒲晓东　南宁市博物馆　副研究馆员

杨　莹　南宁市博物馆　助理馆员

灵渠是秦代三大水利工程之一，开凿于秦始皇二十八年至三十三年（公元前219—前214年），初名秦凿渠，又名湘桂运河，位于桂北兴安县中部，穿行于著名的湘桂走廊，将发源于都庞岭山系的湘江与发源于越城岭山系的漓江连接起来，贯通了长江流域与珠江流域。秦代开凿灵渠后，至民国时期，历代记载的大修即有37次。经多次维修扩建，灵渠扩建为由大、小天平坝，铧嘴，南、北两渠，秦堤，泄水天平，陡门，堰坝，古桥，水涵及其上的附属建筑物、附属设施等部分构成，成为一个集交通运输、农田灌溉于一体的综合水利工程。[①]灵渠全长36.4千米，分为南、北两渠，其中南渠长33.15千米，北渠长3.25千米。1963年2月26日，灵渠被列为广西壮族自治区重点文物保护单位；1988年1月13日，经国务院批准公布为全国重点文物保护单位；2007年、2012年两次列入中国世界文化遗产预备名单；2018年8月13日，入选第五批世界灌溉工程遗产名录。

由于2022年6月暴发洪水，灵渠大、小天平坝本体局部出现不同程度的损毁，小天平东北端一处溢流面鱼鳞石坝体被冲出

---

① 彭鹏程：《灵渠：现存世界上最完整的古代水利工程》，《中国文化遗产》2008年第5期。

13.5 米 ×5.4 米的缺口，大天平东南段靠近铧嘴一侧的局部坝顶料石被冲垮掀翻。为了配合灵渠申报世界文化遗产项目及对其进行保护和修复工作，进一步了解现存灵渠小天平坝的修造留存年代及地层堆积情况，在兴安县文物保护中心的大力支持下，广西文物保护与考古研究所组织相关力量对灵渠进行考古探掘工作。南宁市博物馆文物考古工作队在收到邀请后迅速组织考古人员参与该考古项目的考古发掘、现场管理、考古现场记录、拍摄、考古绘图等主要考古工作。考古现场布设 2 米 ×6 米探沟一条，探掘面积 12 平方米，采集文物标本共 4 件，现将探掘收获简报如下。

此次考古工作主要集中在灵渠大、小天平坝上开展（图 1）。在大天平坝对现存坝顶开展考古调查工作，于其东南段临水一处坝顶巨型条石的楔形槽中，采集到腰铁 1 件；于小天平坝东北段 13.5 米 ×5.4 米溢流面鱼鳞石坝体缺口处设 2 米 ×6 米探沟，探沟方向与坝体缺口一致，呈西北 310° —东南 150° 走向，探沟东壁隔灵渠南段正对龙王庙、湘漓书院，地势东高西低，相互高差达 2.24 米，坝体东、西呈 1∶10 坡度的缓坡，整个地层呈缓坡状倾斜，东段地层堆积较厚。探沟北邻小天平坝坝首及大、小天平坝的"人"字分水线，探沟的东北角距其正北方的古代水平测量仪旧址 10.9 米，南为小天平坝溢流面，东为小天平坝坝顶及灵渠南段，西为湘江故道，距湘江故道口约 60 米。探沟北剖面

图 1　灵渠探掘位置现场照

沿用洪水冲垮形成的天然剖面，地理坐标为北纬 25° 35′ 59.2″、东经 110° 41′ 18.6″，海拔高程 215.1 米。

一、地层堆积

此次在小天平坝布设的探沟已探明的地层堆积可以分为四层，再往下由于探沟低于河床导致探沟底部渗水，因此考古工作被迫暂停。地层堆积情况现以探沟北壁剖面和东壁剖面为例加以说明（图 2、图 3）。

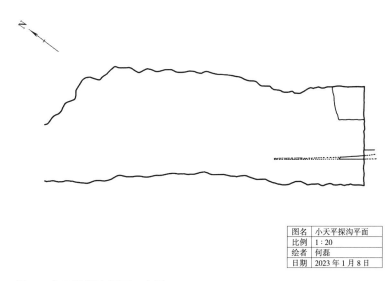

图名	小天平探沟平面
比例	1 : 20
绘者	何磊
日期	2023 年 1 月 8 日

图 2　小天平探沟平面示意图

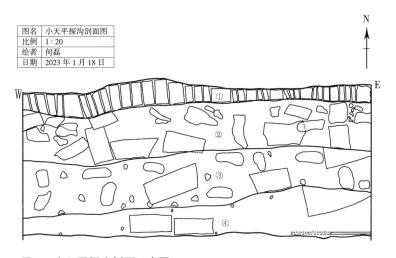

图名	小天平探沟剖面图
比例	1 : 20
绘者	何磊
日期	2023 年 1 月 18 日

图 3　小天平探沟剖面示意图

①层："鱼鳞石"层。为厚度基本均一（12～15厘米）的板状条石竖立镶砌而成，基底为三合土。鱼鳞条石紧密排列，底部三合土土质致密，呈淡黄色，包含有水流带来的河沙、小鹅卵石等沉积物，厚25～30厘米，为2014年以来兴安灵渠渗水治理及开展环境整治工程时所修造。

②层：石灰岩石块层。该层堆积厚度为68～75厘米。堆积上部为铺垫的河沙、鹅卵石垫土，河沙颗粒较细，呈黄色；鹅卵石直径为2～6厘米，厚度为10厘米。堆积主要以大小（20～30厘米）、厚度（约15厘米）相近的块状石灰岩条石铺砌而成，亦见有较大的条石。条石铺靠较为紧密整齐，石块间填充紫褐色黏土，土质较疏松，包含有细沙及小石子。该层应属于20世纪70—80年代补修大、小天平工程所铺的坝面。

③层：红褐色黏土层，为筑坝的夯筑填土。该层堆积厚度为55～78厘米，土色呈红褐色，土质疏松，黏度较大，湿度由上而下逐步增大，包含有大量的青石块、大鹅卵石及黄色细泥沙。青石块为不规则的长条状或扁块状，尺寸较大，多为50～60厘米，个别达70厘米以上；鹅卵石尺寸亦较大，直径为25～40厘米，整个地层似人为层层叠石垒砌，后于缝隙中夯填入混沙黏土而成。堆积底部为大块青黑石板平铺垫层，青黑石板多被人为凿平加工过，大小、厚薄较为均一，直径多为30～40厘米，厚度为3～4厘米。

④层：灰褐色黏土层，为筑坝的夯筑填土。由于清理深度已接近河流水位，探沟底部严重渗水导致该层堆积未能清理到底，清理深度为60～75厘米。地层堆积土色呈灰褐色，土质软且疏松，含沙量较大，为白色细沙。该层所包含的鹅卵石相对较少，鹅卵石尺寸亦相对较小，直径多在10厘米以内，但发现有一定数量的长条状大青石，尺寸为50～70厘米。于探沟中部，还出土有填埋废弃的松木块和松木桩。

二、采集遗物

此次考古工作共采集到文物标本4件，包括探沟第④层出土填埋废弃的松木块和松木桩各1件，坝顶楔形槽的腰铁1件，在腰铁所嵌楔形槽底部收集到桐油、灰烬标本1袋。

松木块和松木桩均于探沟第④层中部发现，2件标本的发现地点距地表约190厘米。松木块长约7厘米，横截面直径约5厘米，呈不规则圆柱形，质地软，呈纤维化；松木桩埋藏点位于探沟中部偏东处，一端延伸进探沟东南角，整体长度约250厘米，向外暴露约195厘米，延伸进探沟壁约55厘米，宽约11厘米，厚约4厘米。木桩由整根松木制成，在堆积饱水环境下得以留存，在采集提取后，木桩表面出现纤维化。木桩整体应是长方体，中段有断裂，横截面呈圆角长方形。由于管理疏忽，木桩主干已遗失，仅剩埋藏入探沟东南角的一端。这两件文物应属于维修堤坝时的剩余物料，处理时直接夯填入修建堤坝的填土层中。

于大天平坝南段临水的一处坝顶的楔形槽中，采集到腰铁1件（图4至图6）。楔形槽长26厘米、宽15厘米、深7厘米；腰铁长24厘米、宽14.5厘米、厚4厘米。楔形槽槽底还发现填抹桐油、灰墁（即白矾水或石灰）防锈，为中国古代石桥、水坝等建筑中广泛应用的铁锭连固和灰墁连接法，这样可以增强坝顶水平铺砌的稳定性，使其不易因上游洪水冲刷或漂浮物对砂卵石层的冲撞而错位变形。

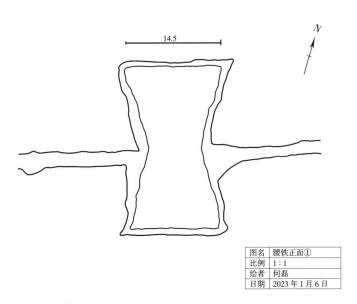

图名	腰铁正面①
比例	1：1
绘者	何磊
日期	2023年1月6日

图4　腰铁正面

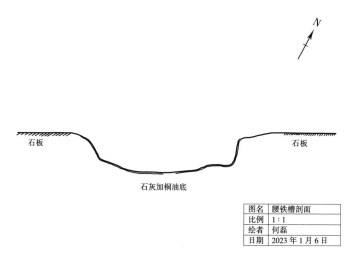

图名	腰铁槽剖面
比例	1：1
绘者	何磊
日期	2023 年 1 月 6 日

图 5　腰铁槽剖面

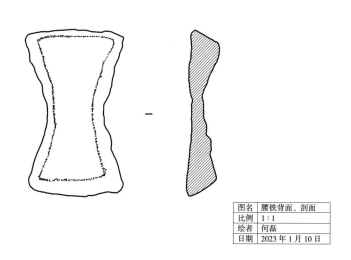

图名	腰铁背面、剖面
比例	1：1
绘者	何磊
日期	2023 年 1 月 10 日

图 6　腰铁背面及其剖面

三、结语

　　本次对灵渠的考古探掘工作取得了重要进展，清理出小天平坝的地层堆积剖面，通过考察了解地层堆积状况，结合考古出土、采集的遗物标本及历代文献记录进行分析，有助于学界对灵渠的建造历史、工程技术进行更深入的研究，以更深层次地挖掘灵渠的人文价值与历史价值。

灵渠自秦汉以来，一直是岭南与中原地区联系往来的主要通道。历朝历代均对灵渠进行过修缮。自秦汉至民国，有记载的维修和改进共有37次，现在所见基本为清光绪十一年（1885年）广西护理抚院李秉衡修浚灵渠后的样貌。[①]据陈风楼《重修兴安陡河碑记》记载，这次维修主要包括将铧嘴改建至原址下游30丈处；大小天平采用叠石法加以加固，以灰泥接缝，外以巨石覆盖；对原有的22个陡门进行维修，新建滑石、鸾塘、牛角3个陡门。其中描述的"其大小天平，叠石如鱼鳞形，匀排密布，衔接处胶以灰泥，外复缘以巨石"与此次考古探沟③层堆积中似人为层层叠石垒砌，后于缝隙中夯填入混沙黏土的现象相吻合，由此推测此次小天平考古探沟的③层地层堆积应属于清光绪年间修缮灵渠时留下的历史遗存。而探沟④层堆积所包含的遗存现象与清乾隆年间梁奇通《重修兴安陡河碑记》所载，清乾隆十九年（1754年）修缮灵渠大、小天平时采用坝基尽钉松木桩，上面用青石密砌的描述相符，由此推测④层堆积为清乾隆年间灵渠修缮工程所遗存地层。

大天平坝采集的腰铁锭则是此次考古工作较为重要的发现。在有关灵渠修缮的记载中，使用腰铁工艺的记载仅见于清康熙五十三年（1714年）广西巡抚陈元龙修缮灵渠和清乾隆十九年（1754年）兴安知县梁奇通修通灵渠河道的文献中。腰铁，亦称铁锭，别名燕尾、束腰铁锭、头勾，本地人又称"铁码子"，是"铁锭扣"工艺的连接构件。《河工要义》中对使用铁锭工艺的记载为"两石接缝处所，必须凿槽安扣铁锭，俾两石交相扣接，块块联络，不致被水冲揭。铁锭一般长六寸五分，两头宽二寸六分，腰宽一寸六分，厚二寸，重十二三斤"[②]，"但铁锭大小随时酌量，亦不必拘定尺寸"，腰铁连接2块石构件，先在石构件边缘凿出榫槽，再在施工现场进行拼接定位。早期的工艺是把铁水灌入榫槽，凝固后形成铸铁构件，锁牢石材，这种方式要求现场设置熔铁炉，很不方便，而且操作必须要快，但高温铁水灌入榫槽瞬间容易导致石材因局部剧烈升温而变形，损坏构件；后期的工艺改进为先在冶炼坊按照榫槽的尺寸和规格用模具铸造腰铁，再搬运到现场嵌入石构件的榫槽进行固定，这种标准化操作提高了施工效率和施工精度。陈元龙在《重建灵渠石堤陡门碑记》中提及："审

① 范玉春：《灵渠的开凿与修缮》，《广西地方志》2009年第6期。
② 章晋墀、王乔年：《河工要义》，文海出版社，1970，第49页。

察旧堤，皆寻丈巨石灌铁錾成"，由此表明在清康熙五十三年（1714年）陈元龙修缮灵渠前，灵渠各巨石料的连接方式是以铁水灌入榫槽。然而，陈元龙在修缮灵渠时并未对腰铁工艺进行说明，只是记载："今掘地七八尺，用大木排桩，上以大石合缝砌之，灌以灰浆，堤更固矣。"[①] 梁奇通修通灵渠河道时则明确记载腰铁铁锭的使用："于冬十一月十有七日，兴修大天平石堤九道，鱼鳞石十道，天平石下堤畸零处，基则尽钉松桩，上均用青石密砌，两石相接之处，悉以生铁锭钤锢，设城堤二道，以青石连环结合。"由此结合之后灵渠多次修缮的记载判断，现存于灵渠大、小天平坝上的腰铁铁锭的年代上限最早不会早于清康熙五十三年（1714年），下限最晚至清光绪年间。广西地区目前关于腰铁遗迹的发现及其使用记载较为罕见，因此对灵渠腰铁的保护与研究工作尤为重要。这有助于了解中原地区先进的建筑、水利工艺和技术在广西地区的传播与交流，也为广西地区建筑、水利技术工艺发展史的研究提供宝贵的年代考证依据。

---

① 陈元龙：《重建灵渠石堤陡门碑记》，载金鉷《广西通志》卷一一六《艺文》，文渊阁《四库全书》本，第 568 册，第 451-454 页。

马山县红色革命遗址及其保护

【作者】黄炜甲　马山县文物管理所　副研究馆员

马山县位于广西中北部，1951年7月由隆山县和那马县合并而成，是一座拥有深厚革命历史和浓郁革命文化的小城，是邓小平、张云逸、韦拔群等革命先辈开辟的右江革命根据地的重要组成部分之一。在马山县这块红色热土上，无数革命先辈为了民族独立和人民解放事业抛头颅、洒热血，谱写了可歌可泣的历史篇章，也为我们留下了永不磨灭的光辉足迹和弥足珍贵的文化遗产，以及大量的红色遗址和遗迹。保护、开发和利用好这些红色遗址和遗迹对传承红色基因，发扬革命优良传统，培育和践行社会主义核心价值观，服务经济社会发展具有重要的意义。

近年来，在马山县委和县政府的高度重视下，马山县以"保护第一、加强管理、挖掘价值、有效利用、让文物活起来"的新时代文物工作方针为指导，积极开展了一系列红色革命文物普查、征集和保护管理工作，并取得了一些重要成果。然而，由于历史因素和经费等方面的问题，马山县红色革命文化的保护和利用工作仍然面临着诸多问题，任重而道远。本文尝试分析马山县红色革命文化保护的现状和存在的问题，并对保护工作提出个人见解，旨在共同探讨马山县红色革命文化保护工作的新思路。

一、马山县红色革命遗址的分布情况、特征与成因

（一）分布情况与特征

根据历年文物普查的结果，目前马山县保存有革命遗址25处，包括群杂堡垒、加方革命烈士纪念碑、那马革命第三大本

营第一支营会议旧址、那马县临时革命工作委员会旧址、周鹿革命烈士纪念塔、徐泽长故居、徐彭年故居、永州革命烈士陵园、那马革命第二大本营、那马革命第一大本营、中共那马中心县委旧址、韦成篇故居、那马革命第三大本营、木龙山堡垒、坡鉴革命烈士陵园、那马革命第五大本营、天鹅寨右江地委会议旧址、古零革命烈士纪念塔、古零革命烈士陵园、苏绍普故居、敢斗岩革命旧址、赵世同故居、中共那马中心县委会议旧址、敢细岩惨案遗址、乔利炮楼（表1）。

表1 马山县红色革命遗址名录

序号	名称	类别	年代	级别	地理位置
1	群杂堡垒	近现代重要史迹及代表性建筑	近现代	未定级	古零镇乐平村民江屯和水锦屯对面山顶
2	加方革命烈士纪念碑	近现代重要史迹及代表性建筑	1983年	未定级	加方乡加方村加方街后琴罗岭上
3	那马革命第三大本营第一支营会议旧址	近现代重要史迹及代表性建筑	近现代	未定级	永州镇永久村横秀屯后背山半山腰横秀岩
4	那马县临时革命工作委员会旧址	近现代重要史迹及代表性建筑	1929年	县级	周鹿镇周鹿村周鹿街上
5	周鹿革命烈士纪念塔	近现代重要史迹及代表性建筑	1961年	未定级	周鹿镇周鹿村周鹿街独秀山
6	徐泽长故居	近现代重要史迹及代表性建筑	民国	县级	永州镇州圩村州圩街上
7	徐彭年故居	近现代重要史迹及代表性建筑	民国	未定级	永州镇州圩村州圩街上
8	永州革命烈士陵园	近现代重要史迹及代表性建筑	1967年	未定级	永州镇永州村伏王屯巴铺山
9	那马革命第二大本营	近现代重要史迹及代表性建筑	民国	未定级	永州镇州圩村邑朋屯右侧山峰上
10	那马革命第一大本营	近现代重要史迹及代表性建筑	民国	县级	永州镇平山村坡马屯后背山
11	中共那马中心县委旧址	近现代重要史迹及代表性建筑	抗日战争时期	县级	永州镇平山村坡马屯
12	韦成篇故居	近现代重要史迹及代表性建筑	民国	县级	永州镇平山村江庄屯21号

续表

序号	名称	类别	年代	级别	地理位置
13	那马革命第三大本营	近现代重要史迹及代表性建筑	民国	未定级	永州镇州圩村新村屯后背山
14	木龙山堡垒	近现代重要史迹及代表性建筑	近现代	未定级	永州镇永久村木龙山顶上
15	坡鉴革命烈士陵园	近现代重要史迹及代表性建筑	近现代	县级	永州镇州圩村坡鉴屯
16	那马革命第五大本营	近现代重要史迹及代表性建筑	民国	未定级	永州镇州圩村州圩街后背山半山腰
17	天鹅寨右江地委会议旧址	近现代重要史迹及代表性建筑	近现代	县级	永州镇亲爱村感锦屯南面山
18	古零革命烈士纪念塔	近现代重要史迹及代表性建筑	近现代	未定级	古零镇古零村古零街狮子山
19	古零革命烈士陵园	近现代重要史迹及代表性建筑	近现代	县级	古零镇上级村外官屯巴滚山
20	苏绍普故居	近现代重要史迹及代表性建筑	民国	县级	古零镇上级村外官屯
21	敢斗岩革命旧址	近现代重要史迹及代表性建筑	1944年	未定级	白山镇上龙村塘头屯附近
22	赵世同故居	近现代重要史迹及代表性建筑	近现代	未定级	永州镇州圩村巴苗屯东北侧的弄说峒
23	中共那马中心县委会议旧址	近现代重要史迹及代表性建筑	近现代	县级	永州镇平山村坡马屯
24	敢细岩惨案遗址	近现代重要史迹及代表性建筑	1949年	未定级	加方乡福兰村才罗屯狮子山上
25	乔利炮楼	古建筑	清代	县级	乔利乡乔利街上,西距独秀山约20米

马山县红色革命遗址在分布和类型等方面有着自己的特点,主要表现在以下方面。一是在遗址的分布特征上,主要集中在永州镇,共有革命遗址15处,古零、乔利、加方、周鹿、白山等地则零星分布;二是在遗址的主要类型上,以洞穴类遗址、纪念碑和陵园类建筑遗址、故居旧址建筑遗址等三大类型为主,其中故居旧址建筑遗址有9处,洞穴类遗址有7处,纪念碑和陵园类建筑遗址有6处,堡垒村寨类遗址则有3处;三是在遗址的年代和性质上,多数是反映土地革命时期斗争历史的遗址和建筑,仅有少数反映抗战时期斗争历史

和解放战争期间斗争历史的遗址和建筑，其中反映抗战时期斗争历史的遗址有3处（乔利炮楼、敢细岩惨案遗址、中共那马中心县委会议旧址），反映土地革命和解放战争的遗址有10处（木龙山堡垒、天鹅寨右江地委会议旧址、那马县临时革命工作委员会旧址、中共那马中心县委旧址、那马革命第五大本营、那马革命第一大本营、那马革命第二大本营、那马革命第三大本营、敢斗岩革命旧址、那马革命第三大本营第一支营会议旧址），与中华人民共和国成立初期剿匪斗争相关的遗址则有1处（群杂堡垒），属于纪念革命烈士的纪念建筑有6处（古零革命烈士纪念碑、古零革命烈士陵园、加方革命烈士纪念碑、坡鉴革命烈士陵园、永州革命烈士陵园、周鹿革命烈士纪念塔），属于革命先辈故居的有5处（苏绍普故居、韦成篇故居、徐彭年故居、徐泽长故居、赵世同故居）。

（二）成因

1. 受到本地地理环境和地方民众生活状况的影响。马山县位于广西中北部，居红水河中段南岸、大明山北麓，地貌以山区丘陵为主，东西部为大石山区，山体连绵，石峰林立，仅东部喀斯特峰丛峰林区就占全县总面积的44%。[①] 由于县境大部分属于喀斯特岩溶区，峰丛峰林遍布，谷地平原狭小，地理位置多偏僻，交通不便，同时，岩溶洞穴分布广泛，几乎是逢山必有洞。这样的地理环境为地下革命活动的开展提供了天然的地理优势。而在中华人民共和国成立之前，马山县境内贫富分化、阶级对立严重，"劳苦农民少有田地或无田地，受地主阶级的剥削和压迫，生活困苦"[②]。民国《隆山县志》记载，隆山县无土地产业而帮农及挑夫者占全县人口总数的20%，这些人"所得工资，仅足自给本身生活，无积蓄之可能，如家有数口，则生活无所依靠，其穷苦状况，不堪目击"，而占40%人口的"凡少有土地，或全无寸土之家而佃耕他人之田地"者，丰年缴租后尚且难以存下余粮，荒年更是"饥谨立至"，故"每由古历三月至六月，民多菜色"。[③] 尤其是"民国十年以后，兵灾频仍，银潮波动，生活程度渐增，入不敷出者十家有六"[④]。再以饮食状况为例。1934年，那马县农民的主食为粥（占52%）和杂粮（占17%），隆山县则是杂粮（占

---

① 马山县志编纂委员会编《马山县志》，民族出版社，1997，第61页。

② 同①，第120页。

③ 马山县志编纂委员会办公室编《隆山县志》，内部抢救整理本，2009，第27页。

④ 同③，第82页。

51%)、粥加杂粮（占 27%），能吃上饭者寥寥。这种状况到了 1945 年仍未见改善，那马食粥（占 52%）和杂粮（占 17%）、粥加杂粮（占 15%）者仍占绝大多数，隆山县亦是如此（粥占 14%、杂粮 51%、粥加杂粮占 27%）。[①] 正是由于生活困苦，人们受到的盘剥严重，导致社会问题尖锐，阶级对立突出，为马山县革命的发生和发展提供了条件。

2. 受到地方革命运动发展的影响。1927 年 4 月，受右江党组织委派，右江农民自卫军第三路军副总指挥黄书祥和果德县农民运动负责人黄永琪来到那马县州圩一带开展革命活动[②]，为那马农民革命运动的萌发播撒了革命的种子，并由此开启了那马县革命运动的新篇章。至 1934 年春中共那马县特别支部成立时，那马革命运动已蓬勃发展，先后发展了 14 个党支部、2 个党小组。1937 年 2 月，中共那马中心县委成立，开始组织开展统一战线和抗日救亡工作，当时下辖有那马、武鸣、都安、果德、平治等 5 个县的 10 个区委 18 个支部。那马县革命运动的蓬勃发展，使州圩、永州逐渐成为右江下游革命根据地之一[③]，这也是州圩、永州革命遗址分布最多的原因之一。

二、马山县红色革命遗址保护现状及存在的问题

（一）保护现状

马山县保存的这些革命遗址见证了中国共产党领导马山人民进行革命斗争的辉煌历史，是马山红色文化的重要载体，承载了中国共产党波澜壮阔的革命史、艰苦卓绝的奋斗史、可歌可泣的英雄史，是一笔宝贵的革命历史文化遗产，也是研究马山革命史与开展党史学习教育、党性教育、国防教育、爱国主义教育和革命传统教育的重要基地与生动教材。近年来，马山县采取有力措施，积极推进红色文化保护传承工作，一方面加强了革命遗址保护的管理工作，先是于 2010 年将第三次全国文物普查中发现的 25 处革命遗址（群杂堡垒等）列入马山县不可移动文物名录，后又分别于 2011 年、2014 年将徐泽长故居等 11 处革命遗址核定公布为马山县第四、第五批文物保护单位，并划定了保护范围和

① 原数据出自《广西年鉴》（第二回）、《广西年鉴》（第三回），转引自马山县志编纂委员会编《马山县志》，民族出版社，1997，第 120 页。
② 马山县志编纂委员会编《马山县志》，民族出版社，1997，第 145 页。
③ 同②，第 56 页。

建设控制地带，竖立文物保护标志碑，落实专人管理，建立科学记录档案。另一方面，马山县也充分利用自身的红色革命遗址资源加快建设爱国主义教育基地，并于2019年成功申报并获得南宁市爱国主义教育基地和南宁市中共党史教育基地荣誉称号。此外，近些年马山县还通过多渠道争取国家投资、地方财政出资等方式，累计投资1000多万元，实施了多项革命文物保护展示工程，先后建设、建成了那马革命纪念馆、江庄补习学社等保护展示馆，并对徐泽长故居、徐彭年故居、韦成篇故居、中共那马中心县委旧址等6处文物古建筑进行保护修缮工作。同时，徐泽长故居、韦成篇故居、中共那马中心县委旧址、那马革命第一大本营等重要革命遗址也正式面向大众开放，成为马山县红色旅游最重要的参观景点。马山县人民政府还制定了《马山县革命遗址修复工作规划》，进一步加快对县区革命遗址的保护和修缮工作。

（二）存在的问题

近年来，虽然马山县人民政府重视并加强对红色遗址的保护工作，取得了一定的效果，但是马山县红色文化资源的保护和利用仍然存在着不少痼疾。

一是文物保护单位级别普遍较低。25处革命遗址中，仅有11处被公布为马山县文物保护单位，1处仍未定级，其余13处目前也仅列入南宁市不可移动文物保护名单，未定级也未核定保护范围、建设控制地带等。

二是保存状况普遍较差。25处革命遗址中，仅有6处目前保存状况较好，有7处保存状况一般，6处保存状况较差，保存状况极差甚至濒临消失的多达6处（赵世同故居、乔利炮楼、那马革命第五大本营、天鹅寨右江地委会议旧址、苏绍普故居、敢斗岩革命旧址）。若不加以保护，这些保存状况极差的遗址极有可能面临消失的风险。早在第三次全国文物普查时，马山县就有6处遗址因已无文物本体（文物内涵消失）而未被列入文物保护名单，6处遗址分别是隆山县第一个党支部诞生旧址、刁杰坳战斗遗址、古零拉社战场遗址、加方平天坳战斗遗址、右江干校隆山分校旧址、中共隆山县委和隆山县临时人民政府旧址等。这6处遗址对文物保护的长期性和有效性提出了重大的警醒。

三是分布上多分散且属于偏远地方，不利于文物的保护和利用。马山县25处革命遗址中近一半集中在永州镇，其余各镇则零星分散分布，同时在小范围上又是偏分散的。永州镇12处革命遗址中，仅那马革命第五大本营、徐泽长故居、徐彭年故居3处集中在州圩街上，相距不远，其余9处遗址则分散在永州镇下属的各个村屯中，地理位置多偏僻、交通不便，这也是造成马山县革命遗址难以集中保护和开发利用的一个重要原因。

四是革命建筑遗址大多规模小且建筑结构简单，安全性堪忧，不利于长期的保护，需要时常维护和修缮，对于马山县财政而言是个沉重的负担，这也导致这些革命遗址长期以来难以得到有效保护。

三、马山县红色革命遗址保护对策

马山县红色革命遗址非常丰富，在分布、形成、年代、性质等方面有着自己的特点，其形成是多种因素造成的，在保护和发展过程中存在着一些特有的症结。在加强对马山县红色革命遗址的保护过程中，需要针对这些特点制定相应的对策。

一是根据马山县红色革命遗址分布、年代和性质特点，联合申报和打造马山县右江下游革命根据地遗址群。通过整合永州镇12处革命遗址资源，提升永州镇革命遗址的文化内涵，有助于提高永州镇革命遗址的保护级别，也更利于后期的综合开发和利用。永州镇12处革命遗址基本上分布在永州镇周边，均属于1927年后受右江革命根据地影响而发展起来的，反映了那马红色革命运动情况，在地域范围上有相对集中性，文化内涵也趋于一致，完全可以整合为马山县右江下游革命根据地遗址群，同时利用州圩徐泽长故居等作为展示馆，宣传和展示右江下游革命斗争历史。

二是充分利用红色革命遗址中大量岩洞遗址的优势，开发、打造以"红色旅游＋洞穴探险＋岩溶地质"研学活动为特色主题的文旅精英游览体验路线。马山县红色革命遗址中有7处为洞穴类遗址，其中就有5处分布在永州镇。洞穴类遗址是马山县红色革命遗址中的一大亮点，而马山县属于喀斯特岩溶区，境内分布有大量的石灰岩溶洞，其中著名的就有金伦洞、龙灵岩等。可以利用这些洞穴类遗址、洞穴景观和岩溶地质景观，联合打造以红色旅游、文化旅游、洞穴探险和岩溶地质研学活动为主题的文旅精英游览体验路线，将"周鹿—州圩—永州"游览路线的龙灵岩、感朴石刻（感朴岩）、那马革命第五大本营（凤凰山岩洞）、感干题诗岩石刻、那马革命第一大本营（感应岩）、那马革命第二大本营（感怀岩）、那马革命第三大本营（感公岩）等串联起来，开辟为全新的特色旅游路线，由此吸引更多岩洞探险爱好者、岩溶地质爱好者等。

三是集中打造以永州镇为中心的红色旅游路线，创建以永州镇为中心的爱国主义教育和研学基地，以此带动永州镇红色旅游的发展。永州镇是那马革命运动的中心，也是目前马山县红色革命遗址分布最集中的区域，拥有良好的革命传统和丰富的红色旅游资源，可以利用这一优势，利用永州镇现存的3处革命遗址（徐泽长故居、徐彭年故居、那马革命第五大本营），建立起以永州镇为中心的爱国主义教育和研学基地，组织开展各类爱国主义教育和红色旅游研学活动，由此丰富红色旅游的形式和路线，带动其他文旅产业发展。

四是借助第四次全国文物普查机遇，开展马山县红色文化调查，深挖红色旅游文化资源，为红色旅游开发奠定更深厚的文化基础。借助第四次全国文物普查的机遇，马山县可开展红色文化调查，普查各类红色革命文化遗址和遗物，采集各类革命故事，丰富马山县红色文化内涵，让各类革命文物能够有血有肉，能够活起来，这样才能吸引观众，把革命精神传承给新一代。

五是根据濒危程度，优先抢救维修保存状况极差和较差的革命遗址。马山县革命遗址丰富，保存状况也千差万别，其中一些遗址已濒临消失或者被破坏。因此，建议通过濒危程度调查，将各类革命遗址划分为多个等级，优先协调经费维修和保护保存状况极差的革命遗址，而后再进一步加强对其他保存较好的革命遗址的保护。同时，可以根据马山县红色革命遗址的特点，有针对性地研究和制定一些有成效且长期使用的保护措施，以此加强对这些红色革命遗址的保护。

四、结语

马山县现存红色革命遗址25处，具有集中分布在永州镇周边，以洞穴类遗址、纪念碑、陵园类建筑和故居旧址建筑等类型较多，且多数是反映土地革命时期历史遗址等特点。它们的形成受到了马山县地理、地质环境，以及当时民众生活状况、社会矛盾、右江革命根据地等影响，现状保护过程中也存在着红色革命遗址文物保护级别低、保存状况差、分布较分散且交通不便等问题，从而影响了红色革命遗址的整体保护、开发和利用。鉴于此，笔者在剖析了马山县红色革命遗址的分布、类型和性质等特点及保护现状后，提出了整合永州镇12处革命遗址联合申报和打造马山县右江下游革命根据地遗址群、开展马山县红色文化调查等5条相应的保护对策。科学合理规划马山县红色文化资源，对其红色文化资源进行拓展，对马山县红色文化资源保护水平的提高有促进作用，有效开发与利用马山县红色文化资源，这是对马山县红色文化资源的有效保护、传承与发展。红色文化的传承与发展，要以"让红色文化资源活起来"为基本原则，并对红色文化资源进行整合与宣传，加强保护与传承，从而实现红色文化资源综合发展水平的提升。

从考古发现看汉代海上丝绸之路
始发港的繁荣贸易

【作者】伍宣谕 广西师范大学美术学院 在读研究生

汉代海上丝绸之路的开辟极大地促进了始发港甚至岭南地区的贸易，其贸易繁荣的景象在史籍中亦多有记载。本文以考古发现为着手点，以出土文物和史籍记载相互印证合浦、徐闻和日南港贸易的繁荣，而这种繁荣景象也正是汉代在岭南地区实行宽松、开放性、具有地方特色的经济政策推动下的成果。

一、史籍中关于贸易状况的记载

合浦、徐闻和日南港贸易最早文献记载见于《汉书·地理志》："自日南障塞、徐闻、合浦船行可五月，有都元国……其州广大，户口多，多异物，自武帝以来皆献见。有译长，属黄门，与应募者俱入海市明珠、璧流离、奇石异物，赍黄金杂缯而往。所至国皆禀食为耦，蛮夷贾船，转送致之，亦利交易，剽杀人。又苦逢风波溺死，不者数年来还，大珠至围二寸以下。平帝元始中，王莽辅政，欲耀威德，厚遗黄支王，令遣使献生犀牛。自黄支船行可八月，到皮宗；船行可二月，到日南、象林界云。黄支之南，有已程不国，汉之译使自此还矣。"[1]从史料中就能发现当时汉代海上丝绸之路始发港的繁荣贸易。

除了《汉书·地理志》中的直接记载，汉代合浦港贸易之繁荣从当地官员贪污之事中也能体现一二。《后汉书·贾琮传》

---

[1] 班固：《汉书》卷二十八《地理志下》，中华书局，1962，第 1671 页。

记载："旧交趾土多珍产，明玑、翠羽、犀、象、玳瑁、异香、美木之属，莫不自出。前后刺史率多无清行，上承权贵，下积私赂，财计盈给，辄复求迁代，故吏民怨叛。中平元年，交趾屯兵反，执刺史及合浦太守。"[①] 这段文献记载充分展现了合浦物产之多，贸易种类之丰富。

汉代徐闻港的贸易盛况被李吉甫记载在《元和郡县图志》中："徐闻县，本汉旧县也……汉置左右候官，在县南七里，积货物于此，备其所求，与交易有利。"[②] 由此充分反映了徐闻港在汉代的繁荣景象。

《汉书·地理志》中首先提及的就是日南港，"自日南障塞"彰显了其在汉代国际贸易港口中的重要地位。除此之外，任防在《述异记》中记载"日南有香市，商人交易诸香处"，而《晋书》卷九十七《林邑传》中也有记载"徼外诸国赍宝物，自海路来贸货"。由此，我们可以清晰地了解到汉代日南港海外奇珍琳琅满目，单是香料就另设专门的市场。来自南洋群岛、印度洋沿岸的货物在此转运至中国大陆，中国的丝绸、黄金、陶瓷也被先运输至印度洋沿岸，再转至欧洲。

二、出土文物中贸易繁荣的证据

（一）金饼和黄金配饰

金饼分别从合浦望牛岭一号墓和贵港罗泊湾二号墓出土，前者出土了 2 枚金饼，后者出土了类似的 1 枚金饼。这些金饼因都是圆饼形而得名。这些出土的金饼都呈正面凹陷状，有稍隆起的背面，规格相近，甚至与目前已知的全国其他考古发现的汉代金饼规格差不多。它们的实际重量也和汉代标准重量——"一黄金 1 斤"[③] 差不多。作为价值高的金属货币，被制作成一斤（500 克）黄金的规格便于长途携带，也可以充当大额交易的货币。此外，更有专家推测分别雕刻有"阮""大"字样的出土于望牛岭一号墓的金饼，可能是《汉书·地理志》中记载的"赍黄金、杂缯而往"[④] 携带前往海外交易的大额货币。[⑤]

---

① 《后汉书·贾琮传》，中华书局，1973，第 1111 页。
② 《元和郡县志》卷三，中华书局，1983，第 1087 页。
③ 韩湖初：《合浦汉墓群见证汉代的繁荣"海丝"》，《大众考古》2015 年第 7 期。
④ 班固：《汉书》卷二十八《地理志下》，中华书局，1962，第 1671 页。
⑤ 熊昭明：《合浦汉代海上丝绸之路始发港》，《中国文化遗产》2008 年第 5 期。

值得一提的还有一种呈圆球形的镂空的金花球泡饰（图1）。这种金花球泡饰的制作步骤是首先需要用12个同等大小的由圆形小金条焊接而成的小圆圈，以供连缀，这12个小圆圈被分成两层，每5个一层，然后用高温吹凝的堆珠在这12个小圆圈交汇的区域加以固定。这些堆珠好像层层叠起来的四联罐，1颗叠垒在上面，3颗在下面。金花球泡饰的结构非常牢固，因为工匠会把堆珠、小圆圈及堆珠进行焊接。这种金花球泡饰的焊接工艺不同于中国传统的金银细工，由于这些造型具有印度的风格，因此专家推测这种焊接工艺应是从印度传播过来的。[①]

图1　金花球手链串饰

（二）水晶器、玛瑙器、琥珀器

水晶器、玛瑙器、琥珀器在徐闻的一些平民墓、合浦的多个汉墓及日南的平安遗址中都有发现。首先，在徐闻古港汉代遗址中，考古发现的墓葬有琥珀珠、玛瑙珠、水晶珠、紫晶珠、罗马玻璃珠（图2）等。其次，合浦汉墓出土的水晶器主要是一种串饰，形状各异。合浦汉墓出土的玛瑙佩饰主要有"耳塞、戒指、玛瑙珠、圆雕小动物和耳珰"[②]等，其中最引人瞩目的当数自治区博物馆馆藏的一串动物形状的玛瑙小串坠，它的造型奇特而美丽。此外，在这里出土的琥珀以印章和佩饰品居多。[③]而这些佩饰品在《汉书·地理志》中被记载为"奇石""异物"[④]。这也意味着这些东西对于平民百姓而言相对贵重，而作为贵族豪门的陪葬品出现在汉墓中倒不足为奇。但是在徐闻考古中发现这些配饰品也常

① 吴伟峰：《广西合浦汉代出土文物与海上丝绸之路》，《当代广西》2017年第10期。

② 同①。

③ 同①。

④ 班固：《汉书》卷二十八《地理志下》，中华书局，1962，第1671页。

出现在平民墓中，这也进一步说明了在汉代民间私人也有参与国际贸易。而当时海上丝绸之路的繁荣情景也从始发港汉墓考古出土的大量具有东南亚代表性特征的贸易品中得到了进一步印证。

图 2　罗马玻璃珠

（三）陶俑、铜俑

在合浦汉墓的考古发掘中曾出土了一些陶俑和铜俑（图 3）。在广东的顺德，广西的贵港、梧州等地亦出土了较多类似的男、女形象，这些俑的形象属所谓"昆仑奴"[①]或胡人。他们都有较短的头型，脸颊两颧较高，下颌比较突出，身材不高。这种面容和体形特征与苏门答腊岛、马来半岛等地的一些居民，如原始的马来族人相似。除此之外，还有一个波斯俑铜人从桂江江边昭平出土，只见这个铜人有一个高挺的鼻子，双膝跪地，双手捧着装灯油的托盘，有一条铜链系在他的旁边。堂排一号墓出土 1 件胡人俑[②]，有着竖眉和一双细小的眼睛以及高挺的鼻子，还留着络腮胡。这件胡人俑高约 28 厘米，他的领口、袖口刻画花纹，衣着较宽松，博衣大袖，并且作舞状，有着宗教人士的特征。无论从面貌还是服饰上看，这件胡人俑都不具有与岭南地区的本地人民相似的特征，而与"胡人颇多相似"[③]。考古出土的胡人俑更是进一步印证了汉代我国与西亚、南亚、东南亚等地区之间的友好往来。这些胡人俑中带着的宗教因素也在一定程度上反映了佛教在这些地区的传播和发展。

[①] 韩湖初：《合浦汉墓群见证汉代的繁荣"海丝"》，《大众考古》2015 年第 7 期。

[②] 同①。

[③] 熊昭明：《合浦汉代海上丝绸之路始发港》，《中国文化遗产》2008 年第 5 期。

图 3　胡人俑陶座灯

（四）香料

在合浦汉墓的考古发掘中，从 400 多座西汉晚期至东汉晚期的墓葬中出土了 67 件熏炉，材质主要为陶和铜，其中陶有 40 件、铜有 27 件。[①] 从发掘报告的描述中得知，在出土时还发现了少量燃烧的灰烬和残余的香料在熏炉中。考古出土的数量众多的熏炉足以证明，香料在当时使用很广泛，而且当时的人们非常喜爱用香料。而从当时的贸易往来以及海上的交通路线图来看，合浦汉墓出土的这些香料应来源于东南亚地区。合浦风门岭 24 号墓出土的陶熏炉，里面残余成分是黑色的香料，经过科学的鉴定确实是与东南亚地区所产香料相同，应经贸易交往传入合浦地区。[②]

三、岭南地区经济政策的推动效果

汉初，岭南地区已经归由中央管辖，当时对岭南地区采取的是"以越治越"[③] 的政策。因为越族原本的官吏更熟悉当地的风俗民情，更有利于管理当地的生产和政事。除了给岭南地区放权，汉王朝在岭南地区还实行了宽松的经济政策，即"毋赋税"的轻赋税政策，这也为岭南地区贸易的发展提供了有利条

---

① 广西壮族自治区文物工作队编《广西合浦县堂排汉墓发掘简报》（文物资料丛刊 4），文物出版社，1981，第 46-56 页。

② 韩槐准：《龙脑香考》，《南洋学报》第一辑，1941 年第 2 期。

③ 冼剑民：《汉代对岭南的经济政策》，《暨南学报（哲学社会科学版）》1989 年第 4 期。

件。"是时，汉灭两越，平西南夷，置初郡十七……毋赋税。"[①]"汉连出兵三岁，诛羌，灭两粤，番禺以西至蜀南者置初郡十七……毋赋税。"[②] 其中，"毋赋税"这种赋税较中原地区税额低，而且长期稳定，既有利于赢得民心，又为岭南地区贸易的繁荣奠定了基础。

南越国灭亡后，汉王朝为了进一步加强对岭南地区的管理，稳定国家政权，在岭南地区实行的经济政策也发生了一些转变。其中，值得一提的是有别于中原地区"重农抑商"的政策，汉武帝在岭南推行了开放性的经济政策，表现在政府组织商队去开辟国外市场，开创了闻名海外的海上丝绸之路。海上丝绸之路的贸易以满足皇室贵族对奢侈品的追求为目的，对中原地区商业的发展影响不太显著，但合浦、徐闻和日南港作为贸易必经地，其商业自然得到了极大的繁荣。汉代注重发展岭南商业贸易的政策，对开辟海上丝绸之路，形成岭南商业贸易的传统，推动岭南商业贸易的发展有着重要的作用和深远的历史影响。

随着岭南地区的农业水平不断提高，社会经济逐步发展，"毋赋税"的轻赋税政策也逐步被取消。汉王朝虽在岭南地区实行了封建赋税，但却允许当地人民以香料、象牙、琉璃等奇珍异宝来抵销赋税。首先，封建赋税制度在岭南地区实行在一定程度上亦说明当地社会经济较汉初已得到很大的发展。其次，政府允许以奇珍异宝抵销赋税也是鼓励发展贸易的一种表现，对商业贸易有很大的推动。最后，汉代开放关市。岭南地区的人民把进口的香料、象牙、琉璃等与中原地区展开贸易，换回生产所需的铁器、牛、羊等。这种具有地方特色的封建赋税政策和开放关市政策推动了岭南地区与中原地区的经济交流，促进了商品流通，对岭南地区的贸易发展起到积极作用。

综上所述，合浦、徐闻和日南港考古出土的金饼、黄金配饰、水晶器、玛瑙器、琥珀器、陶俑和香料等无一不印证了史籍中对于汉代海上丝绸之路始发港贸易的繁荣景象，而这种贸易繁荣也正是汉王朝在岭南地区实行的宽松、开放性、具有地方特色的经济政策推动下的成果。

[①] 司马迁：《资治通鉴》卷二十一，1990，第231页。
[②] 班固：《汉书》卷二十四《食货志下》，中华书局，1962，第1174页。

文物研究

横州市博物馆藏《奉旨旌表》碑考释

【作者】农仁富　南宁市博物馆　副研究馆员

　　横州市博物馆藏《奉旨旌表》碑于 2014 年在横州公园纪念碑一带（报恩寺岭）城建施工过程中被发现，后移交横州市博物馆。该碑是目前横州乃至南宁所发现的唯一一块与旌表有关的碑刻，具有重要的史料价值。关于李文彩起义，学界早有论述。本文无意对该碑所记载的历史事件进行评价，仅通过历史文献与考古双重考证法对该碑所记载的历史事件进行考释，揭开晚清横州的社会动荡背景及晚清旌表制度变迁。

一、横州市博物馆藏《奉旨旌表》碑

（一）碑刻所载文字内容

　　横州市博物馆藏《奉旨旌表》碑（图 1）为青石质，方碑方首，高 136 厘米、宽 62 厘米、厚 15 厘米。碑首有楷书阴刻横额题名，作"奉旨旌表"四个大字，每字径 7 厘米。碑文楷书阴刻，正中竖题为"皇清敕赠登仕朗大儒人作丽区府君孺人显妣陈孺人合墓"。碑右为墓志铭，载墓主生平事迹。碑左为落款，载立碑者及立碑时间。其中，墓志铭部分为楷书阴刻，共 8 列 337 字，每字径 2 厘米，内容如下：

　　咸丰丁巳，贼陷州城。先考相率先妣陈氏、室人韦氏、弟妇刘氏、男性聪、侄庆初、女凤珍共七人并投井死，呜呼恸哉！品正兄弟先出外贸易，得免于难。兹恭膺封典并准旌表，先考入祀昭忠祠，先妣及室人、弟妇入祀节孝祠，圣代褒崇盛矣。迨戊午岁，始归葬于城北报恩寺后。阖门殉节，自古受恩深重者恒有之。惟先考以未仕之身，见危授命，具相率眷属视死如归，以视夫有官者之城亡与亡，殆将过之欤！先考讳世湖，字作丽，生嘉庆癸亥年十二月十四日亥时，时年五十五岁。先妣氏陈，生嘉庆甲子年六月十五日辰时，时年五十四岁，同殉于咸丰丁巳年四月初四日辰时。此地迁葬丑山未向兼癸丁十，并将室人韦氏、弟妇刘氏、男性聪、侄庆初、女凤珍附葬于侧。先考凛凛大节，正恐后之子孙不及表扬，惧其泯灭，重蹈不孝罪，谨书颠末，勒石表于墓志。

奉祀男品正/高　孙×××敬立

光绪三年暮春月谷旦吉立。

图1 《奉旨旌表》碑拓片

从碑文解读可知，该碑于光绪三年（1877年）立碑，记载了咸丰丁巳年（1857年）横州州城被李文彩率部攻破沦陷，未仕之身的区世湖携一家七口投井就义，品正兄弟先出外贸易，得免于难。后品正兄弟申请封典并获朝廷准许旌表，先考入祀昭忠祠，先妣及室人、弟妇入祀节孝祠的历史事件。

（二）碑刻所载内容的真实性

通过查找《横县志》(民国版)，发现载有"清咸丰七年四月寇陷横州城布衣区世湖阖门殉难纪事"篇，其中收录了广州知府冯端本，横州知州龚启潘、文星昭，广东补用通判宋尔田，四川补用知县谢纶音，安徽桐城陈金鉴，广东阳江莫作恭等 18 位宦官文人所作的 39 首诗词，颂扬区世湖举家殉城的历史事件。广州知府冯端本写到"两粤尘氛起，凶焰不可挡。孤城徒守望，阖室自流芳。正气钟河岳，英风仰庙堂。何期余阙后，同比有耿光"。横州知州龚启潘题诗两首："罗平妖乌沸，浩劫到搓阳。名争日月光，丝纶褒节义，精帛荐蒸尝。特褒忠良德，贞珉姓氏彰。""堠烽惊乍起，白马又青丝。慷慨忠臣录，森严家庙碑。楹书同爱护，闾史更昭垂。旧德留传人，门庭有谷贻。"来自不同地域、不同官职的众多宦官文人为该事件专门题词，进一步佐证了《奉旨旌表》碑所记载旌表事件的真实性。

又据《横县志》（民国版）载"李七自初四日，陷州城后……"①，《永淳县志》载 "李文彩即李七"② "时民国纪元前六十一年，即清咸丰元年也。是时横属土匪李文彩等，乘机响应天国，悬红旗，大书［顺天者存，逆天者亡］字样"③。以上史料记载进一步佐证了《奉旨旌表》碑所载李文彩响应太平天国起义事件的可靠性，以及记录事件所发生时间 1857 年"四月初四日"的准确性。立碑人立足于清廷的立场，将与其家族有深仇大恨的李文彩及所率部队称为"贼"，亦在情理之中。足见，以上《奉旨旌表》碑所载内容与《横县志》和《永淳县志》等史料皆能相互佐证。

二、横州市博物馆藏《奉旨旌表》碑的价值

（一）碑刻所载历史事件背景解读

《奉旨旌表》碑所记载的主要事件发生时的咸丰丁巳年（1857 年），正处于晚清太平天国运动（1851—1864 年）社会动荡的时期，此时的晚清内忧外患，边陲横州也难以安宁太平。《横县志》（民国版）载："文彩上南狮子村人，业理发匠，排行七、人皆呼为李七。以地方多故，盗风四起，遂结党横行，起事于平浪。"④ 从中可以知道李文彩是横州上南狮子村人，起义前曾当过理发匠，在家里排行第七，人们都称呼他为"李七"。因当时地方多变故，天灾人祸交织，盗风四起，民不聊生，于是结党起事于永淳县平浪（现名平朗），响应太平天国

① 陈佑向、王师文：《横县志》第六册，1943，第 32-40 页。
② 陈尔训、苏宗翰：《永淳县志》卷八《永淳县地方治乱纪要》，黄天锡重修，1924，第 10 页。
③ 同①，第 4 页。
④ 同①，第 17 页。

运动。"夏四月,初四日,李文彩,合水贼陈大口昌,夹攻横州城,城陷,吏目朱鉴,城守汛把总苏朝光,皆死之。"①

关于区世湖的出身,《横县志》(民国版)记载的部分诗词中亦有提及。广东补用通判宋尔田题到"草莽有忠良,能文复能武。烽烟起,团练始,丁巳四月寇大至,孤城援绝惊桑梓";四川补用知县谢纶音题到"横州一隅多忠义,区公首义护梓桑。书生奋戈能杀贼,撄城固守挫贼铓。一朝力尽援复绝,举家七口赴井亡";广东阳江莫作恭题到"先生义愤昌联盟,破家勿吝团练乡"。从以上的史料中,我们可以大致了解到区世湖家住横州城内,读过书,参加团练,而且具有一定的带兵能力、杀敌能力,曾经带领民团作战立功,在民团中是个小头目。之所以称区世湖为书生,可以从碑文中的"皇清敕赠登仕朗大儒人作丽区府君"得出其缘由——按清朝惯例,"登仕朗大儒人"是对通过童试考试的童生即儒生死后的惯用荣誉称谓。

《横县志》(民国版)中有关于团练的记载:"保甲与团练,原属相辅而行,各户壮丁一律编为乡练,有事,则应征齐出捍御,平时,则各营其业。"②可见,团练来自各户的壮丁,平时务农的务农,经商的经商,各自营生,有事才应征捍御,难以形成严明的纪律和积累较高的作战经验。这与响应太平天国运动的李文彩部队相比,在作战经验、作战纪律、部队规模上显然处于下风。当然,最终决定作战的成败还要综合许多主、客观因素。例如,当时正处于社会动荡时期,横州部分地区存在"一田两卖"的现象,天灾之年,佃农入不敷出,民不聊生亦是作战成败的决定因素之一。关于李文彩所参与的太平天国运动,学界褒贬不一,本文亦不作论述。

(二)《奉旨旌表》碑的历史价值

《奉旨旌表》碑的价值体现,首先在于它是横州市目前发现的唯一一块旌表碑,在南宁市已发现的碑刻中亦具有特殊性,是太平天国运动在横州的难得历史物证;其次,该碑还从侧面反映了晚清旌表制度的变迁,具有一定的史料价值。旌表是我国传统社会皇帝垄断的一种荣誉性权力符号,旌表的目的是教化民众,达到治国安民的社会效果。③旌表制度形成于汉朝,完善于隋唐,集

---

① 陈佑向、王师文:《横县志》第六册,第31页。

② 同①,第92页。

③ 李丰春:《社会评价论视野中的旌表制度》,《河南大学学报(社会科学版)》2007年第9期。

大成于两宋，到明清时期达到顶峰亦随之走向了僵化。①

以往的旌表制度是按年汇题，由礼部年终统一请旌，这样的制度在晚清已经跟不上社会形式的需要。咸丰四年（1854年），晚清政府意识到"惟向来建坊入祠之案，例皆按年汇题，由部核覆，未免往返需时"，于是对旌表的程序进行了改进。② 为了"俾免稽延"，改变了原有的由礼部年终汇题请旌的定例，适当加以变通，规定凡殉难绅民事迹由该州县申报到各路统兵大臣及各督抚处时，可先行遵旨准该殉难绅民先行建坊并入祠承祭，然后再随时到礼部备案。③ 从碑文"兹恭膺封典并准旌表，先考入祀昭忠祠，先妣及室人、弟妇入祀节孝祠，圣代褒崇盛矣。迨戊午岁（1858年），始归葬于城北报恩寺后。"亦可以看出，在投井事件发生的当年，即1857年就已经获得朝廷准许旌表并入祠，可见程序上已经进行了相应的调整，旌表的表彰效率得以提高。

为了进一步适应晚清特殊社会形势的需求，朝廷还会根据时势的需要对每年的旌表审核次数、旌表的条件等进行相应的调整。张昭军在《晚清改革与社会变迁》中亦提到"晚清时期，清政府鉴于封建主义统治危机加剧，不断加强道德教化，其举措之一，便是频繁旌表忠孝节烈，树立德行楷模"④。《清会典事例》中亦有相关的文献记载，出于"励节劝忠"和"振起懦顽"的需要，咸丰三年（1853年），晚清政府对殉难人员给予优恤，"地方文武官员，或守城殉节或临阵捐躯；乡绅士人等，志切同仇尽忠效死者，业经立沛恩施，交部分别议恤"⑤。对于太平天国运动起义爆发地的边陲广西，晚清政府还专门对广西督抚提出要求，"著该抚仿照湖北广东等省，设立总局派委官绅，查明殉难事迹，该抚分别奏请旌恤"⑥。在太平天国运动时期和八国联军侵华时期旌表活动最为频繁，一年的旌表次数曾多达15次。

① 秦永洲、韩帅：《中国旌表制度溯源》，《山东师范大学学报（人文社会科学版）》2007年第6期。
② 《清会典事例》第6册，中华书局，1991，第779页。
③ 祁艳伟：《晚清旌表制度变迁初探》，河北师范大学硕士论文，2012，第23页。
④ 张昭军：《圣贤学问与世俗教化——晚清时期程朱理学与纲常名教关系辨析》，载中国社会科学院近代史研究所政治史研究室、河北师范大学历史文化学院编《晚清改革与社会变迁（下）》，社会科学文献出版社，2009，第621页。
⑤ 同②，第777-778页。
⑥ 同②，第780页。

三、结语

《奉旨旌表》碑是边陲横州受太平天国运动事件波及不可多得的文物物证，从受旌表者后人的视角对横州城沦陷，民团区世湖率家人投井事件进行了较为详细的记载。本文通过对该碑刻的考释，考证了碑刻所刊载内容的可靠性，揭示了事件发生时横州所处的晚清社会动荡背景，亦从侧面反映为应对内忧外患的社会环境，维持清廷摇摇欲坠的统治地位，清廷对晚清旌表制度进行了系列调整。《奉旨旌表》碑对晚清社会治理及晚清旌表制度变迁有着重要的研究价值。

谈有机质藏品的保管问题与策略

——以南宁市博物馆为例

【作者】黄　晓　南宁市博物馆　研究馆员

文物保护工作者根据藏品质地将藏品分为有机质藏品和无机质藏品两大类。其中，有机质藏品由纤维素、蛋白质等天然高分子材料构成[①]，包括纸质藏品（书籍、绘画、档案等）、竹木漆器（木器、漆器等）、牙骨器、毛皮类藏品、纺织品等。由于自身构成材料的特性，有机质藏品容易受保存环境中的温湿度、光照、有害气体等因素的影响。相对于无机质藏品，有机质藏品是藏品中保护难度较大的类别。

一、南宁市博物馆有机质藏品及库房情况

南宁市位于中国华南地区，广西南部偏西，属湿润的亚热带季风气候区，特点是炎热潮湿，干湿季节分明，一般是夏季潮湿，冬季稍显干燥。这样的自然条件对大部分材质藏品保存极为不利，尤其是有机质藏品。南宁市博物馆藏品上万件（套），主要包括陶瓷器、宝玉石器、古籍、书法、绘画、纺织品、交流礼品等类别。按照质地分类法把各类藏品分门别类地存放在各库房，每间库房内均有空调 24 小时运行调节室内温度。其中，有机质藏品库房占地面积 594 平方米，因建筑设计要求，库房内有较多承重柱，呈不规则状排列，不易再进行隔墙划分成数间小库

---

① 黄海敏、王克华：《浅谈有机质文物的"藏"与"防"》，《文物鉴定与鉴赏》2020 年第 21 期。

房，只能把有机质藏品共存于一间大库房。目前，存放有纸质类、织物类、竹木质类、油画等有机质藏品4000余件（套），分类保存于相应储存框架上。相对于无机质藏品，这些藏品主要由纤维素、蛋白质等天然高分子材料构成，极易受环境影响，发生病害，因此有机质藏品库是保管工作要求较高的库房。

二、有机质藏品主要病害因素

（一）温湿度

藏品在自然环境中受到损害，即材质发生了化学反应，化学反应的速度与温度有关，温度过高或过低均不利于有机质藏品的保存。温度过高会使纸制品容易受潮发生褪色、潮解现象，油画图层易发生化学反应，导致颜料成分发生变化；温度过低空气中的水汽会大量减少，从而减小纸张纤维的抗张力强度。

湿度是空气中含有水汽的多少。湿度对材质体积涨缩的影响远远大于温度变化影响。[1] 当相对湿度升高4%时，木材横向纤维的膨胀值与温度升高10℃时的膨胀值相等。[2] 丝绸藏品中的蚕丝纤维在相对湿度变化过程中会经历反复的吸湿、放湿过程，进而发生劣变。[3] 相对湿度在60%以上至100%附近时丝织品上的植物染料一般均可见明显褪色。湿度增大时照相印刷品会明显泛黄、褪色、细部差别消失，在相对湿度达到81%的条件下纸张耐折度急剧下降[4]，等等。同时，潮湿的环境会加快微生物繁殖，造成藏品的腐烂。

（二）光照

有机质藏品对光照极为敏感。虽然目前库房使用的光源为不含紫外光和红外光成分的LED照明光源，但光敏藏品长期在可见光辐照下仍会产生不可逆的影响，6000K LED光辐照下，丝绸染料中的黄檗、槐米、紫草、苏木等均会褪色，国画颜料中的朱砂、曙红出现明显褪色[5]，字迹材料发生油渗、扩散、褪色等现象。而且光照对纸张的影响一旦产生，即使停止光照，其对纸张的影响仍

---

① 陈元生、解玉林：《博物馆文物保存环境质量标准研究》，《文物保护与考古科学》2002年增刊1期。

② 刘恩迪：《有机质地文物保护中的去湿问题》，《故宫博物院院刊》2002年第6期。

③ 路智勇、张静：《试论丝绸文物保存中的相对湿度问题》，《文博》2016年第2期。

④ 同①。

⑤ 罗云：《常见光敏感文物材料的辐照损伤研究》，重庆大学硕士论文，2019，第41-42页。

然存在。[①] 木质藏品中的纤维素、木质素在吸收紫外线辐射后会发生光降解反应，导致机械强度降低。[②]

（三）有害气体

自然界的空气主要是由氮气、氧气、稀有气体（氦、氖、氩、氪、氙、氡）、二氧化碳以及其他物质（如水蒸气、杂质等）组合而成的混合气体。影响有机质藏品保存的主要是空气中的微粒、酸性气体、氧化性的有害气体，包括烟尘、粉尘、硫化氢、二氧化硫等，如粉尘会给微生物的生长繁殖提供场所，二氧化硫在水蒸气作用下产生亚硝酸、硝酸，它们会腐蚀文物表面，使其出现纸质品酸化、纤维变脆、纺织品褪色等病害，加速藏品的老化。

（四）有害微生物

空气微生物是指空气细菌、真菌和放线菌等有生命的活体，是生态系统重要的组成部分，也是大气污染物之一。[③]霉菌属于真菌的一种，空气中悬浮有霉菌孢子。霉菌活力很强，一般温度在 25 ～ 30℃，湿度在 80%，并有适当的氧气时，霉菌就会生长繁殖，在室内温暖、潮湿的空气环境中，霉菌的生长繁殖特别活跃。[④]

有害微生物是引起藏品劣变的主要原因，霉菌是真菌类的微生物，主要以纤维素、半纤维素、木质素、果胶等为养料，繁殖能力较强。肉眼无法看见单个霉菌，只有繁殖至一定数量形成菌落后才能被肉眼所看到，此时，霉菌已进行了多次代谢。代谢后的产物会对文物，尤其是有机质文物造成难以弥补的损害，如霉菌在吸取营养物质时会分泌黏液，使纸质品、纺织品等相互粘连。大多数细菌生长繁殖后都会产生色素，在藏品表面形成黄、红、绿等颜色各异的色素污染藏品，即难以清洗的霉斑。霉菌的滋生会使木质藏品表面产生霉斑变色，侵蚀藏品表面信息，纤维素等被分解后会导致藏品纤维强度变低，质地糟脆。[⑤]

（五）虫害

虫害主要有老鼠、蟑螂、白蚁、烟草甲、窃蠹、书虱（书蠹）、毛衣鱼、皮

① 陈潇：《浅谈纸质文物的保护措施》，《中国民族博览》2022 年第 4 期。
② 尹干：《馆藏木质文物的霉害及其防治》，载安徽博物院、安徽省博物馆协会编《安徽文博》第十四辑，安徽美术出版社，2019，第 140 页。
③ 武望婷：《博物馆微生物检测与预治》，北京燕山出版社，2016，第 4 页。
④ 同③，第 7 页。
⑤ 同②，第 139 页。

蠹等。它们以有机质藏品为食源，如纺织品中的角蛋白、纸张中的淀粉、油画布胶料中的蛋白质等。虫害会破坏藏品本体的完整性，其排泄物也为霉菌的生长繁殖提供场所，有些虫害则会引发寄生菌害，给藏品造成混合污染和损害，腐蚀藏品。

（六）尘埃污染

灰尘会污染文物表面，造成机械性损害，如含有霉菌的粉尘落在纸质品上，当温度、湿度控制不当时纸质品会成为霉菌生长繁殖的温床，霉菌3个月内能毁坏纤维的10%～60%。[1]尘埃中的黏土会吸收空气中的水分，在藏品表面形成暗灰色 Al (OH)$_3$ 膜[2]，使藏品变色。

（七）酸性物质

酸性物质是纸质藏品劣化的罪魁祸首，纸质藏品随着使用年限的增加，在光线和空气中曝光次数的增多，酸性也会随之增强。各种实木和人造板普遍含有挥发性酸，它能引起金属腐蚀、纸张酸化等问题。[3]造纸过程中的添加剂、漂洗剂，保存中的有害气体、微生物代谢物，装裱时糨糊所添加的明矾等均呈酸性，用于杀虫的樟脑丸也会在一定程度上增加纸张酸性。[4]酸性物质不会自然消耗且会越积越多，使纸质藏品产生发黄、变脆等"自毁"现象。pH 值为6.2～9.7 的纸张在老化后耐折度保留95%，而 pH 值为 4.5～4.8 的纸张耐折度仅为未酸化纸的 15%～35%。[5]

三、针对有机质藏品易损腐的应对措施

不同材质藏品对环境的敏感程度不同，藏品保存环境是多种环境因素协同作用的结果。摸清哪些因素使藏品受损，哪些因素在藏品受损过程中起主要作用，协同本单位能采取的措施，才能最大限度地延缓有机质藏品的衰变，延长其收藏期限。南宁市博物馆有机质藏品库房保管的藏品材质主要有纸质类、纺织品类、

---

[1] 武望婷：《博物馆微生物检测与预治》，北京燕山出版社，2016，第8页。

[2] 尹干：《馆藏木质文物的霉害及其防治》，载安徽博物院、安徽省博物馆协会编《安徽文博》第十四辑，安徽美术出版社，2019，第141页。

[3] 徐方圆、解玉林、刘霞、施超欧、吴来明：《文物藏展常用木材挥发酸快速检测评价方法研究》，《文物保护与考古科学》2010年第2期。

[4] 陈潇：《浅谈纸质文物的保护措施》，《中国民族博览》2022年第4期。

[5] 邱建辉、葛怀民主编《纸质文献保护技术》，郑州大学出版社，2017，第64页。

竹木器、油画等。各材质保存温度、相对湿度、光照度标准见表1。

表1　博物馆有机质藏品保存环境温度、相对湿度、光照度标准

序号	藏品类别	温度 /℃	相对湿度	光照度标准 / 勒克斯
1	纸质类	15～20	40%～50%	≤ 50
2	纺织品类	15～20	40%～60%	≤ 50
3	竹木器	15～20	45%～60%	≤ 100
4	油画	15～20	50%～60%	≤ 100

注：此表根据《博物馆藏品保存环境试行规范》进行整理。环境相对湿度日波动值不得大于5%，环境气温日较差不得高于2～5℃。

目前，南宁市博物馆库房区内24小时运行的空调只能进行温度控制，缺少恒湿模块，即可以根据各库房要求调节空调温度，使库房气温日较差不高于2～5℃。光线为室内LED光，可调可控。封闭式的库房区及环绕式外围设计在一定程度上减少老鼠、蟑螂等动物损害的发生，所以有机质藏品库房环境关注重点应该是湿度的有效调控及微生物损害两种外在因素的影响，内在因素则主要关注藏品的存放问题。

（一）保存环境的调控

首先，做好入库前的消毒清洁及入库后的清洁工作。进入博物馆收藏体系的有机质藏品，基本都有使用的历史，均留下使用人或周围环境的痕迹，如灰尘、污渍等，有的甚至因年代久远或其他原因濒临损毁。保管前对本体进行消毒、灭菌、除垢、清洗等工作，把有损于藏品保存的其他物质因素排除，如灰尘、动物排泄物、虫卵等附着物。有机质藏品进入库房保存前，应先进行真空充氮消毒，力争从源头上切断藏品本体携带的病害原。入库后也要定期进行库房清洁工作，虽然库房相对密闭，但通过近几年的观察发现，裸置的藏品如大型竹木质家具表面还是附着少量浮尘，需定期进行清洁处理，将微生物对藏品的影响降到最低。同时，寻找高效抑菌且对藏品无影响的技术手段，防控霉菌的生长条件，减少霉害发生的概率，延长藏品的收藏时间。一旦发现虫霉，应该立即将感染虫霉的藏品用塑料袋密封隔离，并做明显标识，如标注"疑似感染虫霉，勿开"等字样，迅速将其转移至单独隔离区域，拍照记录现状，将相关情况报至部门主管，等待保护修复人员进一步处理。

其次，加强藏品库房内温湿度的长期监测与调控，是阻止有机质藏品劣变常用的方法。环境调控并不是一味地除湿或加湿。温湿度波动是随时随地发生的，包括瞬时波动、日波动、季节性波动，只有引起藏品热胀冷缩或湿胀干缩的温湿度的波动才能影响到藏品。如果温湿度的瞬时波动变化还来不及传导到藏品就恢复到正常，则对藏品的影响不大。季节性波动一般较缓慢，为藏品提供一个相对长期的适应过程，降低了环境变化对藏品本体的冲击。日波动是藏品的保存环境稳定中最需要控制的因素。在 24 小时内出现较大的温湿度差异会造成藏品的湿胀干缩，对藏品来说是危害较大的一种环境。[①] 特别是库房内湿度在短时间内忽高忽低，发生湿度大交替变化的情况对有机质藏品的影响比持续潮湿或干燥更为严重，而且这种情况下藏品虽然不会当即造成严重的损毁，但纸张、纺织品、竹木器等有机材料由于纤维反复地过度膨胀与收缩，内部结构已遭受破坏，材料的强度及韧性已然下降，材料内部的损伤悄然发生，但从外观上却不易被察觉，当肉眼发现问题时已经变得很严重了。温湿度的季节性波动、瞬时波动虽然对有机质藏品的影响较为缓慢，但也不能任其变化而不加以干预。藏品的保存首先是保持"稳定"，如西北地区保存的纸质文物，基本适应了当地 30%～40% 或者更低的湿度，如果把它们放置在湿度 50%～60% 的环境中，对它们而言就是一种伤害。这与大部分考古出土的有机质文物即使千百年来埋藏于地下高湿环境却依旧保存完好，出土后却迅速老化甚至消亡的情况相同。因为这些文物已经适应了地下封闭的稳定高湿环境，突然失去稳定的环境就会在短时间内加速消亡速度。根据所在地季节环境变化采取不同的温湿度调控措施非常重要，近几年通过对库房温湿度监测发现，每年 10 月至来年的 2 月，在库房内温度不变的情况下，空气相对湿度在 50% 以下，有时甚至降至 30% 左右，这时不适宜再进行除湿，而需进行加湿操作。长期的温湿度记录能为库房内温湿度调控提供依据，结合当地气候进行对比分析，才能找出适合本地有机质藏品保管的有效之道。

当多种有机质藏品或有机、无机复合材料存于同一空间时，应以易损腐质地的藏品为优先考虑对象，如木质与纸质，虽原料均为植物材料，但纸是提取后的植物纤维进行再加工后的产物，由于书画的装裱材料中富含微生物滋生所

---

① 徐方圆、刘晓立：《文物储存环境的现状和前景》，《藏书报》2023 年 4 月 3 日第 11 版。

需要的营养，且纸张与木质藏品相比体积相对较小，对湿度响应的时间也较短，往往成为微生物繁殖的主要目标地。而木质藏品中除因受损害而失活的木材是霉菌的主要集中地外，健康的木材并不容易受到侵蚀。因此，在保存过程所设的环境应更利于纸质藏品的保存需求，即在不超过木质藏品所需要的温湿度、光照范围内，控制数值更偏向纸质藏品，光照度控制在纸质所需要的不超过50勒克斯范围内，而不是木质所需要的不超过100勒克斯；湿度调控目标也是以纸质藏品所需的40%～50%为标准，而不是以木质藏品所需的45%～60%为标准。

针对酸性物质的危害，理想状态是纸质藏品在进行脱酸后再存放入无酸装具中。鉴于目前南宁市博物馆无法实现入库前对纸质藏品的脱酸处理，只能采取其他措施最大限度地延缓藏品酸化和氧化，防患于未然，待相应技术完善后再进行下一步有效处理，即在存放过程中尽量避免纸质藏品与酸性物质接触，防止酸化进一步加重。目前，有机质藏品库房藏品的存放装具首先选用无酸材料制作的装具。它不仅能像一道屏障把纸质藏品与储存柜隔开，减缓和阻隔纸质藏品存放过程中的物理劣化与化学劣化，还能够为藏品提供长久、安全、洁净保存的微环境。如果没有无酸装具，可在两件纸质藏品间放无酸纸隔开，避免群体酸化状况的发生。一般木材会挥发酸性物质，故要避免纸质藏品直接与木材接触，可在木质储存柜与藏品间垫一层无酸纸加以隔开。

最后，合理安排藏品的展出时间，加大对陈展中有机质藏品的环境监测，发现问题及时上报。如果仅将有机质藏品收藏于库房内长期封存起来，并提供优良的环境，确实可以延长有机质藏品的收藏时间，但无法有效发挥其宣传教育作用，大部分藏品还是要以陈展方式体现它的文化价值，才能真正让文物"活起来"。有些不宜长期离库的光敏感藏品，在陈展时要注意控制好年曝光量。例如，对光照特别敏感的丝棉麻毛纺织品，年曝光量应小于或等于每小时50000勒克斯，展品应每季度或每半年更换一次，最长连续展出时间不应超过一年。[①]纸质藏品很忌讳长时间在光线下照射，光线的变化更容易导致纸张加速氧化、褪色和老化。对于确实需要长期陈展的纸质藏品，应采取以复制件替

---

① 国家文物局博物馆与社会文物局主编《博物馆纺织品文物保护技术手册》，文物出版社，2009，第112页。

代原件展出，确保藏品的安全。例如，南宁市博物馆有一件 1950 年中央人民政府政务院任命莫文骅为南宁市市长的通知书，纸张为现代机制纸，长期的展出已使纸张出现发黄、折痕处变脆等情况，应尽快用复制品来替代展出。

（二）有机质藏品的存放

除为有机质藏品创造适宜的环境外，存放方式合适与否也会直接影响藏品安全。因陈展、修复等情况需要提用外，藏品通常长时间存放在存储架或柜子中。不当的存放方式会导致藏品外观损坏、纤维断裂等问题，保管人员要熟悉和掌握所管辖藏品的存放方式。

一是纸质藏品的存放。纸质藏品尽量装入无酸装具内避光保存，装具内放置杀虫剂和调湿剂，避免经常移动。古籍一般所占面积较小，以平铺方式存放，尽量避免多册叠摞放置。书画通常以卷轴形式保存，拿取时轻拿轻放，开卷时注意平整，避免有折痕。散页型册页应在每页间放一张无酸纸相隔。对于暂时没有装裱的书画心或拓片，应将每幅作品用无酸纸相隔，尺幅小的可数张平铺叠放在一起，尺幅大的可采取卷轴式存放。卷轴的表面须用无酸材料包裹。切忌折叠摞起"叠罗汉"式存放，因为折叠处容易产生折痕，叠放更易造成互相挤压，产生褶皱、变形，更严重的会从折叠处断裂。

二是纺织品藏品的存放。根据馆藏纺织品藏品形态结构的不同，可分为平面类纺织品、表面有装饰物的纺织品、服装、服装附属物四类。每种类型所采取的存放方式不一样，主要有平摊式、卷轴式、盒装式三种方法。平摊式适用于尺寸较小的平面类纺织品，如背带心，或残破但价值极高的纺织品，此种方法能使纺织品纤维获得最大程度的放松，每件纺织品之间用无酸纸隔开。如需折叠时，应在折叠处衬垫纸卷或其他缓冲物，减轻折痕。平摊面积较大又有一定牢度的平面类纺织品，如被面心或条状布料，可采取卷轴方式保存。卷轴的直径在储藏柜能容纳的范围内应尽可能大，从而减少卷绕圈数，减小纺织品的弯曲度，卷轴的长度要大于纺织品的宽度，避免在取放过程中对纺织品边缘造成破坏。一般采用纺织品背面朝外、正面朝内卷曲。卷轴与纺织品的接触面应选用平滑的无酸材料，避免卷轴中的有害化学物质污染纺织品，也减少过度摩擦对纺织品造成损坏的概率。卷曲完成后，应先用棉布于外层做一层封套，再存入储藏柜内。立体类服装（配件）如鞋子、帽子等的保存方法主要为无酸纸盒式保存，存放时需加入填充物在空鼓处，防止纺织品变形。

三是竹木器藏品的存放。南宁市博物馆的竹木器主要为家具及牌匾，这类藏品一般体量较大，无法折叠、卷轴存放，难以拿在手中全方位仔细观察，所占用的存储空间也最大。主要危害为虫害及霉菌，其大都藏于竹木器内部或隐秘处，不易发觉。摆放时不能为了节约空间而逐件紧挨，每件须间隔不少于3厘米的距离，避免一旦某件竹木器有虫害或霉菌而迅速感染其他竹木器，也为日常养护如检查病害情况、清洁除尘等工作提供一定的操作空间。摆放时首先仔细观察竹木器的各部位，检查镶接处是否牢固，找出坚实部分作为摆放接触面，接触面尽量大以使其受力均匀，切不可让竹木器脆弱的部位作为支撑点。移动时应双手握住藏品的底部坚实处，轻抬轻放，不可在地面上拖行。一般不建议在家具上再放置其他物品，如必须放置，要在家具上先垫一层尺寸略大于接触面的原色棉麻布。相对于纸质类、纺织品类可卷曲存放，或可放入囊匣的古籍等藏品，竹木器藏品更容易面临灰尘污染，虽然相对封闭的藏品库房在一定程度上降低了灰尘的浓度，但灰尘还会从门的缝隙、空调的通风口进入库房，如发现灰尘，不能用湿布擦拭，而是用干棉麻布料或吸尘器轻轻去除浮尘，清洁干净后可用无酸玻璃纸来包裹，避免灰尘污染。

四是油画藏品的存放。油画藏品应垂直挂放在可顺畅移动的储藏架上，避免直接接触地面，底部与地面至少保持15厘米的距离。画布框榫头与相邻的油画藏品保持一定的距离，避免发生不必要的磕碰。存放在同一挂架上的油画尺寸要相当，避免因受力不均带来的扯裂损伤。未上框的油画优先选择平铺存放于柜架内。如需拆框卷油画时要使画布朝里、画面朝外，外面先卷一层无酸纸筒，再用专业保护膜裹上，防止产生画裂。移动有外框的油画时可用双手提外框的两侧或底部；对于无外框的油画藏品，可用双手握住内框两侧，或四指扣在内框上侧，拇指按住内框上侧边缘；未上框的油画作品应将其固定在无酸纸上，通过移动无酸纸来移动藏品。无论何种形式的油画作品，在拿取时画布应面向身体，忌手指触碰或按压画布。有框的藏品要立放，避免平放移动，减少油画上下拉动导致颜料层出现龟裂、脱落等现象。

每次接触有机质藏品时，应戴上洁净的白色棉布手套和口罩，防止手上皮肤的汗液、油脂和讲话时飞溅的唾液等侵蚀有机质藏品，也防止指甲划伤有机质藏品，造成伤害。

四、结论

　　有机质藏品发生病害常常是几种因素共同作用的结果，其中温湿度是保存环境中的两项重要因素，在温度可控的条件下，维持湿度的稳定是有机质藏品保存中相当重要的一环，对库房温湿度的监测和控制是最基础且不可或缺的工作。南宁市博物馆有机质藏品库房内保管的文物种类较多，所要求的保护环境和存放要求也略有差别。其中，纸质藏品数量最多，且相对于其他材质藏品，纸质是最脆弱的材质，在环境调控上应以纸质藏品为优先考虑对象。有机质藏品的保管工作，不仅要注意外在的环境调控，人为的存放措施也至关重要。只有优化有机质藏品的保管环境，与提升保管人员的专业素养相互结合，才能更有效地开展有机质藏品的保护和管理工作。

南宁市中山路佛山堡铸清代铁炮
保护与修复

【作者】苏瑞龙　南宁市博物馆　馆员

南宁古属百越之地，东晋大兴元年（318年），建晋兴郡，为郡治所在地，南宁建制从此开始。随着岁月的变迁，无数记载南宁历史的物件被发掘，通过对这些物件的保护与修复，找出并还原它们的形制、纹饰、文字等，为古代南宁的军事、经济、生活等多方面研究提供了重要依据。

一、文物信息

（一）基本情况

这座清代铁炮出土于广西南宁市中山路天主教堂北约10米的民房地基下。考古人员通过现场走访了解，该工地属于香港街项目。发现铁炮时，铁炮炮口向上，距地表约4米，距主路东北边约8米，现场有防空洞，地基已被下挖4～10米，地表为散土及工地建筑垃圾（图1），将铁炮简单清理后存放至库房外围管控整理区域。

铁质器物性质比较活泼，不易保存，在日常环境中遇水或相对湿度超过50%时易发生化学反应，从而生成三氧化二铁、四氧化三铁、氧化铁等铁的氧化物，对铁质器物本身性能和整体器型的稳定造成破坏。

图 1　工地现场

(二) 观察描述评估

铁炮为六箍型，整体器型较为完整，但右耳残缺；长 145 厘米，口径 20 厘米，内径 9 厘米；由铸铁制成，通体有铁锈和大面积附着物，颜色乌黑，炮筒前身有铭文，部分铭文被附着物覆盖（图 2）。

图 2　部分铭文被覆盖

通过进一步观察，铁炮表面覆盖大量土黄色、黄色、粉白色、红褐色、黑色、灰色等硬结物及层状堆积，通体底色透露出铁黑色。中部一耳有残缺，残留有明显的断裂痕迹。炮管前部有字迹，字迹部分显露、部分被硬结物覆盖。炮膛内被大量土黄色、灰黑色硬结物及石头、碎瓷片堵塞。铁炮整体器型基本完整，有残缺、层状堆积、表面硬结物、点腐蚀等病害。

二、拟定保护与修复技术路线

此次保护与修复拟定的技术指标要求文物保护及修复所用的材料应具有相对可逆性，尽量保持文物原貌，最大限度地保存历史信息。经保护与修复，文物本体的稳定性和物理强度得到提高，不影响其平整度和光泽度，色差在可接受的范围内，使得文物能安全保存和展陈。

为揭示铁炮的制造工艺及相关问题，应用 X 射线探伤技术、金相显微镜、扫描电镜分析、化学试剂检测等手段进行检测。因铁炮体型庞大，不适合整体浸泡提取溶液进行检测，宜采用整体多点 1 平方厘米取样，将样品浸泡 1 ～ 3 天后进行氯离子检测。其他部位则需要各类专业或大型设备进行检测分析，但受条件限制，目前暂时无法进行检测。

根据以上要求、技术指标和实际情况，拟采用"清洗→除锈→脱盐→缓蚀→封护→补配→上色、做旧"的技术路线进行保护与修复。

三、修复方案的设计

（一）指导思想

依据《馆藏金属文物保护修复方案编写规范》（WW/T 0009—2007），遵从不改变文物原状、可再处理、最小干预、使用传统工艺技术等原则对该铁炮进行修复。

（二）难点与解析

1. 检测分析。由于缺乏检测设备对修复的器物进行更全面的病害检测，除了通过多点取样使用化学手段检测氯离子是否存在于器物整体或部分，其余主要通过传统经验及过往修复经验进行判断。

传统的判断方法是根据"望、闻、问、切"来进行判断。望，即观察，观察不同于本体的颜色、突出物、裂痕、裂缝、断口等。闻，即嗅闻，嗅闻不同于本体的味道，如铁锈味道、泥土味道、刺激性如氨气味道等。问，即询问，查阅各类修复档案、发表过的同质地同类器物修复文章、向发掘人员了解详细的发掘过程等。切，即接触，与本体、疑似锈蚀直接触摸，感受它的表面形状、硬度、粉化物质研磨感等。

2. 缺失补配。铁炮右耳断裂缺失，断口极短，补配件达原右耳的 90% 以上体积（图3）。拟采用泥巴、石膏对左耳进行翻模，将补配的材料使用制作好的模具进行浇铸。首先采用直接粘接，然后进行测试。若强度不够，则开渠放铁丝修补粘接。若强度还不够，则打洞放钢筋粘接，并在外围进行焊接。放钢筋需要打洞，由于条件限制无法进行X光探伤，因此并不清楚炮内结构是否存有病害，建议如无必要，无需过度追求补配强度，以免对本体造成不必要的损害。

图3　右耳修复前

（三）保护与修复前影像资料制作

铁炮体型较大，重量达250千克，不便搬动。选用白色背景墙，在器物周围铺上嵌缝白纸以显出器物地面轮廓。架设左右两盏补光灯，使用佳能MARK5D3照相机拍摄；变焦镜头，光圈4.0，快门速度15～25秒，亮度2000坎德拉/平方米。

将铁炮按平行、垂直和45°划分，对每个角度进行前、中、后分段式整体器形拍摄。按六箍五段分段拍摄，并拍摄炮底和炮口。将炮身翻转180°，重复以上步骤拍摄（图4）。

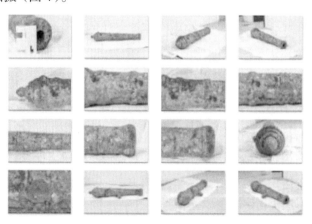

图4　保护与修复前照片

四、保护与修复

（一）除锈

1.取样留待检测分析。采用牙签、塑料片、手术刀、自封袋、纸张等工具对铁炮身上不同颜色的附着物进行取样。取样分两个阶段，即未除锈与除锈中发现新锈蚀。未除锈时，共发现四种颜色锈蚀，第一种颜色是"黄＋红＋白"，第二种颜色是"白＋棕"，第三种颜色是"白＋青"，第四种颜色是"黄＋黑＋红"。除锈中发现新锈蚀为黑色锈蚀。以上共取样五种不同颜色的锈蚀（图5）。

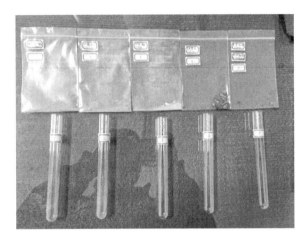

图 5　锈蚀取样

2.选择适合的工具备用。根据对各种颜色锈蚀的直接触摸，锈蚀平均硬度较大，且覆盖面积达到90%。选用打磨机、手电钻、软轴、角磨机作为备选除锈工具，以及各型号金刚砂磨头、0.13 ～ 0.15 毫米各型号铜丝钢丝刷头、60 ～ 600 目百叶片。

3.炮身除锈第一阶段。该阶段除锈不包含字迹显露部分，锈蚀特点为覆盖在最外层、面积最广、平均硬度中等。拟采用角磨机配合叶轮或配合软轴叶轮、手电钻配合钢丝刷、手动钢丝刷。

经过测试，角磨机配合叶轮进行除锈有两个特点。一是快速，经过计算，理想状态下仅用 36 个小时即可完成。二是该层锈蚀中既有疑似泥、石灰的硬结物，也有泥加石灰、铁锈的混合物，还有纯铁锈；虽铁锈平均硬度中等，但大多属于浮锈的下一层锈蚀，相对氧化层前的锈蚀层较为疏松；叶轮结构和材质的特点配合角磨机的高转速符合对这一层锈蚀除锈的要求，且不伤害下一层硬度更高的锈蚀。

在没有探伤检测条件的情况下，除锈中突然出现字迹、纹饰铸造痕迹是比较棘手的问题，目前没有较好的办法解决，基本依赖修复人员的手感和经验及力道控制来降低不可预见的损害。

正式施工期间，并没有遇到什么意外。粉尘污染是施工期间遇到的一个问题，如果条件允许可以在室外搭棚进行施工作业，或配备多个广域吸尘装置来减少扬起的尘土、锈屑。

4.字迹覆盖物清理。文物上的字迹价值很高，可以最直观地了解历史的痕迹。对于这样价值高的部分字迹，除锈时需要谨慎对待，操作时需要达到0.1毫米的精度。拟采用手电钻配合钢丝刷、打磨机配合金刚砂磨头。

经过测试，手电钻配合钢丝刷可以尽可能地将中等稍软硬度的锈蚀除去，剩下中等硬度锈蚀可用打磨机配合金刚砂磨头逐层去除，使得黑色的字迹慢慢显露，与周围的非黑色锈蚀区分开（图6）。

图6　字迹区域除锈前

正式施工期间，除了逐层除锈，还需要同时比对已打磨出的字迹、推测可能往下接的字句，并以此作为参考，判断打磨出的是字迹还是纹饰或铸造痕迹。这一阶段比上一阶段除锈时需要更加集中注意力，体力的消耗也随之大幅度提升。修复人员在修复前应保证充足的睡眠和进食，确保精密操作时不会因精神恍惚造成人身伤害或文物损坏。

最终成功地将字迹清理出来，共有两面字迹，每面字迹各有损毁。经过多方查证对比参考，炮身上的字迹为"南海县五斗口司属，佛山堡铸，第二十八号重五百斤，嘉庆十四年十一月置，炮匠，关明正，麦万聚，利隆盛，梁万盛"（图7）。

图7 炮身铭文

5.部分已除锈部位新生锈蚀。因笔者接到其他工作安排，在以上除锈阶段后，铁炮大约静置1个月，再次查看铁炮时发现有零星新生锈蚀出现，外观为粗糙密集凸起物、瘤状物。使用显微镜进一步观察，可以看到锈蚀结构为密集柱状物和光滑圆弧状物（图8），符合 β–FeOOH、α–FeOOH 和 γ–FeOOH 混合体两种锈蚀结构[1]，属于有害锈，需要去除。

图8 新生锈蚀

---

[1] 松井敏也：《古代铁器的检测与保存科学》，《博物馆研究》2010年第3期。

6. 样品检测。将之前取出的 5 份样品加入纯净水浸泡 1 天，先取上层部分溶液滴入另外 5 支较小的试管，之后依次向 10 支试管滴入稀硝酸、硝酸银并摇匀，检测中 1～5 号试管均产生少量白色絮状物，说明含有氯离子。样品取样面积仅为 1～3 平方厘米且锈蚀覆盖面积达 90%，结合已除锈部位新生 β-FeOOH、α-FeOOH 和 γ-FeOOH 混合体两种锈蚀，可判断炮体从内到外广泛分布氯离子，需要进行去除氯离子的工作（图 9）。

图 9　检测结果

7. 炮身除锈第二阶段。该阶段除锈不包含字迹部分，锈蚀特点为覆盖在中间层、面积较广、平均硬度较硬。拟采用打磨机配合金刚砂磨头、超声波清洗机、手术刀等。经过测试，打磨机配合金刚砂磨头有两个特点：一是相对较快，经过计算，理想状态下用 144 个小时即可完成。二是该层锈蚀中多为包含泥加石灰、铁锈的混合物，也有纯铁锈；铁锈平均硬度较硬且与氧化层硬度相似，需要谨慎判断下层氧化层是否形成及保留与否；打磨机易于力道控制，配合较为坚硬的金刚砂磨头，既能去除遮挡纹饰的坚硬锈蚀，又能保证较高的容错率，不伤害下层厚薄不一、未知覆盖是否全面的氧化层。

依然是在没有探伤检测条件的情况下，如果除锈中突然出现字迹、纹饰铸造痕迹是比较棘手的问题。这个问题在这一层的除锈中遇到的概率比上一层遇到的概率更大。正式施工期间，需要修复人员一边控制力道突破部分坚硬锈蚀，一边判断是否有规律性痕迹。

8. 炮膛堵塞物清理。发现铁炮时炮口向上，且炮膛内填满阻塞物，口部被泥土封填。采用水冲、铲子掏挖、电钻疏通的方式，从炮膛内清理出黄色、褐色、黑色硬结物及玻璃和大量碎瓷片。经考古人员初步判断，这些碎瓷片应为近现代瓷片。炮膛中段有一处凸起，采用上述工具都无法清理，考虑到炮体未经过探伤检测且抗冲击程度不明，不再强行清理，改用吸尘器将炮膛内后半段的物质吸取出来（图10）。

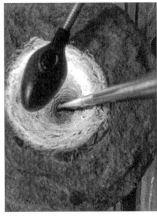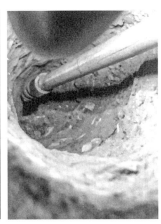

图 10　炮膛

（二）脱盐

铁炮器型较大，不适用浸泡法去除氯离子，遂采用敷贴脱盐法去除器身氯离子。采用氢氧化钠溶液倒入浆纸中，混合搅拌至纸糊状，将纸糊均匀敷贴在炮身上晾干。晾干期间观察是否有斑点析出。若有大量斑点急速析出则及时揭下并更换新的纸糊敷贴；若有斑点缓慢均匀析出则晾干后揭除并再次敷贴；若有零星斑点析出则待晾干后揭除即可（图11）。

图 11　敷贴脱盐

（三）缓蚀封护

根据观察铁炮外表及清理炮膛堵塞物时可感知内径的大小，器物壁很厚，表层缓蚀易被深层离子反应突破，使得锈蚀继续快速蔓延，故采用低浓度苯丙三氮唑反复涂刷浸透表层，浸润达到较深层，保证缓蚀效果。均匀涂刷 B-72 溶液、BTA 溶液，进一步控制苯丙三氮唑的挥发及往后存放中可能遭到的液体飞溅、蚊虫排泄物等损害，以提高铭文、纹饰强度。完成后放置一个月，其间并未发现有新生锈蚀，缓蚀封护达到预期效果。

（四）补配上色做旧

此次补配有三种方案：一是翻模浇铸高分子材料粘接补配；二是翻模浇铸金属材料电焊补配；三是翻模浇铸金属材料，先在缺口处打洞并放入钢筋焊接，然后粘接，再在外层使用锡焊补配。打洞放钢筋的做法首先被否定，因为没有经过探伤检测，不知道器型结构是否能承受打洞的冲击力，从而导致器物发生断裂、破碎等情况。采用电焊补配也被否定，因为电焊会使焊接部位熔解变黑，对器物产生破坏。根据以上情况，决定采用翻模浇铸高分子材料粘接补配的方法来尝试补配。

浇铸后，首先对补配件打磨修整并采用点、喷、弹、涂、抹分层覆盖上色，其次进行做旧、粘接，最后重复以上手法处理粘接口，使补配达到展览修复的效果，即实现远看无不协调、近看能辨别的程度（图 12）。后期需要注意不能触碰补配部位，因本体质量达 250 千克而补配体质量仅 0.5 千克，在惯性作用下极易造成补配粘接部位开裂变形。

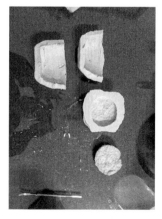

图 12　补配

（五）建立文物保护与修复档案

馆藏金属文物保护与修复档案包括基本信息表、保护与修复前状况、检测分析记录、保护与修复过程记录、保护与修复后状况、保护与修复验收等内容。

基本信息表包括文物名称、文物登录号、文物材质、文物时代、文物级别、收藏单位、文物来源、完整或残缺情况、修复历史记录、提取经办人、提取日期、返还经办人、返还日期、方案名称和编号、批准单位、批准时间、批准文号等内容。

保护与修复前状况记录包括文物尺寸、重量，保存环境如库房、展厅、展柜的温度、湿度、照度、空气质量等，病害描述，病害图示，影像资料包括整体、局部及病害图像等内容。

检测分析记录包括样品编号、检测时间、取样或检测部位、样品性状描述、检测目的、检测分析方法、检测结果、检测条件、送检单位及送检人、检测单位及检测人等内容。

保护与修复过程记录包括保护与修复人员、保护与修复地点、日期、修复所用材料和工具、保护与修复日志、保护与修复过程中的影像资料、技术变更原因及方案、项目负责人意见及签名，由操作人员对保护与修复过程中的具体步骤、技术环节、使用的化学或物理手段以及操作实施条件等做好记录。

保护与修复后状况记录包括尺寸、重量、影像资料（图13）、保存条件及建议、保护与修复人员、完成日期，并对文物未来运输、展陈、保存条件、存放环境及方法等提出意见。

保护与修复前　　　　　　　　　　　　保护与修复后

图 13　保护与修复前后对比照片

保护与修复前

保护与修复后

保护与修复前

保护与修复后

图 13 保护与修复前后对比照片（续）

五、结语

　　此次清代铁炮保护与修复工作有条不紊地开展，全程秉持着谨小慎微的态度，主要体现在文物信息收集的过程中，与考古人员交流、仔细观察器物；从安全性、可操作性、客观条件等方面考虑，拟订保护与修复技术方案；修复方案的设计既遵循国家标准，又结合实际，设计多个补配方案以供选择；在保护修复过程中，实行工具匹配度逐层测试，确保操作准确无误，精度控制达到毫米级标准，创造性地开辟视角，巧妙融合传统工艺与现代工艺；同时，建立详细的修复档案。

　　尽管修复工作已完成，但后续工作仍需对铁炮的状况持续关注。截至编写本文时，该铁炮已在南方地下室高温高湿的条件下存放了 15 个月，无新生锈蚀，无变形，补配部位无脱落、褪色，这充分证明了我们所取得的保护修复成果是显著且持久的。此次修复工作为未来南宁市出土的铁质器物保护与修复积累了宝贵的经验。

　　（本次保护与修复工作中铁炮及炮膛内瓷片初步断代由姚镭完成，炮身上清理出来的铭文校验由苏瑞龙与蒲晓东共同完成。）

南宁市博物馆藏万历青花双龙戏珠纹梅瓶考述

【作者】李　刚　广西南宁市青秀区公共投资审计中心　高级工程师

　　在南宁市博物馆"邕容华桂——古代南宁陈列"的"西南门户"单元，有一对馆藏明代万历时期的青花双龙戏珠纹梅瓶（图1）。该文物由南宁市刑警大队破获，1989年12月交广西壮族自治区博物馆展出，1990年4月19日交南宁市文物管理委员会。根据有限的资料，只知道其来源，身世之谜还需要进一步解开。

图 1　万历青花双龙戏珠纹梅瓶

一、万历青花双龙戏珠纹梅瓶特征描述

　　万历青花双龙戏珠纹梅瓶单只尺寸：高47.5厘米、口径10.1厘米、底径11.7厘米，造型庄重挺拔，盘口、丰肩、圆直腹往下渐敛，配有一斗笠形瓶盖，盖子顶部配有一圆钮。梅瓶纹饰繁复，从上至下分为五层，每层之间用弦纹分隔。瓶盖钮顶部

绘青花铜钱纹，斗笠形盖面绘制两条草龙首尾相接。梅瓶颈部绘缠枝花卉，肩部饰万字纹和人字纹锦地，菱形开光，内用双勾法书写"万福万寿"四字。梅瓶腹部绘制两组青花双龙戏珠纹，龙均为四爪，每两条龙争夺一火珠，中间以火焰纹、"壬"字形如意头云纹点缀，四条龙都怒目圆睁，毛发冲天，张牙舞爪。在焰云滚滚当中，龙于海水江河之上，上下舞动飞抢火珠，富于动感和气势。梅瓶胫部绘制凤凰翱翔云间，以云纹点缀，最下方绘制波涛和山石。整体釉色洁白，采用双勾汾水画法，青花发色淡雅，显得清庄雅正。

二、万历青花双龙戏珠纹梅瓶若干问题初探

（一）瓷器产地

在明万历晚期，由于"回青料"的枯竭，景德镇的瓷器工匠们面临原料短缺的困境。为了应对这一挑战，他们开始使用浙江产的"浙料"作为替代。同时，在青花钴料的加工方面，工匠们引入了新的工艺——火煅法，这一创新技术显著提高了青花的发色质量。经过火煅烧制的"浙料"在发色上呈现青翠幽蓝、蓝中带灰的独特色调。特别是在民窑青花瓷中，使用"浙料"绘制的青花，普遍展现一种淡浅的色泽。具体到这件青花双龙戏珠纹梅瓶，其青花发色特点完全符合万历晚期景德镇民窑瓷器的典型特征。由此可以推断，此件万历青花双龙戏珠纹梅瓶应当产自江西景德镇窑。

（二）装饰艺术

1.龙凤纹。龙纹集合了各种动物的形象特点，是许多动物图腾的综合体，体现了我国古代劳动人民的智慧和想象力。在封建时代，每个历史时期龙的形象是不同的，特别是龙与王权结合以后，皇帝自诩是龙的化身，号称"真龙天子"，使得龙纹成为皇家的专用之物。历朝历代对龙纹的使用有着严苛的规定，如划分出五爪称之为"龙"，四爪称之为"蟒"，五爪龙纹的图案只有皇帝才能够使用，皇帝之下的高品阶的官员穿四爪的蟒袍。此件青花双龙戏珠纹梅瓶，腹部绘制两组青花双龙戏珠纹，均为四爪龙。龙纹的造型包含升龙和降龙，具体为"左降右升"的形式，火珠在两个龙首对角线偏下的位置。

凤凰，中国古代传说中的"百鸟之王"，原指身披五彩羽毛的神鸟。此青花梅瓶胫部正反面各绘有一只飞翔的凤凰，头大、细颈、展翅，羽尾飘动，形式优美，属明代万历时期典型样式。凤凰之间以山石相隔，上方绘有一轮红日，

寓意"丹凤朝阳",传递了吉祥、幸福的美好愿景。

2. 海水江崖。海水山石纹也称为"海水江崖",用富于变化的线条和汾水渲染出波涛汹涌、海浪拍空的场景,有助于表现海水的真实感。在海浪簇拥之中,有突起的山峰,瓷画艺术中称之为"江崖",代表江山社稷之意。以此类推,把江崖海浪绘于大瓶,便赋予了"江山太(大)平(瓶)"之意。在此梅瓶底部绘画海水江崖图案,除了表达龙和凤腾翔于海面之上的吉祥图景,还反映了人们期盼国家社会太平安定、家国永安的愿望,对上层阶级还有寓意江山永固的期盼。

3. 锦地开光。锦地开光纹饰是万历朝青花瓷装饰的一大特色,是受到外来文化影响而产生的。当时由于瓷器外销的需要,万历年间青花瓷大量采用了开光的形式,"开光"也称为"开窗",就是在颜色的底纹中采用留白的装饰手法,起到强调主题的作用。锦地也作"锦纹",是一些四方连续的图案,常见于服饰。瓷器装饰常见的锦地纹有万字纹、古钱纹、米字纹、梅花纹、人字纹、龟甲纹等。这对梅瓶肩部的锦地采用两种纹样,一种是常见的万字纹,另一种是人字纹,并且锦地之上还嵌画如意纹和莲花纹。具体是万字纹上配以如意,有"万事如意"的美好寓意;人字纹锦地配以莲花,由于人字纹也称为"鱼骨纹",因此有连(莲)年有余(鱼)的意思。开光的形式有圆形、长方形、菱形、花瓣形等。开光内常常有图案装饰,较为常见的有内绘折枝花卉、折枝果实、缠枝莲、杂宝纹;也有开光内绘动物,如仙鹤、喜鹊、海马等,但此类较少;还有一种开光内书写文字,如"福禄""福寿""玉堂佳器"等吉祥的用语。此梅瓶肩部锦地开光内逆时针书写了"万福万寿"四字。

(三)梅瓶用途

1. 酒瓶。"梅瓶"一词源自民国时期许之衡所撰《饮流斋说瓷》,器物的特点是小口、短颈、丰肩、瘦胫、圈足。关于明代时期梅瓶的作用,主流的观点有装酒、插花和陪葬等说法。例如,明代《长物志》《山斋清供笺》《瓶史》等史料都记载有当时文人利用梅瓶小口的特点,用于插梅花,取其安稳不泄气,能使植物保持时间久。[①] 但是这对青花梅瓶特别之处是瓶口配盖,显然不是用于插花,而可能是盛放酒的酒瓶。又如,桂林博物馆藏明嘉靖青花双龙戏珠纹高

---

① 王光尧:《明代梅瓶的使用》,《南方文物》2000 年第 4 期。

胫带盖梅瓶（图2），出土于桂林尧山明代靖江温裕王夫妇合葬墓。靖江温裕王朱履焘（1574—1592年）是明代第十代靖江王，袭封于万历十三年（1585年），卒于万历十八年（1590年），两年后入葬。此梅瓶高37.5厘米，宽口直颈，瓶口配斗笠形盖子，瓶盖纽顶部平涂青花色料，盖面绘制莲瓣纹。此梅瓶出土时瓶盖有拌着米浆的石灰膏密封，打开后发现瓶内装有桂林特产乳鼠酒，还泡有各种滋补中药材。[①] 可见，此类带盖梅瓶是装酒用于陪葬的。另外，桂林市东郊明代靖江王陵区，靖江安肃王朱经扶夫妇合葬墓在抢救性清理发掘中，出土了两件素胎陶梅瓶和两件明宣德青花梅瓶，主题图案为《西溪问樵图》和《携琴访友图》。其中，明宣德青花携琴访友图梅瓶保存完好，在其内部发现有类似芡实的中药。[②] 芡实最早记载于《神农本草经》，又名鸡头子，在《中国药典》中也有记载，具有益肾固精、补脾止泻、祛湿止带的功效，有"水中人参"和"水中桂圆"的美誉，是传统中药材，也被古人认为是天然补品。当时这个梅瓶里可能装着用芡实等中药浸泡的保健酒。再回到本文讨论的万历青花双龙戏珠纹梅瓶，在瓶口处有釉层剥落痕迹，露出的瓷胎部分有土沁颜色，很可能原来也有类似拌米浆和石灰膏等物质密封，经非正常开启后，造成破损。

图2　明嘉靖青花双龙戏珠纹高胫带盖梅瓶

---

① 马萌：《桂林博物馆藏明代龙凤纹梅瓶赏析》，载广西民族博物馆编《民博论丛2020》，广西人民出版社，2021。

② 唐春松、唐奇岭：《桂林出土明代梅瓶赏析》，《文物天地》2017年第11期。

2. 生活用品。推测是酒瓶之后，接下来的疑问：这对用作陪葬的梅瓶是墓主人生前所用的生活用品，还是专门去景德镇定烧的明器呢？我们通过装饰图案，结合其他同时期墓葬出土梅瓶等信息进行探讨。

（1）开光文字。有文字的文物总能提供更多有用的信息。这对青花梅瓶的肩部开光处书写有"万福万寿"四字，考察这四个字的出处，在《光绪十八年到二十年宁寿宫内改建工程述略》中，有关于故宫养心殿原来陈设的"百鹿书格"，在光绪二十年（1894年）为庆祝慈禧太后六十大寿，被改制为"万福万寿多宝格"的记载。[①] 由此可见，"万福万寿"并非明器所用词汇，而应该是生者祝寿的吉语。另外，硅酸盐学会编的《中国陶瓷史》认为嘉靖青花瓷器在图案装饰方面，除了以前各个时期所有的主要题材外，道教色彩的题材出现较多，像"福""寿"等字也出现了，这是过去很少有的。[②] 可见，"福寿"二字出现在瓷器上，是受到时代背景所影响的，与明器无关。

（2）墓例。漆招进在《从丧葬礼制看靖江王墓的陪葬青花瓷器》中，举了明万历三十三年（1605年）下葬的宪定王夫人莫氏墓作例子，陪葬的青花瓷器中有一件"岁寒三友"纹饰的青花梅瓶，他认为这件梅瓶应是莫氏生前长期使用并喜爱的用品，死后带入坟墓陪葬。[③] 又如，在明代万历皇帝（1573—1620年）定陵出土的官窑瓷器中，就包含8件梅瓶，其中2件为嘉靖时期（1522—1566年）烧造，另外6件是万历时期烧造，梅瓶的形制相同。很显然这2件嘉靖时期的青花梅瓶，是万历皇帝生前所喜爱的瓷器，后来作为陪葬品。从这两组有明确墓葬信息的例子可知，在陪葬品当中，梅瓶常常是作为墓主人生前所使用的器物用于陪葬，而非专门烧制的明器。

（3）墓葬风俗。明太祖朱元璋以俭治国，在丧葬礼节上亦是如此，因此在明代初期朝廷上下提倡俭葬、反对奢葬。山东大学李伟通过对明代浙江地区士绅阶层墓葬中随葬品的研究，把墓葬形式分为两个时期。第一时期是明初至弘治时期，墓葬随葬品受明初提倡俭葬的影响，随葬品较为简单，以墓主随身饰品和陈设用瓷为主。第二时期，尤其是嘉靖至万历时期墓葬，随葬品可称丰厚，专供随葬的明器也开始兴起，但明器的种类也只是些陶俑及木制或陶制的整套

① 刘恺：《从"百鹿书格"到"万福万寿多宝格"养性殿楠木多宝格探源》，《紫禁城》2021年第6期。
② 中国硅酸盐学会编《中国陶瓷史》，文物出版社，1982，第376页。
③ 漆招进：《从丧葬礼制看靖江王墓的陪葬青花瓷器》，《南方文物》2001年第4期。

模型家具。①由此可知，明代浙江地区士绅阶层墓葬中，没有把瓷器的瓶、罐做明器的习俗。所以，从丧葬习俗上，也能说明这对瓷质的青花梅瓶不属于明器范畴。

（4）经宴制度。刘东瑞所撰写的《梅瓶应称经瓶考》中，通过对宋代一直延续至明清时期的讲经制度进行探究，并由此分析了讲筵用酒所衍生的酒文化。明代皇帝听经完毕，都要设宴招待讲官及群臣，由此形成了"经宴"制度。万历时期宰相（内阁首辅）张居正曾设定每十天举行一次经筵，由他主讲，每次经筵都要上酒，装酒的瓶子就是这种青花梅瓶。并且，刘东瑞还认为1958年明定陵出土的8件梅瓶都是作为御酒陪葬的。由此得出"经瓶"就是酒瓶，出土的青花梅瓶不是冥（明）器，而是陪葬的生活用品。②这里从经宴制度的层面来看，梅瓶在上流社会中被广泛用作一种生活的实用器具，而非仅仅是专门作为逝者的明器。

经过以上四点分析可知，这对万历青花双龙戏珠梅瓶应为墓主人生前所使用的酒瓶，在人逝去以后，作为墓主人生前喜爱之物用于陪葬，而不是专门定烧的明器。

（四）墓主人身份

这对如此精美的青花双龙戏珠纹梅瓶，墓主人究竟是何身份呢？要推断墓主人的身份，可以从梅瓶的器型和纹饰着手。

1. 器型。张阳江对桂林出土的这批梅瓶的主人身份进行分析，认为桂林明墓出土的梅瓶，不分王、王妃、宗室成员和品官墓都有。③张睿洋对南京地区明代墓葬进行研究，得出的观点也是梅瓶不仅出现在皇室墓中，在部分功臣墓中也有发现，如现藏于南京市博物馆（南京博物院）的元青花萧何月下追韩信图梅瓶、青花缠枝牡丹纹梅瓶、白釉带盖梅瓶、内府铭白釉梅瓶，就是分别出土于南京市的江宁区观音山沐英墓、南郊孝陵卫指挥使萧公之妻王氏墓、西善桥太监金英墓、雨花台区天堡桥太监怀忠墓。④从桂林靖江王陵区和南京明代墓葬中可知，青花瓷梅瓶作为陪葬品，其主人多为具有一定社会等级的王、王妃、

① 李伟：《浙江地区明代墓葬研究》，山东大学硕士学位论文，2022，第66页。
② 刘东瑞：《梅瓶应称经瓶考》，《收藏家》2002年第2期。
③ 张阳江：《桂林出土的明代瓷梅瓶》，《南方文物》2000年第4期。
④ 张睿洋：《明代藩王墓出土瓷器断代分期研究》，中国社会科学院研究生院硕士学位论文，2016，第25页。

宗室成员和品官，以及有功的大臣或太监。

2. 纹饰。

（1）瓶身龙凤纹。在明代洪武皇帝分封之初，曾规定藩王一切器用皆由朝廷负责供给。后来随着藩王群体的不断扩大，朝廷难以顾及，因此在正德朝后，朝廷允许藩王群体开始自行采购日用瓷器，使得许多王府器物制作不再严格遵守君臣等级，还有僭越的情况出现。在明代早中期控制得还较为严格，龙凤纹在民窑瓷器上是被禁止使用的，到了明代晚期才出现转机。嘉靖以来逐步实行"官搭民烧"制度，原来由官窑垄断的瓷器釉色、纹饰、器型流入民窑，其中就包含了龙凤纹。在这段时期，龙凤纹的绘制也出现了御窑和民窑两种不同的技法和风格。大体上御用瓷的龙凤纹画风稳重，有一定的制式，也较循规蹈矩，画法上较为写实；民窑绘制的龙凤纹则相对随意、姿态显得多变灵动、活泼，会采用夸张的写意绘画技巧来表现龙凤形象。杨君谊认为明代中期所发现的藩王用瓷基本为民窑产品，嘉靖之后有所变化。明后期周王府、衡王府遗址中，所出土的瓷器产品类型以青花瓷器的数量居多，青花瓷器中多以龙纹装饰，龙纹为四爪或五爪龙。[①] 由此可知，龙凤纹是明代藩王瓷器的最基本装饰，展现皇家贵胄的鲜明特点。

（2）瓶盖龙纹。这对万历青花双龙戏珠纹梅瓶除了瓶身绘画有龙纹，在盖子上也绘画龙纹，这是需要注意的细节。这种装饰手法少有，目前能查阅到的类似出土瓷器有2件。一件是武汉博物馆藏的明代正统时期青花福山寿海双龙争珠纹盖罐，出土于湖北省武汉市江夏区流芳街二妃山明楚王墓。该盖罐高47厘米，口径22厘米，底径21厘米，通体纹饰分为五层。大帽檐式盖子绘有龙纹，罐子肩部绘凤凰穿云纹，腹部主题图案为双龙争火珠，龙纹为五爪行龙，还间饰有火焰纹和"壬"字形云纹。另一件是北京故宫博物院藏的万历款青花穿花龙纹带盖梅瓶，出自明代第十三帝神宗显皇帝（年号"万历"）的定陵，梅瓶通高71.2厘米，形制小口，广肩瘦腹。配覆碗形盖，盖子顶有圆钮。瓶身上部和下部饰竖道纹，中部绘五爪龙穿行于缠枝莲纹间。盖子侧壁饰二行龙及番莲纹。中部与上部和下部之间有云纹相隔，使纹饰层次分明。肩部有"大明万历

---

① 杨君谊：《明代藩王用瓷制度考》，《文物鉴定与鉴赏》2018年第6期。

年制"款，属于明代官窑。① 以上两件瓷器，一件出自藩王墓，一件出自皇帝墓。可以推断瓶盖处绘画龙纹的瓷器，其墓主人身份是比较高的，就这两件瓷器而言，至少是藩王级别。

三、展望

经过改革开放和市场经济的发展，以前不值钱的文物转眼成了价格昂贵的古董。靖江王陵作为广西区内唯一的一处高等级藩王墓葬，很容易成为不法之徒挖坟掘宝的目标，大量墓葬被盗窃毁坏。可惜的是，只有少量的被盗文物经桂林市公安部门追回，在柳州、南宁、广州等地文博部门又购得少量，其余不少梅瓶被偷运出境，或流入私人手中。② 南宁市博物馆所藏这对明代万历青花双龙戏珠纹梅瓶，是否出自广西桂林的靖江王陵，目前尚无定论。要得出结论，还需对更多相关文物进行比对，并开展进一步的深入研究。

---

① 王秀玲：《明定陵出土的官窑瓷器》,《收藏家》2005 年第 2 期。
② 张阳江：《桂林出土的明代瓷梅瓶》,《南方文物》2000 年第 4 期。

隆安杨圩发现的三方碑刻释考

【作者】黎文宗　桂林甑皮岩遗址博物馆　副研究馆员

　　　　姚　镭　南宁市博物馆　馆员

　　　　李　平　隆安县文物管理所　馆员

　　杨圩位于隆安县以西约 6 千米处，也称百朝街，属隆安县南圩镇杨湾乡，自明清以来便是杨湾乡一带最重要的一处圩市。2017 年 6 月，笔者在对杨圩街东面百朝山百朝岩周氏宗祠内的摩崖石刻进行调查时，先后在周氏宗祠及百朝街内寻访到 3 方古碑。这 3 方古碑均未见载史料，其内容也未见有文献著录。通过对碑文的释读和考证，这 3 方古碑镌刻于清代、民国时期，内容或涉及周氏宗源和先祖，或述及杨圩闸门、石围墙的创建，又或提及桥瓦石桥的兴建历史等，对我们了解清代及民国时期杨圩的社会、生活等有一定的历史意义。鉴于此，笔者将 3 方碑刻的碑文内容释读、考录如下。

一、清咸丰十一年（1861 年）《重建桥瓦石桥首事碑记》

　　此碑立于百朝街南部一条小溪北岸的一座石桥边，系以青石板刻制，高 1.15 米，宽 0.78 米，碑文楷书阴刻，正反两面均刻有碑文。碑为方首，正面碑首之右直书篆文十字题名《重建桥瓦石桥首事碑记》(图 1)，碑文则分序和捐资名录两部分，序部分题为：

　　杨圩有桥，由来旧矣。溯厥水源，从向武土州伏流二百余里，至邑界龙梯村，蒙泉涌泻，合诸水涯而成溪，逶迤里许，至桥下、石濑奔流直倾，春夏间瀑布下注，喷珠吹雪，逢逢然如鼓乐声。前人植木、盖板为桥，虑其雨蚀水渍，乃架梁覆瓦，因以名桥。桥左是圩，右是村，烟火百计，负担行商往来络绎，洵通衢也。夫前人之架梁覆瓦，固尽美矣，而屡圮屡修，不能无朽坏之患。厥后每议建石而不果。迨咸丰庚申冬，有卫千总衔周平瑞、六品军功池一轮经来此地，睹将坏之桥梁，新前人之旧制，愿捐余饟以襄成美举。谋及近处绅耆，俾之倡首，劝集同人。爰是鸠工伐石，平砥匀铺，凡七门三合石，竖六尺、广一弓，袤则五寻有奇三，阅月而桥成，合费钱三十万有余。视前此木坏之易而修之屡者，惟石则铿铿然可立久矣，雨蚀水渍尚足虑哉？今而后革故鼎新，留片石，而同人咸萃履平，恒久美是桥之大有解，观后之履是桥者，谓是桥为至今而始建也，可谓是桥为至今之新建也，可即谓是桥为此处之剙建也，亦无不可。兹有志，以示来者，岂不宜哉？

图 1 《重建桥瓦石桥首事碑记》拓片

序后为捐资名录，最末有落款作："咸丰十一年岁辛酉春二月告竣，秋七月初七日竖碑。"咸丰十一年即 1861 年。此碑记载 1861 年时，周平瑞、池一轮等人倡议建桥瓦石桥的经过。周平瑞，清同治年间仕宦隆安，曾任云南补用知府，加盐运使衔，署镇沅直隶厅同知。① 池一轮，其人不详，据碑载为六品军

———————————

① 刘振西、潘受莹、黄朝桐：《隆安县志》，成文出版社，1975，第 132 页。

功爵。桥瓦石桥，史料无载，始建年代不详。据碑文所载，桥瓦桥最初为木构架桥，乃是"前人植木、盖板为桥，虑其雨蚀水渍，乃架梁覆瓦，因以名桥"。咸丰十年（1860年），周平瑞、池一轮途经此桥，"睹将坏之桥梁，新前人之旧制"，因此捐资予以重建，建成后的桥瓦桥全以石材构建，故有今"桥瓦石桥"之名。这座桥一直保存到中华人民共和国成立以后，直到20世纪八九十年代才因扩建桥路面需要而拆除。从现存的一张摄于1965年的老照片判断（图2），桥瓦石桥为七孔石板桥，与碑文"凡七门三合石"所载相同，系以长条青石作墩柱，上盖以长石板条，简单而牢固，在水流并不甚湍急的溪流中，也不易被洪水所冲毁。

图2　桥瓦石桥旧貌（摄于1965年）

桥瓦石桥横跨于杨湾河支流之上，此支流穿百朝圩街市而过，河北岸为旧圩街所在。碑文言明，此支流河"溯厥水源"，乃是源出向武土州（向武土州，宋为羁縻向武州，建文元年（1399年）改向武土知州，清延续，治所在今天等县向都镇），"伏流二百余里"，至隆安境内"蒙泉涌泄，合诸水涯而成溪"。此溪即驮良溪，又称百驮溪（咟驮溪）。民国《隆安县志》载，咟驮溪"源出龙体、玎珰等泉，流至杨圩，能灌杨圩田亩横直五六十里"[1]，"有二源，一出龙体村前龙体泉，东流，左

① 刘振西、潘受莹、黄朝桐：《隆安县志》，成文出版社，1975，第184页。

纳埂桐小水，经杨圩而下；一出岜岑村后叮当泉，东流，经桥临村右，纳埂达小水，至渌秀村与龙体泉合而东南流，又折东达哴驮村入江，一名驮良溪"[1]。碑文还提及此溪河"至桥下、石濑奔流直倾，春夏间瀑布下注，喷珠吹雪，逢逢然如鼓乐声"，此即喷珠崖，明嘉靖年间县令姚居易曾镌有"喷珠崖"三字。[2]百驮溪，现名杨湾河，如今的《隆安县志》载："杨湾河，旧志称驮良溪或百驮溪。源头有三：一出自杨湾乡百朝村的龙体涌泉，为杨湾河的干流；二出该乡爱华村硕爱屯的山下涌泉，流经埂桐注入杨湾河干流，属夏溢冬涸的季节河；三出自爱华村内厢屯的山下涌泉，泻下喷珠崖，流经联造村，至百朝村渌秀屯纳入杨湾河。三源汇合后流向城厢镇四兴，西宁两村，至百驮屯注入右江。全长20千米，流域面积60平方千米，年均流量4.6立方米每秒，年径流量0.21亿立方米。1956年，县水利部门在西宁村河段截流建驮良溪引水灌溉工程。1973年布良水库建成后，杨湾河成为输水渠道。"[3]由此可知，桥瓦石桥横跨的溪流当即源出百朝村的龙体涌泉。

二、清光绪二十四年（1898年）《周月主墓碑》

此墓碑现存于百朝岩周氏宗祠内，系以石灰岩质青石刻制，高0.95米，宽0.6米，厚0.06米，碑文楷书阴刻，中题"明故十一世祖讳月主周老大公之灵墓"十六字，正文则载杨圩周氏家族的源流、谱系（图3），作：

十一世祖讳月主。始祖道填公，明初由江西卜居邕城，传伯泰、郭能、朝庆、海忠、庆咸、喜延、贵柳、有通，凡十世至日廷公，为公严君。公以农起家，有隐德，偶游隆之杨圩，睹其地便耕凿，因家焉。生子五，长德权早世，次德柄暨德相、德广、德高诸公。公曾竭备资斧，使出就外，传以扩其学识，而诸公生当明季，逢世乱，所学竟至不终，公常憾之。厥后，子庄公游邑庠及增广生宴宇公，岁进士烈公，郡庠生逊公，俱各有声庠序至，是公在天之灵所愿，庶几稍慰矣！嗣此以降，书香亦复相缠，谓非公之善行有以致之欤！公葬于发呈孙众之阳，元配附于左，继配附于右。由明以迄，国朝坟墓碑记几就剥蚀，迨戊戌冬，阖族共议，捐金以修葺之，谨叙巅末诸碣，俾后之来者睹斯碑而兴感，庶不忘乎祖德云尔。

① 刘振西、潘受莹、黄朝桐：《隆安县志》，成文出版社，1975，第155页。

② 同①，第187页。

③ 隆安县志编纂委员会编《隆安县志》，广西人民出版社，1993，第79页。

奉祀男：长德权、次德柄、三德相、四德广、五德高，孙男：文韬、文圣、文紊、文炳、文国、文典、文蔚。

祀田坐落那营土名那排田六丘谷种一斗二升。

光绪二十四年岁次戊戌十一月初七日申时竖碑。

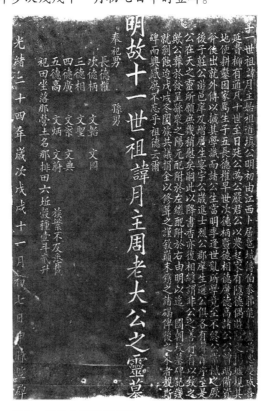

图3　周月主墓碑铭拓片

此墓碑立于清光绪二十四年（1898年），是周氏子孙为其十一世祖周月主所立，内容载有杨圩周氏祖源、世系，以及周氏子孙为周月主重立墓碑的经过等。据碑文所载，隆安县杨圩周氏的始祖为周道填，明代初期由江西迁居邕州（今南宁），传十一世至周月主。周月主因偶至隆安县杨圩，"睹其地便耕"，遂迁居至此，落地生根。周月主曾"竭备资斧，使出就外"学习，但因明末乱世，"所学竟至不终"，因以此为憾。此后周氏便以书香门第传世，清代出了周子莊、周宴宇、周逊等庠生、增广生，同时还出了周烈这位岁进士（即岁贡生，是民间对贡生的一种俗称）。光绪戊戌年（1898年）冬，周氏阖族捐资修葺了周月主墓，并刻下了此墓碑。此墓碑原应立于周月主墓前，其墓位于"发呈孙众之阳"（其地今已不详），民国五年（1916年）百朝岩被周氏辟为周氏宗祠后，始迁移至百朝岩内。百朝岩，清道光年间，曾被周氏子孙周烈用于开馆授徒 [1]，而周烈为清道光二十二年（1842 年）岁贡生 [2]，名见墓碑碑文中。

三、民国十一年（1922 年）《新建镇北门暨龙眼门碑记》

此碑位于百朝山山脚下，随意放置于周氏宗祠上山石阶一侧的猪舍边，为石灰岩质青石板刻制，碑右下角局部已残缺，高 1 米，宽 0.62 米，右首隶书题名《新建镇北门暨龙眼门碑记》，正文楷书阴刻，分序和捐资名录两部分（图 4），题为：

考我杨圩，一路上接泗镇，下达太南，号通衢也。昔者，每值匪乱则编……以防御之。奈瞬息朽废，一年数易，识者憾焉。迨民国十年，匪徒又复窃……同人议建上下火砖、闸门，并砌围石，以期巩固。咸称善之，遂各踊跃捐助……克日兴工，不及两月而两闸告成矣。下闸取向北之义颜，曰镇北门。上闸取近……地之义颜，曰龙眼门。计共费白金二百有奇。爰将各捐助姓名镌书碣尾，以……是为记。

任钟绳、钟缙、钟纪共捐银六十三元；梁寿彦捐廿六元；任瑞鹏捐十元；两广法政毕业周以光、任启料、任瑞珠、陆兆正，以上各捐五元二角；隆发和捐十三元；清监生周福康、任启遂、任启知、梁朝恩，以上各捐四元；清监生周福善、周福耀各捐二元六角；前清廪生、举孝廉方正，民国湖北法政毕业周甲捐二元；梁朝祖捐二元六角；周顺熙、周以勋各捐二元六角；周祖喜、任金彪、凌建正以上各捐二元；任金祥捐一元；陆元熊、陆元干各捐一元三角；高等小学毕业（陆元驯、周以然、陆元骥）、周福邦、凌建裕、任金辉、梁焕堂以上各捐一元三角；潘玉集捐二元；任瑞雁捐一元三角；周福群捐一元三角；周满熙、周恒熙、周丰熙、周福秀、李春胜、周福增、任承业、周以德以上各捐六角五仙；周富熙、周福申、韦德稳、陆元克、梁天藏以上各捐六角五仙。

最末为落款，作"中华民国十一年岁次壬戌四月吉日立"。此碑镌刻于 1922 年，内容记载的是杨圩乡民士绅共同捐资修建镇北门、龙眼门两处闸门及石围墙事。根据碑文所载，杨圩因交通便利，是泗镇与太南间一处重要的圩市，

---

[1] 南宁市文化局、南宁市博物馆编《南宁文物》，广西民族出版社，2010，第 122 页。
[2] 刘振西、潘受莹、黄朝桐：《隆安县志》，成文出版社，1975，第 131 页。

自古多受匪患。为防止土匪袭扰，杨圩民众最初是用编竹、藤木一类的栅栏设立防御墙，但这些栅栏易于腐朽，不能长久使用。1921年，杨圩再次遭受土匪袭击后，民众乃议以砖石构筑围墙和闸门，并用了两个月建成了两道闸门和环绕圩市的石围墙，这两个闸门分别取名为"镇北门"和"龙眼门"。

图4 《新建镇北门暨龙眼门碑记》拓片

民国时期，杨圩一带匪患猖獗。在距离杨圩约2千米处，有一个小隘口，名埂桐，此处是土匪最喜埋伏劫杀商旅之处。《隆安县志》载："埂桐，在县西四十里，与杨圩相离有五里之远。自此埂而上，地甚险恶，两边石山峡峙，长度约三四里，宽度不过数丈，小溪中流，为隆安通镇结、镇边之要道，一路石山崎岖，两旁不少岩洞，歹人往往潜伏其中，近处又无村庄，故自民国来，劫杀时闻。"[①]杨圩与埂桐相距极近，又是周边几千米范围内最大的圩场，圩市繁荣，故也是土匪时常袭扰之处。镇北门和龙眼门两处闸门及环绕圩市而立的石围墙的建立，极大地增强了杨圩的整体防御能力，在很长一段时间内保障了杨圩的安全，一定程度上也促进了杨圩的发展。就在两处闸门和环圩围墙建立的12年后，杨

---

① 刘振西、潘受莹、黄朝桐：《隆安县志》，成文出版社，1975，第146页。

圩便扩建了新街①，此新街即百朝圩。至 1949 年时，百朝圩仍留存有街亭 1 排 10 间共 120 平方米②，是当时隆安县仅有的 5 个设有街亭的圩场之一，建筑规模也仅次于雁江圩和南圩，足可见当时百朝圩圩场之盛况。

另外，从碑文所录捐资名录判断，镇北门等的修建基本上是依赖商民共同捐资，总捐资额超过了 190 元，基本与碑文所载"共费白金二百有奇"相近。49 名捐资者中，多见周姓和任姓人士，基本上是杨圩街市商民，其中还出现了一家店铺，即隆发和，说明当时的小商品经济已经取得了一定程度的发展，出现了专门的店铺、行当。捐资额上，多数捐资人捐助金额为 1～3 元，也有 13 人（占捐资人数的 26.5%）捐资额为"六角五仙"。"仙"即铜仙，为清末后出现的机制铜币，是当时货币的最小单位，相当于过去的一文钱。民国《隆安县志》载："光绪年间，始有二毫龙银及五仙公仔银……民元以后，盛行桂票，分为十元、五元、一元、五角、一角五种，价值与白银无异。"③ 由此推测，当时隆安市面上流通使用的货币有桂票、银圆和铜仙。捐资名录中提及的周甲，在民国《隆安县志》中也有记载，为隆安县学廪生，清宣统年间曾任隆安县庶职。④ 监生周福康、周福善无史料记载，疑为捐监。

四、结语

隆安杨圩发现的这 3 方碑刻镌刻于清代、民国时期，它们是当时杨圩社会生活的重要见证，为我们了解杨圩的历史提供了宝贵的史料依据。《重建桥瓦石桥首事碑记》记载了清咸丰十一年（1861 年），周平瑞、池一轮等人倡议建桥瓦石桥的起因和经过，并追溯了杨湾河支流的源头，这对我们了解杨湾河的历史背景具有重要意义。《周月主墓碑》记载了杨圩周氏祖源、世系及周氏子孙为周月主重立墓碑的经过，这对我们了解杨圩周氏宗源有很大帮助。《新建镇北门暨龙眼门碑记》则记载了杨圩乡民和士绅共同捐资修建镇北门、龙眼门两处闸门及石围墙的起因和经过，这反映了民国时期杨圩一带匪患严重，民众为了自保，自发组织建立闸门和石围墙的历史情况。

---

① 刘振西、潘受莹、黄朝桐:《隆安县志》，成文出版社，1975，第 237 页。
② 隆安县志编纂委员会编《隆安县志》，广西人民出版社，1993，第 308 页。
③ 同①，第 236 页。
④ 同①，第 136 页。

对荔浦市石阳宾馆修缮及利用的思考

【作者】李 云 荔浦市红色文化传承中心 馆员

　　石阳宾馆位于荔浦市荔城镇宝塔巷口，坐北朝南，地理坐标为北纬 24°29′35.7″，东经 110°23′50.0″，海拔 156.4 米，砖木结构，分前后两进，中间为天井。原石阳宾馆规模较大，东、西两侧均有客房，现仅存大厅部分，为一进两厅式院落，中间设天井，两旁设路道，平面呈"口"字形，总建筑面积 162.5 平方米。相传石阳宾馆为清光绪二十三年（1897 年）移居荔浦的江西籍人为祀王安石、欧阳修而集资所建，主要用于当时江西商人住宿、集会。宾馆前原为水门口水码头，荔江水经门前而过，自古通航。客船、商船在此装卸货物，热闹非凡。清道光初年，荔江因洪灾改道，水门口码头不再通航，逐渐萧条。石阳宾馆经过几次修缮，现结构稳定，原貌保存完好，宾馆大门门楣上的"石阳宾馆"字迹清晰可见。

　　1988 年 12 月 30 日，荔浦县人民政府将石阳宾馆公布为第二批县级文物保护单位。石阳宾馆整座建筑和馆内原有设施为保护范围，大门前 5 米为建设控制地带，左右两侧建筑不得高于本建筑。

一、石阳宾馆的概况

（一）石阳宾馆的建筑风貌

　　石阳宾馆为单层砖木混合式建筑，木构架部分为抬梁式结构，木构件与青砖墙共同受力，屋顶形式为硬山式，屋面为小青瓦屋面。现存的石阳宾馆总体保持原来的格局，但个别木结构破损、糟朽，地面、墙体均有不同程度的拆改，造成原形制的改变。前厅为三开间，单层，排架为抬梁与穿斗相结合，双坡屋面。前檐顶部设有卷棚式天花板。外墙为青砖砌筑，石柱门框，框上有对联"文章传百代，声誉播千秋"，横批"石阳宾馆"，两边为青砖封火墙，山顶边沿有彩绘泥塑图案。一进廊道为单层，排架为抬梁与穿斗相结合，单坡屋面，分左右廊道，左右均开侧门，并设有青石台阶直接进入后厅。后厅为三开间，单层，排架为抬梁与穿斗相结合，双坡屋面。廊道设有卷棚式天花板，廊道两侧设有侧门，可进入住房（现住房已缺失），廊道与厅之间由隔扇门隔开，明间设有 6 扇，左、右次间各设有 2 扇。前檐明间悬挂匾额"文昌"。两侧木柱上有对联"玉石金人佑宝宅，青阳紫气盈馆庭"。天井中间为青石台阶，宽 1.6 米，四周及内坪均由青石砌筑，左侧设排水暗沟。

（二）石阳宾馆的价值评估

1.历史价值。石阳宾馆作为清代桂东北地区典型的商业建筑，具有较高的艺术价值，承载着灿烂的商业文明，传承着历史文化，维系民族精神。从明清到改革开放前，依靠荔江水运，荔浦的商业连通桂、湘、粤，非常繁荣，形成了商品集散、加工、中转的繁华市镇，是明清时期桂东北地区重要的商贸中心之一。由于荔浦商业繁荣，吸引外地商人来此经商，流动人口增多，民族之间文化交流密切，呈融合之势，各地商人均在此建有会馆。相传石阳宾馆乃迁居荔浦的赣籍人士为祀赣籍著名文人王安石、欧阳修而集资兴建，故从王安石和欧阳修的名字中各取一字来命名，故名"石阳宾馆"。其名义上是用于赣籍人士往来荔浦的落脚地，实际上也相当于赣籍人士在荔浦的会馆。民国三年版《荔浦县志》[①]记载："石阳宾馆，在水门口，祀欧阳修、文天祥。"经查史料得知，"石阳"，古县名。东汉永元八年（96 年）分新淦县置，治所在今江西吉安市吉水县东北处，晋太康年间移庐陵郡至此，隋开皇十年（590 年）改名庐陵。欧阳修（1007—1072 年），字永叔，号醉翁，晚号六一居士，汉族，吉州永丰（今江西省吉安市永丰县）人，北宋政治家、文学家。文天祥（1236—1283 年），初名云孙，字宋瑞，又字履善，道号浮休道人、文山，江西吉州庐陵（今江西省吉安市青原区富田镇）人，南宋末政治家、文学家，爱国诗人。由此推断，石阳

---

① 顾英明修《荔浦县志》（民国三年版），1992，第 56 页。

宾馆其实是江西吉安府石阳县人在荔浦的同乡为祭祀欧阳修和文天祥的会馆更为贴切，与民国三年版《荔浦县志》记载也相符。

2. 艺术价值。石阳宾馆布局因地制宜，平面呈"口"字形，基本沿中轴对称，体现了前人"中庸"的价值取向。青砖均经打磨后上墙，墙面平整度与垂直度较高，青石柱础上雕刻精美，梁枋上雕饰与彩绘交相辉映，墙上彩绘主题丰富多样。各建筑元素均造型优美，形态生动，工艺精湛，给人以强烈的美感，较为全面地反映了当时建筑工艺及艺术水平非常之高。因此，作为清代桂东北地区典型的商业建筑，石阳宾馆建筑的艺术价值十分明显。

3. 科学价值。石阳宾馆的建筑用材较为科学，基础均利用当地产的青石，坚固且耐潮湿，上层采用当地产的青砖与木材建造。当地优质的石材、木材及合适的土壤，为其建设提供了很好的物质基础。当地的气候条件促使各建筑呈现应对雨水多、降水量大的建筑形态和建筑构造。例如，排水与采光措施，木柱之下加石柱础，地基层层抬升，屋顶坡度陡峭等，形成独具特色的地方建筑特点。石阳宾馆的格局基本保存较好，是清代桂东北地区传统的结构形式，具有浓郁的地方建筑特点，反映了当时当地的科学文化水平，为地方建筑史的学术研究提供了珍贵的参考资料。它对研究我国古建筑种类、建造技术的发展是极好的实物资料。

4. 社会价值。一是石阳宾馆毗邻荔城镇第二小学，将石阳宾馆打造成小学生传统文化教育基地，为荔城二小提供第二课堂的场所和教育资源。二是石阳宾馆不仅作为商用会馆，也是弘扬儒家文化的场所，在此开设国学讲堂和传统文化传习场所，最合适不过。三是石阳宾馆是非常好的人文旅游资源，具有非常高的旅游价值。它地处荔浦古建筑集中的老巷中，通过古建筑街区改造，把周边的会馆、宝塔等各文物景点进行有效串联，从点到线，形成一条古香古色的古建筑街区。

（三）石阳宾馆历史沿革

原石阳宾馆规模较大，东西两侧均有客房，现仅存前后大厅部分，为一进两厅式院落，或因地形之故，前后厅中轴线不在一条直线上，以天井为折点，略有角度，前后厅之间设天井，天井两侧设廊道，平面呈"口"字形。从材料来看，石阳宾馆为单层砖木混合式建筑。从受力形式来看，木构架部分为抬梁式结构，梁架与青砖墙未完全分离，枋木与檩条直接插入墙内，木构件与青砖墙共同受力，屋顶形式为硬山式，屋面为小青瓦屋面。土地改革时期，石阳宾馆变为公产，分给贫困百姓居住。20世纪90年代，开发荔浦县中园路，将石阳宾馆右侧厢房变卖给私人建现代砖房，左侧厢房也分给了在里面居住的民众。2008年，附近群众捐资2万元对石阳宾馆进行了维修，将其改造成"寺庙"场所，供奉儒、释、道三家神像（图1）。直至2016年底，香火旺盛。2016年6月，按照荔浦县人民政府指示，为排除消防安全隐患，要求将石阳宾馆闭馆。经荔浦县文物管理所多次与使用者协商，由宗教备案机构海仙寺请接馆内神像。2017年9月开始，石阳宾馆处于闭馆状态。至2018年5月，荔浦市文物管理所开始筹集资金准备修缮。2018年7月开工全面修缮。

图1　2008年群众简单修缮后的石阳宾馆作宗教场所

二、石阳宾馆的修缮勘察、设计与施工

（一）修缮沿革

　　根据《荔浦县志》所载及本次勘察走访了解，石阳宾馆乃赣籍商人集资建造，在其存在的一百余年历史过程中，一直有人使用，其间均有小修小补（图2），但均无文字记载。直到2008年，附近群众捐资2万元对石阳宾馆进行维修，但由于资金不够，修缮仅限于屋面检修、地面简单处理、墙洞处理、木构件刷油漆等。

图 2　2008 年前未修缮前的石阳宾馆天井和后厅（荔浦市文物管理所供图）

（二）各部位残损描述

台阶、阶沿：青石阶沿石保存相对较好，个别破损、断裂、松动，阶沿三合土地面大部分已被改为水泥地面，个别位置被改成青砖地面。

室内地面：三合土地面基本被改为水泥地面。

柱础：柱础石材质为青石，表面稍有破损、风化。

木柱：个别糟朽、虫蚁病害较为严重。

梁枋、楼楞：保存相对较好，开裂较为普遍，个别位置虫蚁病害严重，有修补痕迹。

天花板：檐口天花板破损、糟朽较为严重，卷棚板大部分被改成九厘板。

檩条、椽皮：檩条开裂情况较多，部分糟朽，椽皮尺寸较为随意，部分间距过大致屋面铺瓦稀疏。

屋面小青瓦：冷摊瓦屋面，因椽皮铺设不均匀致屋面部分位置铺瓦稀疏，应为后期修缮不当所致，漏雨现象明显。

门窗：前厅大门破损，后厅大门缺失；后厅横披窗保存相对较好，参照遗存老照片，原进入厢房位置有门，现门洞已被填平。

青石排水暗沟：积水、堵塞，待清理。

（三）修缮方法

地面：挖除原泥土化后的三合土地面，在保留三合土地面信息的前提下，根据使用功能需要，将三合土地面改为青砖地面。

楼面：修复现存楼楞，补配缺失楼楞，检修木楼板，补配缺失木楼板。

木柱：更换通体糟朽木柱，墩接柱根糟朽，嵌补劈裂木柱，补配缺失柱础石。

墙体：拆砌前殿前严重开裂墙体，按原式样进行恢复，对倾斜的墙体采用力学分析后，采用灌浆技术将墙体做力学矫正。青砖墙体修复重新勾灰缝，新做破损大门，按原式样恢复木窗。

屋面：全面翻修屋面，更换破损瓦件，补配缺失瓦件。检修椽皮与檩条，更换严重糟朽的椽皮、檩条，补配缺失的封檐板。

梁架：检修所有穿斗梁架，消除梁架松动、失力、歪闪、脱榫等残损病害。更换严重糟朽的梁枋。

油饰：所有新旧木构架、木构件做防腐桐油处理，共做 3 道。表面做铁红色油漆。

天井：清理杂草植被，补配缺失青石板，恢复天井。

排水：修复、梳理淤塞排水沟，恢复建筑四周所有填埋排水沟。

其他：修复破损木楼梯，原样补配缺失木楼梯。复制补配缺失木栏杆。

（四）石阳宾馆的修缮设计与施工过程

石阳宾馆的修缮设计与施工工程资金来源为财政拨款，修缮工程由湖南星旺工程勘察设计有限公司设计，桂林市文物局组织专家评审，成都市屹华建筑工程有限公司施工，荔浦市财政局组织广西建澜建设项目管理有限公司审计，于 2018 年 7 月 30 日开工，2018 年 9 月 30 日圆满竣工（图 3 至图 7）。石阳宾馆的修缮保存了原有的文物信息，保持了历史风貌，竣工后结构坚固无隐患，外表端庄朴素，原有建筑最大限度地延续了其历史原貌。符合设计要求，达到预期的效果，得到业内人士和周边群众的肯定。遗憾的是，由于资金有限，墙体上的砖雕、彩绘、灰塑，木结构的线条、雕刻及馆内陈设没有得到恢复。

施工前，荔浦市文物管理所已要求施工方对石阳宾馆的建筑构件做好编号及现存工程各部分的施工记录。除文字记录外，还必须有附图和照片。严格按照施工方案和规定的技术标准进行施工，补充完善修缮设计。在保证结构安全的情况下，尽量保护和利用原来的构件。

图3　2018年8月石阳宾馆修缮施工中

图4　2018年8月修缮石阳宾馆的大柱

图5　2018年8月修缮石阳宾馆的天花板和卷棚

图6　2018年8月修缮石阳宾馆的瓦面

图 7　2018 年 8 月修缮石阳宾馆的大门

三、关于石阳宾馆开放和利用的几点做法和思考

在荔浦市委、市政府的大力支持下，石阳宾馆的修缮工程得以顺利竣工。本着保护为主、抢救第一、合理利用、加强管理的方针，石阳宾馆的开放和陈列展示应该尽快提上日程。在石阳宾馆修缮好又关闭近 3 年后，荔浦市文化广电体育和旅游局安排 5 万元用于石阳宾馆的固定展陈工作，相关部门也给予了大力支持，但仍然有许多关于开放和陈列的问题有待思考，具体有以下几个方面。

（一）对石阳宾馆的展陈设计和利用

石阳宾馆地处古建筑较集中的通塔巷，见证了清中晚期荔浦经济、文化的繁荣，具有深厚的文化底蕴。荔浦市有自治区级非遗项目荔浦风物传说，是关于荔浦山水、古建筑、动植物等的传说故事，为民间文学。为了更好地保护和利用文物保护单位，充分发挥石阳宾馆文物保护单位的实用价值，为荔浦市创建特色旅游名城增添文旅融合的色彩，以践行社会主义核心价值观，笔者作为自治区级非遗项目荔浦风物传说的代表性传承人，对石阳宾馆的开放利用作了整体规划，对石阳宾馆布展，开办了荔浦讲古堂，建成了荔浦风物传说传习基地。

　　第一进主要作为展区。左边展示内容：石阳宾馆简介及其历史沿革，清代荔浦的经济、文化发展，荔浦市内古街区内的码头、会馆、渡口等介绍。右边展示内容：儒家思想学派介绍，文天祥及其主要作品及成就，欧阳修及其领导的北宋诗文革新运动、主要作品介绍，以及礼、义、仁、智、信、勇、恕、忠、孝、悌等思想精髓介绍。

　　第二进主要作为小型讲古堂和荔浦风物传说非遗项目的传习基地的教室（图8、图9），配有讲台，背景为孔子行教画像及对联，还配有30个马鞍桌椅

图8　修缮后的石阳宾馆免费开放的讲古堂

图9　修缮后的石阳宾馆作为荔浦讲古堂和自治区级非遗项目荔浦风物传说传习基地

的座位，风格与梁枋协调。布展内容将荔浦塔、福建会馆的阿婆出游、仙人桥、乌龙桥、东岸桥、鹅翎寺出米洞、丰鱼岩、银子岩、灵芝仙女下凡、胡子大哥、荔浦芋等荔浦风物传说故事，以诗词、书法、绘画的艺术形式作品裱成画框展示荔浦风物传说故事，营造自治区级非物质文化遗产项目荔浦风物传说的传承氛围。

（二）对石阳宾馆原貌、墙体上砖雕、灰塑、彩绘和馆内陈设恢复的思考

石阳宾馆在2008年由群众自发组织修缮后曾作为不备案的宗教场所，许多墙体都被人为因素拆除或加建，墙体上的砖雕、灰塑和彩绘都遭到严重的破坏，但痕迹仍可见，内容有麒麟送子图、太白醉酒图、伯牙回家图等。由于年代久远，又没有照片记载，相关的知情人越来越少，石阳宾馆的原貌、墙体砖雕、灰塑和彩绘的恢复无从考证。针对这些问题，除了调查走访和到相关部门收集资料，还应争取找到石阳宾馆的相关信息，成立荔浦讲古堂，开展以"我来讲讲石阳宾馆的前世今生"为主题的讲座，广开言路，集思广益地向民众收集石阳宾馆的相关信息、资料和文物。

（三）开放资金和管理机构的落实

石阳宾馆免费开放资金由荔浦市财政按计划拨付专项开放经费，荔浦市社区学院给予相应的活动经费支持。建成自治区级非遗项目荔浦风物传说传习基地和荔浦讲古堂后，由荔浦市文化广电体育和旅游局主管，荔浦市文物管理所分管日常运转，荔浦风物传说非遗项目代表性传承人牵头组织活动，邀请荔浦市社区学院、荔浦市作家协会、荔浦市诗词楹联学会、荔浦市书画协会、荔浦市山歌协会、荔浦芋文化研究会等组织定期组织公益性文化活动。

四、荔浦市现存古会馆的情况及利用思考

在荔浦市这座拥有2000多年历史的古县中，还有许多古会馆建筑遗存。除了石阳宾馆，还有福建人建设的福建会馆、广东人建设的粤东会馆和湖南人建设的湖南会馆等。福建会馆由福建人集资建成，2021年全面修缮后设立荔浦市非遗展示馆、自治区级非遗项目荔浦文场传习基地、荔浦社区学院和荔浦新时代文明实践中心，均对外开放，成为弘扬传统文化的高雅场所。粤东会馆修缮后由修仁老年协会的文场联社使用，可建设荔浦文场传习基地、百姓曲艺大

舞台等。湖南会馆于 20 世纪 80 年代改作电影院，电影院解散后一直荒废至今。鉴于湖南会馆建筑面积大，经修缮后可以作为修仁古县历史文化陈列馆，展示修仁古县的历史文化。

五、结语

古会馆不仅具有聚会议事、沟通信息的功能，还是祭祀神灵、聚岁演戏及开展各种庆典活动的场所，更是团结同乡、联乡情、笃乡谊的场所。对会馆古建筑的保护，彰显一个民族的文化意识和情怀。保护、传承和利用好荔浦古会馆建筑文化资源，重点在于对古会馆建筑的修缮、陈设和开放，把古会馆的价值最大化，并和旅游发展相结合，打造特色文旅融合的精品景点。在合理利用石阳宾馆的基础上，继续深挖古会馆、古码头、古渡口、古道的文化内涵，将现存的古会馆修缮好、利用好，形成从古会馆和古建筑看荔浦古代经济蓬勃发展的整体效应，立足荔浦历史文化特色，做好荔浦文章，讲好荔浦故事，传播荔浦声音，从而打造文旅融合的特色旅游发展之路。因此，发掘抢救、收集整理、传承保护、合理利用古会馆的历史文化资源，是我们文物工作者义不容辞的责任。

资源县古祠堂的保护与利用初探

【作者】宁永勤　资源县文物管理所　馆员

《左传·成公十三年》刘康公云："国之大事，在祀与戎，祀有执膰，戎有受脤，神之大节也。"①这句话的意思是，国家的大事情，在于祭祀和战争。祭祀有祭肉之礼，战争有祭肉之礼，这是与神灵交往的大节。通俗地讲，在古代，这是国家祭祀之礼，往后还有皇家家庙祭祀之礼、诸侯祭祀之礼、士大夫祭祀之礼。这一套从上到下的祭祀之礼，规范了君臣之间的礼制，正如"民受天地之中以生，所谓命也。是以有动作礼义威仪之则，以定命也。能者养以之福，不能者败以取祸。是故君子勤礼，小人尽力，勤礼莫如致敬，尽力莫如敦笃。敬在养神，笃在守业"②。

明代嘉靖皇帝于1536年颁布了允许民间"联宗立庙"的诏令，此后全国各地涌现了众多的宗族祠堂。虽然在"文化大革命"的"破四旧"③运动中，大量的宗族祠堂被破坏、损毁，但是还残存不少作学校等功用的宗族祠堂。

那么，如何保护与利用好这些祠堂？就成为广大文物保护工作者的重要使命。本文就资源县在祠堂保护与利用中所采取的措施进行初步探讨，以期抛砖引玉及专家斧正。

一、资源县残存古祠堂简介

根据资源县第三次全国文物普查报告，资源县现存的祠堂

---

① 左丘明著，陈戍国撰《春秋左传校注（上）》，岳麓书社，2006，第483页。
② 同①。
③ "破四旧"指的是破除旧思想、旧文化、旧习俗、旧习惯。

有 4 座，即马家祠堂、赵家祠堂、粟家祠堂、蓝家祠堂，均建于明清两代。

（一）马家祠堂

马家祠堂位于资源县资源镇马家村村委会旁，始建于明万历三十六年（1608 年），坐东朝西，两进厅，是资源县现存最古老、保存最好的祠堂（图 1）。正门台阶由 14 块条石砌成，门开两扇，为双叶门，进厅两侧各有一偏房，距进厅 7.8 米处即为天井，5.8 米 ×3.4 米；天井左面有一侧拱门，呈半圆弧形，天井上方为祠堂正厅，厅两侧均有偏房三间（现已破坏），厅堂长 10.5 米、宽 6.1 米、高 7.3 米；厅堂由巨木横梁架起，均由木板铺装，中间正柱悬挂一副咸丰元年（1851 年）木板排联，榫头及架板上刻有雕花。祠堂盖小青瓦，重檐歇山顶式结构。三面砌成围墙，大门两侧为半圆形龙脊式墙与尖山式墙串联而成，左侧围墙两墙之间有一拱形侧门（图 2），两侧围墙之间有一拱形侧门，门面上书有"入孝出悌"四字，左右龙脊式墙面上饰有各异蝙蝠，圆顶左右各雕有一石兽，所有雕刻栩栩如生、工艺精湛，顶墙延伸处有一翘檐突立，蔚为壮观。祠堂西南面有一座 1891 年为贞女马福英而建的贞寿亭（图 3），造型古朴美观，工艺精细。

马家祠堂基本体现了明代时期的建筑布局及风格，气势雄壮，雕刻精美，建筑特点较为突出，在桂北古祠堂中具有一定的代表性，体现了较高的建筑水平，为研究桂北地区古代祠堂及当地建筑风俗提供了不可多得的实物资料。该祠堂现为自治区文物保护单位。

图 1　马家祠堂正面

图2　马家祠堂侧面

图3　马家祠堂西南面的贞寿亭

（二）赵家祠堂

赵家祠堂位于资源县两水苗族乡塘洞村西寨屯，始建于清咸丰年间，为单檐歇山顶式砖木结构（图4），盖小青瓦，坐北朝南，二进厅。祠堂长30米，宽16米。整座祠堂由42根圆径约40厘米的木柱支撑屋梁，柱下为雕花石礅。进大门左右耳房各一，中有天井。环天井走道及厢房均已被破坏。天井中有条石铺成的宽约1.2米的石板路通往上厅。上厅神龛后为后室，神龛两侧各有一走廊通向后室、小伙房。走廊外侧为偏房，偏房后各一小伙房，现后室、偏房、伙房均已破坏。祠堂东、西、北三面以砖石砌成围墙，墙体以石灰凝固、草木灰抹面；东、西围墙为尖山式，西面墙中间开有一侧门，门面上书"入孝"二字；东面墙中间也开有一侧门，门面上书"出悌"二字。

赵家祠堂基本体现了清代时期的建筑布局及风格，建筑特点较为普遍，体

现了较高的建筑水平，为研究桂北地区古代祠堂及当地建筑风俗提供了不可多
得的实物资料。

图 4　赵家祠堂正面

1934 年 12 月 5 日，中央红军长征翻越老山界后到达塘洞村，中央纵队宣
传局就驻扎在赵氏宗祠里，陆定一同志在这里起草了著名的《老山界》一文，
现被当地村民称为"红军祠堂"。赵家祠堂现不仅为自治区文物保护单位，也
是资源县红色爱国主义教育基地。

（三）粟家祠堂

粟家祠堂位于资源县中峰乡大庄田村龙溪屯院子，始建于清代，距今 200
多年，为单檐歇山顶式砖木结构（图 5），坐北朝南，三进厅。祠堂宽 10.8 米。
祠堂大门前有 5 级石阶，台阶长 3 米、宽 2.3 米；祠堂门宽 1.8 米、高 2.7 米；
下厅长 4.2 米，下、中厅间有一天井，宽 3.8 米，长 1.8 米，两边有环天井廊，
由双排柱支撑，外柱有 4 根，内柱有 3 根；中厅长 12 米，中、上厅间有一天
井，长 4 米，宽 3.5 米，两边有环天井走廊，走廊由双排柱支撑，外柱有 6 根，
内柱有 5 根，走廊宽 3 米；上厅长 9 米，上厅两边由两排柱支撑，边柱 5 根，
内柱 4 根，上厅正中有神龛，台宽 3.5 米、长 2.2 米；厅堂由巨木横梁架起，均
由木板铺装，榫头及架板上刻有雕花；祠堂除木柱支撑的房架外，耳房、厢房、
偏房均已破坏。祠堂东、西、南三面以砖石砌成围墙，墙体以石灰凝固、草木
灰抹面，西面墙中间开有一侧门，门面上字已不详。

1934 年 12 月 4 日，中央红军翻越老山界时，留下了不少红军伤员在中峰
镇，善良的龙溪自然村村民为避免红军伤员被"清乡团"抓捕，曾让红军伤员
隐藏在该祠堂的神龛后面。

图 5　粟家祠堂正面

粟家祠堂现不仅为自治区文物保护单位，也是资源县红色爱国主义教育基地。

（四）蓝家祠堂

蓝家祠堂位于资源县车田苗族乡白洞村，始建于清末，距今约 200 年，为单檐硬山顶式砖木结构，坐北朝南，一进厅（图 6）。祠堂宽 13.5 米，内深 6.6 米，外深 3 米。大门前有 10 级石阶，阶宽 5.4 米，阶长 5.6 米，每级石阶宽 50 厘米。大门为双开门，宽 1.3 米，高 1.9 米，大门两侧底部砌有 1.15 米高的砖墙，砖墙上建有木围栏，围栏高 1.3 米，两侧围栏长 3.45 米，木围栏上面与祠堂内木柱各搭建一偏房。祠堂为四排四挂架梁结构，均由木板铺装，祠堂内两侧为两层阁楼结构，下层没有铺装木板，与大厅连为一体，上层建成住房，屋顶盖小青瓦。东、西、北三面以小青砖砌成硬山式围墙，厚 30 厘米，后墙开两扇窗。大厅内原有神龛，均已被毁。

图 6　蓝家祠堂正面

蓝家祠堂基本体现了清代时期资源县苗族地区的建筑布局及风格，建筑特点较为突出，在桂北古祠堂中具有一定的代表性，体现了较高的建筑水平，为研究桂北苗族地区古代祠堂及当地风俗提供了不可多得的实物资料。现祠堂为资源县文物保护单位。

二、我国宗族祠堂的发展历程与功能

（一）宗族祠堂发展的历程

祠堂又称宗祠、祠室、家庙，是汉民族祭祀祖先或先贤的场所。它记录着家族的辉煌与传统，是家族的圣殿，也是汉民族悠久历史的象征与标志。

中国古代是一个等级森严的社会，最能体现这种等级差距的是在对祖先的祭祀上。宗祠是宗家血脉所系，也是宗家盛衰的标志。因此，历代帝王将相都将宗祠看作国家权力的象征、统治人民的支柱。建造宗祠是皇室的特权。祠堂的出现，与家庙、神庙有着极大的联系。中国最大的家庙当属皇帝家的太庙，诸侯、王公宗庙次之，这是按照《周礼》的规定，家庙按等级逐级下延，至士大夫才有资格建家庙，普通庶民则没有资格，只能路祭。民间的祠堂从西汉开始出现并逐渐兴起，汉代祠堂是建在墓前的祭祀场所，祠堂多为石质，又称"石室"。此后数代由于等级制度的禁锢，有资格拥有宗祠的家族依然寥寥无几。中国允许民间建立宗祠始于1536年，明嘉靖皇帝允许民间"联宗立庙"诏令的颁布，民间建立宗祠终于获得了合法的地位。从此，宗祠与家谱一起成为家族最重要的象征。

（二）祠堂的功能

祠堂的建制并无明文规定，规模也有大有小，一般正厅为供奉和议事场所。讲究的祠堂多利用木雕、砖雕、石雕等作为建筑装饰，但其功能是一样的。

首先，供奉祖先牌位，凝聚宗族人心。宗法家族制度是中国旧社会的基础，宗族观念在人们的心里根深蒂固。古代汉人具有深厚的宗族观念，都要让本家归属于某一宗族。在大小城镇，凡大家族都设宗祠（祠堂），祠堂内供有祖先的牌位。

其次，祭祖办席。祭祖一般在清明节举行，俗称办"清明会"。祭祖礼仪十分隆重庄严，并要办酒席。祭祀完毕后，族长还要当众处理族中的公共事务和救济事宜等，如有违反族规的人，也要在这时接受处罚。

最后，不定期集会，解决族内纠纷，举办家族内公共事宜及救济贫苦族人。族长是本姓家族的尊长，往往也是有声望的人，权力极大，负责聚集家族，施行家族法规，解决家族内的纠纷，利用祠堂产业产出，举办家族内公共事宜和救济事业等。

三、资源县古祠堂的保护与利用

资源县的古祠堂虽年代较晚，但典雅大方、造型古朴、风格各异，它们不仅标志着资源县古建筑的工艺成就，而且是资源县古代历史文化的重要组成部分。每座祠堂都承载着这一地域的历史，记录了当地的祭祖民俗。随着社会的进步、经济的发展、外来文化的侵袭，加强对资源县祠堂的保护与利用迫在眉睫。

资源县是山区县，县财政向来紧张，文物保护资金一直短缺，日常工作尚难顾全，只能向上级争取资金，才能对资源县文物保护单位进行不定期维修，这导致许多文物保护单位没有得到有效保护。

为解决这一问题，资源县文物管理所经过讨论，决定采取"边保护边利用""两条腿"走路的办法，即"一条腿"向上级部门申请保护资金，"一条腿"向文物保护单位所在地的群众筹集资金。经过多年的努力，这一方法取得了一定的成效，具体做法如下。

首先，创新文物保护理念。以前我们保护文物，以"保护第一"为原则，"文物利用"放在第二位，导致文物保护经费主要依赖于政府拨款。当然，向上级部门申请文物保护资金仍是主要来源。但如果上级部门无法提供资金支持，文物的日常维护就会遇到困难。为解决这一难题，资源县文物管理所对资源县的古祠堂提出"边利用边保护"的理念，与各祠堂理事会达成统一管理意见，鼓励他们利用祭祖举办"清明会"的契机，向在外工作的人员、做生意的老板、本地族人进行"义捐"与"劝捐"。"义捐"的金额定为每人 50～100 元，而"劝捐"的金额通常超过"义捐"数额，并将其刻碑纪念。这一办法的实施，盘活了各祠堂日常捡瓦等维护工作。以马家祠堂为例，当年"清明会"就筹措了 10 万元资金，用于神龛维护、捡瓦等维修，有效地保证了该祠堂的日常维护，延长了该祠堂的"寿命"。

其次，把握机遇，积极向上级部门争取保护资金。资源县是中央红军经过的广西桂北五县之一,《老山界》一文中的老山界就有一半位于资源县境内。例如,利用中央建设红军"长征公园"的机会,将红军暂驻过的赵家祠堂、粟家祠堂申请公布为区级文物保护单位,申请资金对资源县红军长征旧址进行整体修缮,不仅让这两座祠堂得到了有效保护,还将这两座祠堂打造成了资源县红色爱国主义教育基地。又如,利用国家加大农村建设投入与保护农村古村落力度的机遇,与资源县住房和城乡建设局共赢合作,对马家祠堂进行整体修缮,不仅有效保护了该祠堂,还为该村打造的乡村旅游项目提供了丰富的文化元素。

最后,大力宣扬祠堂内涵的传统文化,让文物"活"起来。习近平总书记大力提倡文化自信,让文物"活"起来的理念深入人心。理解并发掘文物中蕴藏的优秀传统文化,并积极宣扬,是文物工作者的责任与担当。

四、结语

对包括祠堂在内的文物保护单位进行保护与利用,是当前全国文物工作者都要面临的课题。随着我国大力培育与弘扬传统先进文化的行动轰轰烈烈展开,习近平总书记大力提倡的道路自信、理论自信、制度自信、文化自信("四个自信")理念正不断深入人心。如何扮演好其中的角色,如何让文物"活"起来,都将是文物工作者不断探索的"文物之路"。

清代王爷园寝螭首龟趺碑初探

【作者】周　莎　故宫博物院图书馆　馆员

一、螭首龟趺碑现存状况

清代王爷园寝主要分布在北京市、天津市、河北省、辽宁省。清代王爷园寝在京师（今北京）范围内分布较多，周边地区较少。北京的旧城区，即东城区和西城区，有5处；近郊区如朝阳区、海淀区、丰台区，共有66处；远郊区包括石景山区、门头沟区、房山区、通州区、顺义区、昌平区、平谷区、怀柔区、密云区，共有108处。京畿以外的天津、河北、辽宁地区共有29处。近年来，清代王爷园寝地面建筑遗迹有所变化，有的流散石刻被搬进博物馆或文物库房进行保存。但地面建筑中的螭首龟趺碑，多矗立在原地，其保护方式多样，有的加装护栏进行保护，有的则安装监控器进行保护。

清代王爷园寝现存的螭首龟趺碑共计29方（含残碑），详见表1。

表 1   清代王爷园寝现存螭首龟趺碑调查表

序号	名称	墓主	支系	品级	所属时期	谥号	地点
1	庄亲王墓碑	爱新觉罗·舒尔哈齐	清显祖塔克世第三子	亲王	顺治朝		辽宁省辽阳市东京陵乡东京陵村
2	礼烈亲王墓碑	爱新觉罗·代善	清太祖努尔哈赤次子	亲王	顺治朝	烈	墓碑现存于北京市植物园曹雪芹纪念馆后碑林
3	惠顺亲王墓碑	爱新觉罗·祜塞	礼烈亲王代善第八子	亲王	顺治朝	顺	墓碑现存于北京市植物园曹雪芹纪念馆后碑林
4	顺承恭惠郡王墓碑	爱新觉罗·勒克德浑	礼烈亲王代善之孙	郡王	顺治朝	恭惠	北京市房山区长沟镇西甘池村
5	敬谨庄亲王墓碑	爱新觉罗·尼堪	广略贝勒褚英第三子	亲王	顺治朝	庄	北京市房山区长沟镇东甘池村
6	敬谨悼亲王墓碑	爱新觉罗·尼思哈	敬谨庄亲王尼堪次子	亲王	顺治朝	悼	北京市房山区长沟镇东甘池村
7	顺承忠郡王墓碑	爱新觉罗·诺罗布	顺承恭惠郡王勒克德浑第三子	郡王	康熙朝	忠	北京市房山区长沟镇西甘池村
8	康良（礼）亲王墓碑	爱新觉罗·杰书	礼烈亲王代善之孙	亲王	康熙朝	良	北京市海淀区香山街道门头村
9	纯靖亲王墓碑	爱新觉罗·隆禧	清世祖顺治皇帝第七子	亲王	康熙朝	靖	天津市蓟州区孙各庄村黄花山
10	肃悫亲王墓碑	爱新觉罗·富寿	肃武亲王豪格第四子	亲王	康熙朝	悫	墓碑现存于北京市日坛公园内
11	显密亲王墓碑	爱新觉罗·丹臻	肃武亲王豪格之孙	亲王	康熙朝	密	北京市门头沟区妙峰山镇陇驾庄
12	裕宪亲王墓碑	爱新觉罗·福全	清世祖顺治皇帝次子	亲王	康熙朝	宪	天津市蓟州区孙各庄村黄花山

续表

序号	名称	墓主	支系	品级	所属时期	谥号	地点
13	简修亲王墓碑	爱新觉罗·雅布	清显祖第三子舒尔哈齐第六子郑献亲王济尔哈朗之孙	亲王	康熙朝	修	北京市丰台区右安门外郑王坟村
14	理密亲王墓碑	爱新觉罗·允礽	清圣祖康熙皇帝次子	亲王	雍正朝	密	天津市蓟州区孙各庄村黄花山
15	怡贤亲王墓碑	爱新觉罗·允祥	清圣祖康熙皇帝第十三子	亲王	雍正朝	贤	河北省保定市涞水县石亭镇东营房村
16	裕悼亲王墓碑	爱新觉罗·保寿	裕宪亲王福全第五子	亲王	雍正朝	悼	河北省保定市易县裴山镇北白虹乡南福地村
17	裕庄亲王墓碑	爱新觉罗·广禄	裕宪亲王福全之孙	亲王	乾隆朝	庄	河北省保定市易县裴山镇北白虹乡南福地村
18	诚贝勒墓碑	爱新觉罗·允祁	清圣祖康熙皇帝第二十三子	郡王	乾隆朝	诚	河北省遵化市兴旺寨乡
19	顺承恭郡王墓碑	爱新觉罗·泰斐英阿	顺承恪郡王熙良长子	郡王	乾隆朝	恭	北京市房山区韩村河镇二龙岗村
20	果毅亲王墓碑	爱新觉罗·允礼	清圣祖康熙皇帝第十七子	亲王	乾隆朝	毅	河北省保定市易县梁格庄镇上岳各庄村
21	果恭郡王墓碑	爱新觉罗·弘瞻	清世宗雍正皇帝第六子	郡王	乾隆朝	恭	河北省保定市易县梁格庄镇下岳各庄村
22	和勤亲王墓碑	爱新觉罗·永璧	和恭亲王弘昼次子	亲王	乾隆朝	勤	北京市顺义区李桥镇王家坟村
23	恂勤郡王墓碑	爱新觉罗·允禵	清圣祖康熙皇帝第十四子	郡王	乾隆朝	勤	天津市蓟州区孙各庄村黄花山

续表

序号	名称	墓主	支系	品级	所属时期	谥号	地点
24	顺承简郡王墓碑	爱新觉罗·伦柱	顺承慎郡王恒昌长子	郡王	道光朝	简	北京市房山区长沟镇西甘池村
25	瑞敏郡王墓碑	爱新觉罗·奕誌	瑞怀亲王绵忻长子	郡王	咸丰朝	敏	北京市海淀区四季青镇瑞王坟村农科院果树队内
26	肃慎亲王墓碑	爱新觉罗·敬敏	肃武亲王豪格四世孙	亲王	咸丰朝	慎	北京市朝阳区王四营乡道口村
27	肃恪亲王墓碑	爱新觉罗·华丰	肃武亲王豪格五世孙	亲王	同治朝	恪	北京市朝阳区黑庄户乡万子营村
28	醇贤亲王墓碑	爱新觉罗·奕譞	清宣宗道光皇帝第七子	亲王	光绪朝	贤	北京市海淀区苏家坨镇北安河村妙高峰山腰
29	孚敬郡王墓碑	爱新觉罗·奕譓	清宣宗道光皇帝第九子	郡王	光绪朝	敬	北京市海淀区苏家坨镇北安河村

按照王爷的卒年，可将螭首龟趺碑按清代不同的皇帝年号，细分为 8 个朝年（表2）。

表2　现存螭首龟趺碑的朝年

朝年	碑数（方）
顺治朝	6
康熙朝	7
雍正朝	3
乾隆朝	7
道光朝	1
咸丰朝	2
同治朝	1
光绪朝	2

二、碑文内容

（一）额首

螭首龟趺碑是作为墓碑使用的。碑座位置的部分为龟趺，额首位置的部分为螭首，故名。这些螭首龟趺碑根据主人的封爵，其等级可分为亲王爵位碑和郡王爵位碑两种。根据不同朝年的螭首龟趺碑的造型，我们可以了解这一历史朝年的特点。按照其龟座部分龟趺造型的不同形态，清代前期顺治朝的龟趺造型是清代风格形成的初创期；前期从雍正朝至康熙朝的龟趺造型是清代风格的过渡期；中期从乾隆朝至嘉庆朝的龟趺造型是清代风格的鼎盛期，晚期从道光朝至光绪朝为衰落期（表3）。[1]

表 3　赑屃形态的演变与分期

分期	赑屃头部		赑屃尾部		螭首	
	闭嘴	张嘴	尖尾	圆尾	四交龙首	六交龙首
第一期（清代早期）						
第二期（清代前期）						

---

[1] 周莎：《清代王爷园寝赑屃形态考》，《中国紫禁城学会论文集》第八辑，故宫出版社，2012，第718页。

续表

分期	赑屃头部		赑屃尾部		螭首	
	闭嘴	张嘴	尖尾	圆尾	四交龙首	六交龙首
第三期 （清代中期）						
第四期 （清代晚期）						

额首的文字，更加彰显了墓主人的身份和地位。在这些螭首龟趺碑的额首部位，有的撰有文字，有的无文字，即无额篆。撰有文字的额首内容，又可分为三种。第一种为"敕建"或"敕立"，第二种为"诏赐"，第三种为"御制碑文"。

根据额篆文字的不同含义，体现园寝墓主人的身份和薨逝后的待遇。"敕建""敕立"是指奉皇帝的命令（或诏书）而修建的。目前，在清代王爷园寝实地所见的螭首龟趺碑中，只有惠顺王墓碑的额篆为"敕立惠顺王墓"（图1），余下18方额首皆撰"敕建"。

图1　惠顺王墓碑额首

"锡赐"是皇帝赐予的碑文。最早可见于《楚辞·离骚》："皇览揆余初度兮，肇锡余以嘉名。"在目前所见的清代王爷园寝中，只有多罗顺承恭郡王泰斐英阿园寝螭首龟趺碑的额首撰"锡赐"二字（图2、图3）。

图2　泰斐英阿园寝螭首龟趺碑　　图3　泰斐英阿园寝螭首龟趺碑额首

"御制"是皇帝亲自撰写的碑文，表明皇帝对薨逝人的重视和哀悼。清代王爷园寝实地所见的额首撰有"御制"碑文的，仅裕宪亲王福全独享殊荣。

另外，还有一些螭首龟趺碑的额首无篆，如果恭郡王园寝螭首龟趺碑（图4）。

（二）正文

清代王爷园寝中，螭首龟趺碑的正文内容可分为三部分：一是碑文的开篇，

图 4　果恭郡王园寝螭首龟趺碑

介绍了撰文者与墓主的关系，以及墓主的姓名与封爵；二是墓主的官职与才能；三是撰文者对墓主薨逝的悼念与追思。

笔者以果恭郡王碑为例，简述其碑文内容。果恭郡王碑无额篆，碑文最右侧一竖列首题"多罗果恭郡王碑文"。现将碑文录文并点校如下：

朕惟亲惟同气，膺显爵于屏藩；谊本因心，写悲惊于琬琰。故哀荣之备至，倍笃孔怀；乃恩礼之始终，弥昭渥泽。词镌贞碣，光贲重泉。尔多罗果恭郡王弘瞻[①]，庆洽星潢，祥钟天胄。兰芽茁秀，仰承皇考之慈；桐叶疏封，命继贤王之后。洎朕躬之嗣极，龙恩眷之加隆。齿仅垂髫，勤居中之抚视。年当就傅，课授读之诗书。望以亲贤而加之敦勖。鞠从幼弱，以逮于成人。虽邸第之出居，犹宫廷之时接。问安椒闼，子职恒随，赐宴柏梁，懿亲最近。亦尝试之宫府，练其从政之才。屡俾扈以省巡，预在属车之列。凡朕心之肫挚，奠王志之钦承。至偶蹈于愆尤，上违慈训，犹曲全夫恩谊，少降崇封，岂惟示以优容，实用施

---

① 此处疑为误写，应为"瞻"字。详见《清代王爷园寝碑文上的错别字》，《中国文物报》2013 年 11 月 15 日第 6 版。

之策励，乃者嘉惠南国，稽古省方。当玉仗之初移，尚金门之拜送。忽传属疾，远奏邮章，即上请于安舆，特晋有加之秩；幸遥聆夫温綍，庶祈勿药之瘳。荆枝遽折于春风；薤叶易晞于朝露。驿来哀讣，情深介弟之悲；宠畀隆仪，礼重亲王之例。陈雕莚而载荐，考彝典以易名。睠厥新茔，表之贞石。呜呼！三十载抚从兰披，怅雁序之中分；百千年闭此松阡，焕螭趺而生色。宣兹轸悼，慰汝幽潜。乾隆三十年四月二十七日

碑文的开篇"朕惟亲惟同气，膺显爵于屏藩；谊本因心，写悲惊于琬琰。故哀荣之备至，倍笃孔怀；乃恩礼之始终，弥昭渥泽。词镌贞碣，光贲重泉"，叙述了皇帝对果恭郡王薨逝而悲伤的心情。《弟子规》中有"孔怀兄弟，同气连枝"之句。乾隆皇帝由此写道"倍笃孔怀"，表明了自己与果恭郡王兄弟一场的情分。

碑文中"兰芽苗秀，仰承皇考之慈"点出了弘曕的身份，实为世宗皇帝之子，齿序有名。"桐叶疏封，命继贤王之后"则说明了弘曕出继叔王，因叔王无嗣，弘曕继王之后嗣，传承王绪。这位贤王指的便是世宗雍正皇帝的第十七弟，果毅亲王允礼。

"年当就傅，课授读之诗书。望以亲贤而加之敦勖。鞠从幼弱，以逮于成人。"乾隆皇帝殷切期盼幼弟成为国家的栋梁。从读书的点滴，到训练其从政之德，费尽苦心。由此说明了乾隆皇帝对这位幼弟的关爱。

"屡俾扈以省巡，预在属车之列"叙述了墓主生前的官职。"荆枝遽折于春风；薤叶易晞于朝露。驿来哀讣，情深介弟之悲；宠畀隆仪，礼重亲王之例"，表达了撰文者对墓主人的哀思。根据碑文上的"宠畀隆仪，礼重亲王之例"可知，果恭郡王的葬仪是按照亲王之礼承办的。最后，乾隆皇帝表达了自己失去幼弟的沉痛心情。

（三）清宫史籍中记载的果恭郡王

在上述果恭郡王碑文的墓主生平内容中，我们可与《清史稿》《钦定八旗通志》等文献记载的"果恭郡王"条目相互印证。

《清史稿·列传七·诸王六》载，"谦妃刘氏，生果恭郡王弘曕"。

《钦定八旗通志·卷一百二十》载，"果亲王弘曕撰，王世宗宪皇帝第六子，乾隆三年奉旨继果毅亲王允礼后。十五年封和硕果亲王，二十八年坐事降为多罗贝勒，三十年复封多罗果郡王，是年，三月薨。谥曰'恭'"。

这两条记载与碑文可以相互印证。碑文中提到的对果恭郡王犯错后的宽大处理，指的便是乾隆二十八年（1763 年）对其爵位的降级处罚；另外，对于果恭郡王的生母，史料又填补了碑文内容之缺。由此可见，史料记载与碑文内容的二者对比，更加详细地让我们了解了弘瞻其人、其事、其德、其迹。

从碑文上"乾隆三十年四月二十七日"的落款，可以得知这篇碑文撰于果恭郡王薨逝后的一个月。

关于碑文上对果恭郡王名字的记载，根据《清史稿·世宗系》[①]所载内容，可知世宗长子名弘晖，次子名弘昀，三子名弘时，四子为乾隆皇帝，五子名弘昼，六子名弘瞻，七子名弘盼。一方面，《清史稿》明确记载了皇六子的名字为"弘瞻"；另一方面，根据诸位皇子的命名规律，其名字的偏旁皆为"日"，那么皇六子名字中的偏旁亦应为"日"旁。但是今天我们在果恭郡王园寝记述其生平的碑文中，看到的名字却被刻成"目"字旁，因此可以判断出碑文上的文字刻错了。为何将王爷的名字刻错（图5）？我们不得而知，还有待日后新史料的发现来加以破解。

图 5　果恭郡王碑文上的错别字"瞻"

① 赵尔巽等：《清史稿》，中华书局，1977，第 5189—5202 页。

三、学术价值

诚如上言，现所见的清代王爷园寝墓碑主要是清代中央政府对墓主人的褒扬之词。清代前期的王爷们有的在征战中战死，有的屡立战功，有的保卫疆土，有的恪尽职守。其所涉内容可与《清史稿》《钦定八旗通志》等文献互相印证，亦可补史料之缺、纠史之误，具有较高的史料价值。如果恭郡王碑墓主人名称有误，"弘瞻"实为"弘曕"之误。

综上所述，从实地现存碑文来看，清代王爷园寝的碑文内容是对清史的补充，亦有一些不见著文于清史或文献者，但确有其史料意义，值得学者关注。

笔者在踏查中，对所见石刻碑文从全景至局部进行了照片拍摄，将所见碑文尽可能抄录并与中国国家图书馆"碑帖菁华"所藏之拓片进行核对，一则希望把这些原始资料保存下来，为学术研究提供基础；二则希望能引起各文物保护单位或文物保管所的重视，若能尽早将原碑进行实地保护或保存，避免人为破坏或风雨侵蚀，将功德无量。

本文不限于对某一碑文的讨论，以期抛砖引玉，能有更多的学者加入研究清代王爷园寝各专题之列。

崇左市出土的明代买地券研究

【作者】杨丽云　崇左市壮族博物馆　副研究馆员

买地券，是中国古代流行的为亡者在阴间获得永久居住权而定制的、与现实生活中土地买卖契约具有相似构成要件的陪葬品。目前，崇左市出土了两块买地券，分别是藏于崇左市壮族博物馆的明代正德六年夏时为母腾氏买地券和藏于宁明县文物管理所的明代嘉靖十三年黄泽买地券。这两块买地券因所处的年代相近，在格式上有很大的相似性，但具体内容的差异体现了出土地之间习俗的差别。研究这两块买地券，有利于了解明代买地券形式和崇左地区古代丧葬习俗。

一、明代正德六年夏时为母腾氏买地券

该买地券是 1991 年 3 月 18 日在建设崇左县糖厂基址时的墓地出土的，石质，通长 33.2 厘米，通宽 28.5 厘米，重 4 千克（图1）。券正面右边阴刻有一幅一位用左手包右手行"拱手礼"的道教神仙画及最右上角符篆一方，左边为自右向左阴刻铭文 5 列 76 个字，具体碑文如下：

柏神停停，守墓安宁，有人来问，转背抵迎。若呼其妻子，柏神代死；若呼其女男，柏神代当；若呼其孙侄，柏神代释；若呼其亲，柏神代身；若有恶鬼山魈土气，先葬一切怪异雷司，柏神代之。急急如女青律令！敕！

券反面自右向左阴刻铭文 17 列 320 个字，具体碑文如下：

维大明正德六年岁次辛未十一月丁未朔，越三十日丙子阳上安厝。孝男夏时等投诚，伏为亡故妣亲腾氏于庚午年八月二十二

日卯时故。幸禄先师遥望岗山，观其地理，龙神降赐，宾主相迎，白象现身，金龟出穴，水湾山秀，万万拱朝。今有孝男夏时乞用银钱九万九千九百九十文就与地主张坚固、李定度买到岑处天然黄金吉地一所，特将先姚腾氏安葬。时点正坐，乾山巽向。于本月十九日申时分斩草开茔，至三十日申时分入地安葬。为始今将此地开列于后：

　　上至青天，下至黄泉，东至甲乙九万丈

　　南至丙丁三万丈，西至庚辛七万丈

　　北至壬癸五万丈，中至戊己一万丈

　　右给付亡故腾氏正魂白骸收执为证。凡有一切凶星神煞不得乱行转向勾呼冢内亡人。任食天禄、天厨、天福、天寿、坐向幽堂，荫益子孙，魂升天界，骸寄岗山。故气伏尸不干侵犯，百无禁忌，万岁安在。须至出给王券者承准。元始符命告下施行。

正面　　　　　　　　　　　　　　　反面

图1　明代正德六年夏时为母腾氏买地券

　　从铭文来看，这块买地券是夏时为其母亲腾氏刻制的。腾氏祖籍身份没有在券中写明，无从考证其生平事迹。据铭文记载，腾氏于庚午年（1510年）卒，于明正德六年（1511年）下葬在岗山。腾氏从死亡到安葬，相隔一年三个月，其间"停柩待葬"。在崇左这样炎热湿润的气候环境下，一年多不葬的尸体其腐烂程度远超想象。但在明代，"停柩不葬"是一种普遍现象，甚至出现"十年不葬"①，"数十年不克葬者"②。"停柩不葬"不是真正意义上的不葬，而是风水先生依据死者及其在世亲属的各项指数推算选定的吉时葬期比较晚导致的，其间只能选一处地方暂置棺柩，等到如铭文所记载的出现"龙神降赐，宾主相迎，白象现身，金龟出穴"的吉时到了，才抬柩安葬。

该买地券的正面反复出现了6次柏神，反映当时人们有柏神信仰，即柏树信仰。券中的柏神，指的是种在墓地旁发挥守护墓地神作用的柏树。如今民间还有在墓地种柏树的习俗，人们相信柏树具有抵挡魍魉的恶鬼、让亡灵安息、保佑生人平安的功能。为此，该券多处反复出现柏神替亡者亲人代挡一切凶神恶煞，护佑墓主亲人安康。

这块买地券的铭文记载了腾氏葬礼上保留的斩草习俗。腾氏于十九日斩草开冢，至当月三十日入土安葬，中间相隔11天。斩草习俗起源于轩辕皇帝时期，因人生于草，死要葬于草。在选好的吉日，亡者家属在风水先生操持仪式后，先清除选好的墓地上的各种杂草，再开坑为冢葬死者。只有斩草后，墓主才能在阴界得以安息，其亲人才能安宁快乐地生活。③另外，为了保证买地券在阴间的效力，买地券上有加持督促执行用的咒语"急急如律令"，还附有增强厌胜功能的一方道教符令，更重要的是有一个双手持法剑、保护亡者冥世法律权益的神灵人物像。该买地券上丰富的神灵图案和情真意切的表述用语充分展现了生者对死者在阴间生活的各种美好祝愿，极致地体现了"视死者如生者"的理念。

二、明代嘉靖十三年黄泽买地券

该买地券是2008年5月考古人员在整理宁明县明江镇板册村四把屯黄善璋墓时出土的，石质，通长45厘米，通宽39厘米，厚7厘米，单面阴刻，最上方横排券额"地券"二字，最右上角有楷书铭文"佛雷"二字及其下方有符箓一方（图2）。券文主体铭文从左到右竖向排列，作楷书，共12列，290字。全文如下：

---

① 黎文宗、贲小梅：《广西南宁出土的两块明代买地券》，《中国国家博物馆馆刊》2019年第3期。
② 张尔岐：《后笃终论》，参见《皇朝经世文编》卷六二《丧礼上》，文海出版社，1966，第2254页。
③《永乐大典》卷八一九九《大汉原陵秘葬经·斩草法篇》，中华书局，1986，影印本，第3822页。

地　券

维大明国广西左江思明府中顺大夫黄泽，系下元癸未年十二月十八壬寅日申时受生，不幸于嘉靖十年身故。停柩于堂，未遑安葬。今择选得年月、山向大利，卜取嘉靖十三年十二月十三日酉时安厝。今有亡者用价九万九千九百九贯九十九文，买到虎牙将军寿地一穴。坐落土名咘宁，迁作亥山巳向为茔。东止甲乙木，南止丙丁火，西止庚辛金，北止壬癸水，上止青天，下止黄泉。已上六止分明，并无重叠安葬之坟。魂归入墓，千年不动，万年不移，真到券字分明。虑恐本境神坛社庙，古墓伏尸，魍魉妄行，侵占恐吓亡人，今将立券与亡者收执，晓谕诸神，各请回避。如有一神不遵，并追天霆，依律问罪，定当不恕。立此文券为照者。

天运嘉靖十三年十二月□□日立券。

卖地人：虎牙将军押

接引领人：张坚固押

中见人：李定度押

书券人：郭神仙押

图2　明代嘉靖十三年黄泽买地券

　　大多数买地券的主要内容之一是记述与现实生活一致的死者生平。在墓主身份不确定的情况下，出土的买地券为揭晓墓主真实身份提供有力的证据。该买地券记载此墓的主人是广西左江思明府中顺大夫黄泽。据康熙时期《思明府志》记载，黄泽，字惠民，是明代思明土府第九代土知府。[①]该买地券的出土打破了一直被大家认为此墓是思明州黄氏土司祖先黄善璋墓的说法。黄泽于明嘉靖十年（1531年）死亡，到嘉靖十三年（1534年）才埋葬，这反映了宁明在明代也有"停枢不葬"的习俗。"停枢不葬"的习俗是风水先生在死者葬期选择上面临重视"地理"还是"天理"的信仰冲突时，陷入两难的困境而出现的"边际情境"的结果。[②]该券与明代正德六年夏时为母腾氏买地券一样，都出现张坚固、李定度两个神灵，但角色不一样。该券中两者充当中间介绍人，后券中两者充当阴间土地卖主的角色。可见，买地券中出现的神灵与其角色不存在一一对应的关系，有时会出现同一个神灵在不同的买地券中扮演不同的角色。

　　这块买地券与明代正德六年夏时为母腾氏买地券有相似的构成要件，包括墓主、土地所有权的说明、土地范围、土地价格、契约订立相关责任人、咒语、道教符令等（表1）。这充分体现了强烈的制式化特点，具有"民生宗教之凝固性"[③]，说明在明代中原的儒释道文化已经深入西南边陲的崇左地区，得以在民间广泛践行。

---

① 陈达修、高熊徵：(康熙)《思明府志》，载付广华编《边陲的国家化——广西思明土府个案研究》，民族出版社，2020，第215页。

② 陈进国：《扶乩活动与风水信仰的人文化》，《世界宗教研究》2004年第4期。

③ 范春义：《作为民间仪式文本的买地券文体研究》，《中南民族大学学报（人文社会科学版）》2018年第5期。

表 1 崇左出土明代买地券中相似要件表

名称	买主	卖主	墓主	死亡时间	安厝时间	土地名	土地范围	土地价格	违约处理方式
明代正德六年夏时为母腾氏买地券	夏时	张坚固、李定度	腾氏	庚午年八月二十二日卯时	正德六年岁次辛未十一月丁未朔越三十日丙子阳上	岑处天然黄金吉地一所	上至青天，下至黄泉，东至甲乙九万丈，南至丙丁三万丈，西至庚辛七万丈，北至壬癸五万丈，中至戊己一万丈	银钱九万九千九百九十文	故气伏尸，不干侵犯，百无禁忌，万岁安在。须至出给王券者承准。元始符命告下施行
明代嘉靖十三年黄泽买地券	亡者	虎牙将军	黄泽	嘉靖十年	嘉靖十三年十二月十三日酉时	唎宁	东止甲乙木，南止丙丁火，西止庚辛金，北止壬癸水，上止青天，下止黄泉	九万九千九百九贯九十九文	如有一神不遵，并追天霆，依律问罪，定当不恕。立此文券为照者

三、结论

明代正德六年夏时为母腾氏买地券和明代嘉靖十三年黄泽买地券是崇左市目前仅有的两块出土买地券。这两块明代买地券与同时期国内出土的买地券在格式上有很多相似之处，体现了制式化的特点。从买地券铭文来看，明代崇左地区除了与中原地区一样普遍流行"停枢不葬"的习俗，还有斩草习俗和柏神信仰习俗。这表明明代崇左地区的葬礼文化已经广泛吸收中原的儒释道文化，融入中华民族大一统的传统文化。这两块买地券为研究明代民间宗教信仰风俗提供了重要的实物支撑和文献资料参考。

望朝摩崖石刻的史料价值及艺术特色探析

【作者】农恒云　崇左市文学艺术界联合会

郑达坚　南方锰业集团有限责任公司大新锰矿分公司

隆安县今隶属南宁市，位于广西西南部、右江下游，与崇左市江州区、大新县等接壤。明嘉靖十二年（1533 年）置县，数百年间文人墨客、乡绅仕宦在隆安县境留下不少摩崖石刻，这表明隆安县蕴含着丰富的文化内涵及史料价值、文学价值、书法价值。本文着重整理、订正、完善隆安县望朝摩崖石刻的文字内容，并探析其史料价值和艺术特色，以期与相关研究人员探讨并提供参考和启发。

一、望朝摩崖石刻的保存现状

望朝摩崖石刻位于隆安县南圩镇望朝村多劝屯西南 1 千米处的凿字山半山腰，坐北朝南，离地约 15 米高，"南崖过迹"石刻、"思龙七八图随步乡约里老排年"石刻、"袁子昌祚承履亩之命如隆安"石刻自左向右一字并排。

（一）"南崖过迹"石刻

"南崖过迹"石刻高约 1.1 米，宽约 1.5 米。顶置的"南崖过迹"为双钩阳刻楷书，每字高约 0.6 米。附带阴刻楷书跋文 12 行，每行 6 字，落款 1 行，文字清晰可辨："时嘉靖戊午年冬，都结、万承二州争地，兵乱骚动边境。余巡历各隘，安抚地方，查考旧境，被占年久，难以卒复，故因见治各书石界，以杜绝后来争端。过是山，徘徊斯石，因书以为志云。晋江姚居易书。"

"南崌过迹"石刻正文共 76 字，且该石刻史料已多有载录，故不再赘述。

（二）"思龙七八图随步乡约里老排年"石刻

"思龙七八图随步乡约里老排年"石刻高约 1.4 米，宽约 0.43 米，阴刻楷书。由于局部文字漫漶不清，相关文献未收录全文。笔者考证内容为"思龙七八图随步乡约里老排年：陆累泷、陆喜管、陆学从，过往黎道真，多宁杨金，多蔫韦文政，多政陆道通、陆善珀、周性隆，多盖黎父叶，多林陆成高，多骂任恩，昒闭梁成保、黄韦想、陆保儿。各村户老：藏筹陆绍昌，多弼陆喜亮，陇信陆福余，任进黄绵杨，多并陈福种，多放陈福恩，多欧陆振双，多芌陈庆权、陆风㦗、陆显偏、陆端，那料陆云举，多老任喜荣，多礼任常俭，多获苏云意"。

"图"是明清时期地方基层行政区划名称。明末清初著名学者、大思想家顾炎武在《日知录》中载："萧山县志》曰：'改乡为都，改里为图，自元始。'"[1] 嘉靖十二年（1533 年）四月，朝廷将宣化县思龙乡的一、五、六、七、八、九、十、十二 8 图和西乡的六、八 2 图，以及武缘县永宁乡的三、四、五 3 图划出，设置隆安县，属南宁府管辖。[2] 石刻中"多宁、多林、昒闭、多放、那料、多获"等地名，仍见于民国《隆安县志》。[3]

（三）"袁子昌祚承履亩之命如隆安"石刻

"袁子昌祚承履亩之命如隆安"石刻（图 1），高约 1.4 米，宽约 5.5 米。该石刻原本无具体的名称，经笔者实地考察并结合草书字法辨识出"袁子昌祚承履亩"后而以此命名。笔者在现有的一些研究成果资料的基础上，考证补正通篇释文留空、错谬等计 98 处（字），现抄录全文（断句标点为笔者所加）如下：

隆庆壬申，袁子昌祚，承履亩之命如隆安，其民群言困苦状，洵之。邑令郑子则以地介诸土酋，岁久吞民产，苦代输虚桄也。

乃以夏六月廿有六日，偕使县佐熊子卜，巡诸边徼田。由邑西门出霸店、道峎冈隘入多宁。暮宿于过往茅茨舍中。次早，连剜木之舟，于峎塘泛焉。上峎枫岩，寻异时邑令姚子所刻界石，视之。复泛舟经叫弄、礼山峒驮叫喜诸峰，询所刻界。舟人仰指视，余从陆上多林转陇潭，历敢瓜、多罗、叫卢，诸崖石所界刻都万承划毁，字面已不可辨。自峎冈至陇潭，多崇山峻阪，纡回逼厄，

① 顾炎武：《日知录》，团结出版社，2022，第 1846 页。

② 刘振西、潘受莹、黄朝桐：《隆安县志》，成文出版社，1975，第 42 页。

③ 同②，第 43—53 页。

石峒犀利，不便舆马，且乘且步，炎暑蒸薄，仆夫汗喘。出陇潭，山渐陀陂，下属平壤，沿山诸田畴，涌望绮错，皆万承侵而有也。

悲夫，隆安赖新建，王公维野树邑，民始知有大长之义，顾其土瘠而赋重，力不能给，继以漂徙。即以所过村落视之，乡无千趾之聚，户鲜百金之蓄，业已疲矣。而荒慝土酋，积忮魋党，噬我疆圉，枣穗归于僭孽，赋役代于良泯。此害日深，彼利日殖，是遵何说哉？

余方慨然求所以规复者，其民与余言：官之迁转有常，酋之钞暴无已，以有常较无已，势必不充，县官孰不留心？虑开衅所遗民忧，宁恶而中辍也。余闻言而重偊之因，思左阳被困，与兹一辙，自非当路诸大臣决议于上，侵地能遽复乎？

廿有八日憩于多并，书此以志是行也。

邑令郑子，以病初起。学谕何子，以职儒术，皆不克往。会土舍陆朝璧，持余言质二夫皆嘉惠隆安而同轸民瘼者，即叩其刻之石壁。郑子名时贤，徐闻人。何子名廷望，三水人。熊子与余俱东莞人，名具前。

图 1 "袁子昌祚承履亩之命如隆安"石刻拓片（局部）

石刻正文为阴刻行草书，落款为阴刻楷书"那楼寨护印世袭土舍陆朝璧督，石匠李兰刻"。据《明史》记载，那楼寨位于隆安县西南部。[①]

隆安县人民政府于 1989 年 8 月 2 日将望朝摩崖石刻公布为县级文物保护单位，2020 年修建了一条从山下村级公路直通摩崖石刻的石阶步道，并在石刻周围修建观赏平台，便于游人观赏。

二、望朝摩崖石刻的史料价值

望朝摩崖石刻在时间上具有连续性，是明代隆安县历史文化的生动见证和

---

① 张廷玉：《明史》，第四册，卷四〇至卷四六，中华书局，2013，点校本二十四史精装版，第 1159 页。

重要载体之一，为了解明代隆安地方治理、文人仕宦为人为官之道提供了一定的史料依据，尤其为研究明清隆安县与都结州、万承州等山林土地纷争历史提供了佐证。同时，对石刻文字内容的深入考证和梳理还可勘误地方志乘及相关文献的错谬。

（一）印证地方志乘所载明清隆安县、都结州、万承州等山林土地之争

隆安县地界与当时同属太平府所辖的都结州、万承州等犬齿交错，他们之间为扩充领地而争夺山林土地，时常发生纠纷甚至爆发械斗。"南崖过迹"石刻中"时嘉靖戊午年冬，都结、万承二州争地，兵乱骚动边境"清晰记载了明嘉靖戊午年（1558 年）都结、万承两州因争夺土地兵乱而殃及隆安县，时任隆安县知县的姚居易"故因见治各书石界，以杜绝后来争端"。在明代设县建制前，隆安与万承州、都结州之间土地纷争由来已久。明代《南宁府志》记载万承等地"土夷"掠夺隆安土地："正统间万承、思同、结伦、结安、罗阳等州土夷出没剽掠乡邑，那楼寨义勇陆懋率乡民击之。十二年六月佥举懋功奉勘合授土副巡检世袭。"[1] 关于万承与都结之间的土地纷争，《明宪宗实录》记载："辛酉，广西万承州土官族许彬奏：都结州土官农得安自称依智高之后，图为不轨，亲领土兵八千余越境流劫，侵占所守腊浪等十有七村，乞差官擒捕，俾归侵疆，仍正其叛逆之罪。上命移文提督军务都御使韩雍等覆实处分。"[2] 直到康熙年间，与隆安县接壤的万承、都结两州间仍频繁发生土地争夺。雍正《太平府志》记载："康熙三十二年九月，都结州以多工、多准、剥峬、那坛、峬昏、多辇、廪劳、多礼、那律、通昏、叫辱、多引、多偶、多信、那任等十五村为万承州侵占，控于府。万承州亦具状诉知府黄良骥委官公勘申详本道详奉督抚批饬各守疆界，不得混争。"[3]

明清时期，朝廷为加强对基层组织的治理，推行一系列如"乡约""里老"等行之有效的管理制度。《明史》记载："洪武十四年诏天下编赋役黄册，以一百十户为一里，推丁粮多者十户为长，余百户为十甲，甲凡十人。岁役里长

① 方瑜：《南宁府志》，载中国科学院图书馆选编《稀见中国地方志汇刊》第四十八册，中国书店，1992，第 191 页。

② 黄彰健校勘，中央研究院历史语言研究所校印《明实录（附校勘记）明宪宗实录》卷三一，中华书局，2016，第 626 页。

③ 甘汝来：《太平府志》，载故宫博物院编《故宫珍本丛刊》第 195 册《广西府州县志》第 1 册，海南出版社，2001，第 82 页。

一人，甲首一人，董一里一甲之事，先后以丁粮多寡为序，凡十年一周曰排年。"①将作为一种基层组织管理的"自治"模式镌刻于此处，"思龙七八图随步乡约里老排年"石刻记录了当地村屯一个周期的轮值人员名单，虽无具体纪年落款，但仍可推测在民众"自治"模式中，地方百姓寻求社会秩序安宁而派遣人员值守以防周边州城入侵掠夺山林土地。

"袁子昌祚承履亩之命如隆安"石刻详细记载了1572年袁昌祚奉命到隆安县考察时所见"沿山诸田畴，涌望绮错，皆万承侵而有也"。如石刻所载，造成当地百姓颠沛流离的原因与万承州侵占隆安县大片土地密切相关。

（二）客观反映明代地方文人仕宦执政为官之道

望朝摩崖石刻不仅记载了明代隆安县边境治安情况，同时字里行间还反映出地方文人仕宦执政为官之道。从"南崖过迹"石刻可以看出，面对都结州、万承州争地兵乱牵连隆安县边境治安时，作为知县的姚居易为使百姓安居乐业，于是"巡历各隘，安抚地方，查考旧境，被占年久，难以卒复，故因见治各书石界，以杜绝后来争端"，足见姚居易体恤民情，为官一任，造福一方。"思龙七八图随步乡约里老排年"的刊石勒铭，难以确定具体的年代，但可见地方仕宦对基层治理的重视及民间"自治"的契约精神。"袁子昌祚承履亩之命如隆安"石刻客观记载了隆安县初创时期的社会状态："顾其土瘠而赋重，力不能给，继以漂徙。即以所过村落视之，乡无千趾之聚，户鲜百金之蓄，业已疲矣。"土地纷争、土壤贫瘠、赋税繁重等导致民不聊生。到此考察的袁昌祚不禁长叹一声"悲夫"，痛恨周边土酋"噬我疆圉"贪得无厌，挞伐一些县官怠政"其民群言困苦状，洵之。邑令郑子则以地介诸土酋，岁久吞民产，苦代输虚桄也"，或抨击基层官员任用机制的弊端"官之迁转有常，酋之钞暴无已，以有常较无已，势必不充，县官孰不留心？虑开衅所遗民忧，宁恶而中辍也"。字里行间可见他心地悲悯，情系民众疾苦之心。

（三）勘误地方志乘及相关文献的错谬

数百年的风雨剥蚀和尘土覆盖，导致望朝摩崖石刻部分文字泐损或模糊不清，给观赏者或研究者增加辨识的难度，以致对通篇文字的审释缺乏完整性。尤其是以行草书为主体的"袁子昌祚承履亩之命如隆安"石刻，因草书笔画具

---

① 张廷玉：《明史》，第七册，卷七七至卷八八，中华书局，2013，点校本二十四史精装版，第1878页。

有省简、符号化，字形夸张、变形、变异，以及笔势映带、连绵等特点，对草书文字内容的识读尤为困难，需要研究者具备一定的草书学习经历，掌握草书字法、结构的规范及规律，否则，将差之毫厘，谬以千里。

"袁子昌祚承履亩之命如隆安"石刻文字的校勘考证，散见于相关文献、媒体报道中的释文，释文多为残缺不全或多处留空，甚至不少错谬。至今未有研究资料明确指出石刻作者姓名及生平事迹，也未见当地史志及研究成果等收录该石刻的全文。当代的《隆安县志》仅有"隆庆壬申教子留祈"等记录。黎文宗、贲小梅《隆安县摩崖中的题诗和题记研究》收录为"隆庆壬申，教子留□承履□之……"①，对原文的释读留空、错谬等计98处（字）。显然，研究者如果对石刻文字内容的释读不完整或者对关键部分文字有误识，掌握的石刻文字内容所包含的史料就会有所偏差，甚至南辕北辙。因此，对石刻文字内容的严谨考证，可以勘误地方志乘及相关文献的错谬。

笔者认为对"袁子昌祚承履亩之命如隆安"石刻的作者及其文字的考释，可从以下三个方面进行论述。

一是碑文中较容易识读的关键字句所隐含的关联信息。第一行"隆庆壬申"即1572年，由此可知书刻的具体年代；第三十四、三十五行"思左阳被困，与兹一辙"，说明作者与"左阳"此地名存在某种关联。据康熙《左州志》所载"袁昌祚，广东东莞进士，隆庆六年任，重建圣殿儒学于西城外。万历九年督学广西"②得以印证；第四十三、四十四行"熊子与余俱东莞人"，道明了作者"余"系东莞人。而此"余"也是解开通篇石刻疑惑的关键所在，并通过"余"之身世、才学、官衔等解读文章所持的立场观点等。"余"指何人，在此之前相关研究者悬而未决，故而是本文要研究和解开的重点。

二是从书法（草书）字法的角度辨析。同其他书体一样，古往今来草书的书写亦有严谨的法则。虽然首行中"袁"（图2）、"昌"（图3）、"祚"（图4）三个草书字分别与误读的"教""留""'迹'或'祈'"形态酷似，导致许多研究者误读，从而未能解开石刻作者的姓名，第二十二行中"王公"（图5）二字与

① 黎文宗、贲小梅：《隆安县摩崖中的题诗和题记研究》，载广西壮族自治区博物馆主编《广西博物馆文集》第十五辑，广西师范大学出版社，2021，第67-68页。
② 李铨：《左州志》，载故宫博物院编《故宫珍本丛刊》第196册《广西府州县志》第2册，海南出版社，2001，第17页。

误读的"壬辰"也容易混淆，但从历代书家法帖墨迹中，均可找出与石刻中"袁""昌""祚""王""公"对应的写法和印证。

图 2 "袁"字

图 3 "昌"字

图 4 "祚"字

图 5 "王公"二字

"袁"字，见东晋王羲之《草决百韵歌》、明代韩道亨《草决百韵歌》、现当代王蘧常《十八帖》中的写法（图 6 至图 8）。

图 6 王羲之《草决百韵歌》中的"袁"字

图 7 朝道亨《草决百韵歌》中的"袁"字

图 8 《十八帖》中的"袁"字

"昌"字，见宋代米芾《蜀素帖》、明代董其昌《渤海藏真帖》、清代翁方纲《天际乌云帖》中的写法（图 9 至图 11）。

图 9 《蜀素帖》中的"昌"字

图 10 《渤海藏真帖》中的"昌"字

图 11 《天际乌云帖》中的"昌"字

"祚"字，见明代文征明《题调羹补衮图》、明代蔡世松《墨缘堂藏真》、民国于右任《于右任书法全集》中的写法（图12至图14）。

图 12 《题调羹补衮图》中的"祚"字

图 13 《墨缘堂藏真》中的"祚"字

图 14 《于右任书法全集》中的"祚"字

"王"字，见明代张瑞图《桃源洞口诗册》、明代文徵明《白玉兰图》、明末清初王铎《琼蕊庐帖》中的写法（图15至图17）。

图 15 《桃源洞口诗册》中的"王"字

图 16 《白玉兰图》中的"王"字

图 17 《琼蕊庐帖》中的"王"字

"公"字，见唐代颜真卿《争座位帖》、元末明初杨维桢《竹西志》、明代董其昌《淮安府瀋路马湖记》中的写法（图18至图20）。

图 18 《争座位帖》中的"公"字

图 19 《竹西志》中的"公"字

图 20 《淮安府瀋路马湖记》中的"公"字

三是相关文献著录的佐证。民国《东莞县志》记载"袁昌祚，原名炳，字茂文，号莞沙，茶山横岗人。少负隽才，丰神玉立，性机警，过目成诵，有奇童称。为文雅健，操笔立就"①，与康熙《左州志》所载相符。隆庆五年（1571年），袁昌祚考上进士，次年被派往太平府任左州（即左阳）知州。"袁子昌祚承履亩之命如隆安"石刻有"隆安赖新建，王公维野树邑"，其中的"王公"即王守仁。明嘉靖七年（1528年），王守仁平定"思田之乱"后，在给朝廷的奏疏中"又议添设流官县于思龙"②。嘉靖十二年（1533年），在王守仁的建议下，隆安正式置县建署。以上所述相互印证、吻合，由此可知碑文作者和书写者为袁昌祚无疑。

三、望朝摩崖石刻的文学艺术特色

"袁子昌祚承履亩之命如隆安"石刻体裁为杂记文，以第一人称"余"顺叙叙事，记叙了作者袁昌祚在考察过程中的所见所闻所思，表达亲切自然，生动真实。明代大学士徐阶称袁昌祚"为文古而畅，又能取办一时，是以难尔"③。

"袁子昌祚承履亩之命如隆安"石刻将叙述、描写、抒情、议论和说明巧妙地融为一体；在表现手法上，采用比喻、景物描写、环境描写、人物对话、对比、联想等。

"苦代输虚桄也"形容一些县官面对土地纷争时，心有余而力不足，如同织布机的梭子一样来回虚晃，徒劳做些治标不治本的调解罢了。

"自埂冈至陇潭，多崇山峻阪，纡回逼厄，石峒犀利，不便舆马，且乘且步，炎暑蒸薄，仆夫汗喘。出陇潭，山渐陀陂，下属平壤，沿山诸田畴，涌望绮错"，描写了山崇岭峻、路途艰险、天气酷热等。

"顾其土瘠而赋重，力不能给，继以漂徙。即以所过村落视之，乡无千趾之聚，户鲜百金之蓄，业已疲矣"，记录了当地土壤贫瘠、赋税繁重，人口大量往外迁移，民不聊生的社会环境。

"而荒憬土酋，积恃魋党，噬我疆圉，枣穗归于僯孽，赋役代于良泯。此害日深，彼利日殖，是遵何说哉"，抒发了作者对周边土酋横蛮贪婪、争夺土地的愤懑。

---

① 叶觉迈：《东莞县志》，成文出版社，1967，第2209页。
② 刘振西、潘受莹、黄朝桐：《隆安县志》，成文出版社，1975，第15页。
③ 同①，第2212页。

"官之迁转有常，酋之钞暴无已，以有常较无已，势必不亢，县官孰不留心？虑开衅所遗民忧，宁恶而中辍也"，以对比和反问的表现手法，表达作者对用人机制弊端及地方官员不作为的痛心疾首。

"余闻言而重傜之因，思左阳被困，与兹一辙，自非当路诸大臣决议于上，侵地能遽复乎？"，以联想和疑问将作者怜悯百姓疾苦、批判部分官员无所作为等思想感情推向高潮，发人深思。

在表达方式上，对写下这篇文章是为记录此次应约奔赴隆安考察之行，县令郑时贤因病、何廷望因事未能一同考察，熊卜和作者都是东莞人等相关信息加以说明。

四、望朝摩崖石刻的书法艺术特色

"南岸过迹"石刻四个双钩大字温文端庄，跋文行楷体，规矩有度却稍显柔弱乏力，并无太多艺术欣赏的价值。

"思龙七八图随步乡约里老排年"石刻书写不计工拙，楷法虽不严谨，却有"民间书法"的天真烂漫和自然朴质。

"袁子昌祚承履亩之命如隆安"石刻则尺幅巨大，字数较多，以草书为主、行书为辅，行草相间，涉及地名和用典时多用行楷书写。现着重分析"袁子昌祚承履亩之命如隆安"石刻的书法艺术特色。

（一）书法的实用性与艺术性互为兼备

"袁子昌祚承履亩之命如隆安"石刻系袁昌祚应约到隆安县考察时，所见所闻所思的即兴题壁之作，文辞自然，情感真挚。从书法的角度来看，不失为一幅精彩纷呈的书法巨作。

袁昌祚所处的明代中晚期，书法延续宋元的尚意、尚态之风，故而行草书相当盛行，草书流派众多，名家辈出。著名学者马宗霍对明代行草书之鼎盛作了精辟概括："有明一代，亦尚帖学，成祖好文喜书，尝诏求四方善书之士以写外制，又诏简其尤善者于翰林写内制。凡写内制者，皆授中书舍人，复选舍人二十八人专习羲献书，使黄淮领之，且出秘府所藏古名人法书，俾有暇益进所能，故于时帖学最盛。仁宣嗣徽，亦留意翰墨，仁宗则好摹兰亭；宣宗则尤契草书。宪宗、孝宗、世宗皆有书迹流传。孝宗好之尤笃，日临百字以自课，亦征能书者使值文华供内制。神宗十余岁即已工书，每携大令鸭头丸帖、虞世南临乐毅论、米芾文赋以自随。夫上有好者，下必甚焉。明之诸帝，即并重帖学，宜士大夫之咸究心于此也。帖学大行，故明人类能行草，虽绝不知名者，亦有可观。简牍之美，几越唐宋。"[1]

明代行草书之繁盛，从"袁子昌祚承履亩之命如隆安"石刻可见一斑。风格上师法源流清晰，继承"二王"（王羲之、王献之）、怀素狂草一脉，又见宋元草书的率意及明代草书的浓郁抒情意味。笔法、字法遵从古法，下笔果敢从容，点画精到，轻重自如。例如，第二十五行"聚"字（图21），内紧外松，行形而草笔，笔画翻转飞动，中侧锋调换自如；第二十八行"良"字（图22），最后一捺轻入重按再轻挑收笔，章草笔意，看似突兀，或许是临时起意大胆运用，但恰恰反映出作者平日临池的功夫深厚、技艺娴熟。文中出现的3个"界"字（图23），同字异形，第十行"界"字，施以章草写法，匠心独运。全文出现的12个"之"字（图24）也不尽相同，体态变化多端，遥与东晋王羲之《兰亭集序》有异曲同工之妙；4个草书"也"字（图25），皆是一笔而成，势不可挡，体现"草贵流而畅"的韵律美。

章法上构思严谨，前后相互呼应，收放自如，跌宕起伏，浑然一体。如此巨幅的摩崖大作，能自如面壁挥笔，流畅潇洒而仪态万千，纵横奇崛，痛快淋漓，足见作者对草法深谙于胸，随心所欲不逾矩，掌控整体章法布局游刃有余。整幅大作观之让人精气神弥漫充盈，令人振奋，读之赏之，抑或舞之蹈之。

图21 "聚"字　　　图22 "良"字

---

① 马宗霍编《书林藻鉴书林记事》，文物出版社，2015，第164页。

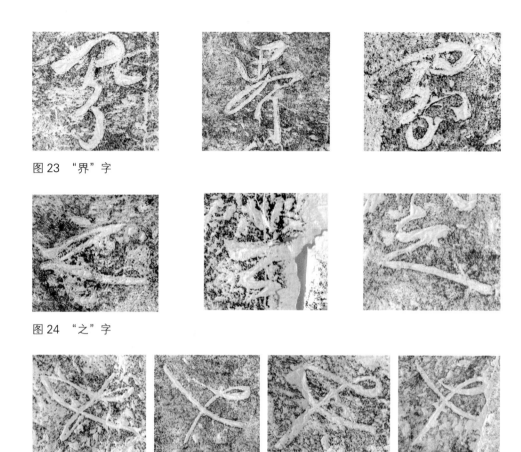

图 23 "界"字

图 24 "之"字

图 25 "也"字

(二) 作者情感与作品形式的高度契合

唐代孙过庭《书谱》有云："真以点画为形质，使转为性情；草以点画为性情，使转为形质。"①在篆、隶、草、行、楷各书体中，草书最能体现作者的书写状态"达其性情，形其哀乐"。"袁子昌祚承履亩之命如隆安"石刻作为记叙类碑记以行草书就，开篇前段尚有拘谨矜持之态，字形较小且匀称，字与字之间无明显映带接连。随着作者心理活动的不断变化，越往后字越大，情以字传，兴之所致，笔势自生，大小参差，跌宕起伏。如写至第二十行"沿山诸田畴，涌望绮错，皆万承侵而有也"（图26）时，愤慨之情跃然毫端，下笔愤斩果敢，行笔迅疾跳跃，一以贯之。当写到第二十一行"悲夫，隆安赖新建，王公维野

<hr>

① 孙过庭：《书谱》，载上海书画出版社、华东师范大学古籍整理研究室选编校点《历代书法论文选》，上海书画出版社，2021，第126页。

树邑，民始知有大长之义"大小变化悬殊，情如潮涌，"悲夫"二字（图 27）下笔迅猛，可见作者将悲愤之情倾泻于笔下。而"民始知有大长之义"则笔断意连，一气呵成，慨叹之情令人共鸣。行文写到最后，从第三十八行"邑令郑子，以病初起。学谕何子……"书写至文末，作者心绪更为宽松而平和，行笔速度也自由轻快，结字舒张开朗，线条从容自然，可见愤懑情绪得以宣泄后的复归平静。

图 26 "皆万承侵而有也"　　图 27 "悲夫"二字

石刻全篇用笔挥洒自然、气势豪放，作者的情绪轨迹"跃然于石上"，情感抒发与艺术表现高度统一。石刻通篇草法规矩、章法起伏变化又协调统一，不失为广西古代书法的精品力作，是研究隆安县乃至广西历史文化及民俗民风的重要史料。

通过考究和系统整理望朝摩崖石刻的文字内容，分析其所隐含的史料价值和文学、书法艺术特色，有助于完善和丰富地方史料，有利于书法工作者从中借鉴和汲古出新。

民俗文化研究

桂北地区民间契约文书收集整理及举例

【作者】秦　婕　桂林博物馆　副研究馆员

契约是私有制和商品交换不断发展的产物，中国古代契约制度更多地表现了一种非法典化和分散化的特点。明清两代，契约文书已渗透到百姓的日常生活之中，而契约制度则散见于各地的民间习俗里。清末至民国时期，随着土地买卖制度逐渐完善，出现了官方统一印制的官契纸，有固定的格式及与交易相关的管理规定等，契约逐渐从传统习惯变成明确的法律行为。

一、桂林博物馆收集桂北地区民间契约文书概况

桂北地区位于南岭南部，其中的湘桂走廊是长江水系湘江上游与珠江水系漓江上游最接近的地段，是中原内地通往岭南最便捷的通道。桂林博物馆藏桂北地区民间契约文书类藏品，以桂林地区及周边临近地区收集的民间契约文书资料为主，时间跨度为清代至现代；地域涵盖桂林全州、灌阳、兴安、资源、永福、临桂等县区，并有湖南的东安、江永、邵阳、祁阳等市县；类别有田地、房屋等买卖契约，以及分关文书、过继文书、土地执照、合同、具结文书、收据、凭证、借条、奠章、家谱、风水帖、拜香歌、毕业证书、获奖证书、个人信件、墓志碑文、档案、账本、物品清单等多种；内容丰富，包括社会文化、生活、经济、民间交往及习俗、信仰等各方面，真实反映了桂北地区历史及文化变迁，对于研究桂北地区社会、经济、文化有着重要的参考价值。

二、桂林博物馆藏桂北地区民间契约文书收集与整理

桂林博物馆收集的桂北地区民间契约文书数量众多，类型多样，内容丰富。这些民间契约文书，原来大量散存于民间，因此馆方在开始民间契约文书收集工作之前做了详尽的准备工作，并在收集回馆后对其做好保存。

（一）桂北地区民间契约文书的收集

1. 在收集之前，做好基础工作。首先，了解民间契约文书的种类、特点和价值，对准备收集地区的民间契约文书的概况进行大致了解，便于在实际收集过程中对民间契约文书进行识别。其次，认真阅读相关地区的地方志、民族志和已有研究成果，初步梳理该地区民间契约文书的基本情况，如类型、分布和留存情况等。最后，通过各种途径，与收集地点的相关机构和专家联系，为到基层调查和收集民间契约文书做足准备。

2. 在收集过程中，深入田野村寨。首先，在了解该地区民间契约文书分布地点的基础上，通过深入城镇、乡村，拜访乡村知识分子等方式，了解该地区基本情况；到农户和居民家中，广泛收集家谱、契约文书、日记、账本、信件等。在征求民间契约文书所有人同意的情况下，采用购买方式对民间契约文书进行收集。其次，留存影像资料和原始记录，载明编号、名称、时代、数量、收集地点等信息。因契约文书一般是家庭财产所有权的证明，对于所有人不同意出卖的情况，可在征得所有人同意之后，以影像资料的方式对民间契约文书进行留存。

（二）桂北地区民间契约文书的整理

1. 桂林博物馆收集的民间契约文书在由原所有人保存时，多有虫蛀、水渍、破损、撕裂等情况。收集回馆后，首先采用低氧气调杀虫系统（图1、图2）或低温冰箱（图3）进行杀虫处理，以防该批契约文书入藏后被虫害损毁，或把病害传染给其他纸质类藏品。对原保存状况不佳，并且有水渍、破损、撕裂严重的民间契约文书，通常采取托裱措施进行保护，以延长文书的寿命。

2. 对所有收集回馆的民间契约文书进行杀虫和保护处理后，依照在收集现场采集到的影像资料和原始记录，对民间契约文书进一步整理。以村为单位，把民间契约文书按照所处的特定时空条件和社会环境进行梳理、整合。先完成以上工作，再回到乡村，深入民间契约文书的产生地进行调查，了解其原生环境、社会

背景、民风民俗等，使其历史脉络、系统性和完整性得到统一。

图 1 低氧气调杀虫系统控制柜 图 2 低氧气调杀虫室

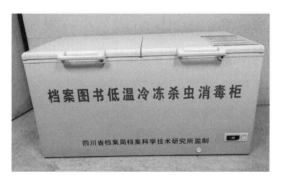

图 3 低温冷冻杀虫消毒柜

三、桂林博物馆收集桂北地区民间契约文书举例

桂林博物馆自 2016 年 3 月至 2020 年 12 月共收集超过 20 种桂北地区民间契约文书，现选取土地买卖文书、分关文书、过继文书三种进行简单介绍。

（一）土地买卖文书

民间土地买卖文书作为个人对土地享有所有权的凭证，在明清时期，与官方契约具有同等法律效力。因此，民间土地买卖文书对家庭甚至宗族具有极为重要的意义，是家庭极为珍视的财产。自古以来，对中国老百姓而言，土地不仅仅是生产资料，更是家庭情感归宿的寄托，不到万不得已的情形，没有人愿意出卖土地。桂林博物馆收集的清末至民国的民间土地买卖文书多为买卖双方协商签订的白契。这一时期的土地买卖契约，无论是格式还是内容，都已经形成固定形式，通常有中人作为证明人。该类契约双方一旦签订则立即成立，并具有法律效力。下面以 1913 年的一份土地买卖契约为例：

　　立卖断粮田契人谭英信、谭英杰，今因家下要钱正用，无从出措，母子兄弟商议，自愿将先年祖父遗下之田，坐落土名罗汉住屋河对门田一处，只七十丘，计田十六亩正，周围以田基面一丈为界，所有界内竹木任凭田主砍伐，下至大河为界，上至竹山为界，右至坡塘大路值上，左至田过路值下大河为界，四至分明，将来出卖，其田照依上手原坡原圳取水淤注，原当毛洞里黄壘屯粮二分五正，先遵族内人等俱各不愿承留，亲身请中问到小车滩。

　　邓顺兴兄弟名下任言承买为业，即日凭中登田看明丘角，三面言定时值卖断田价银一百五十两正，就日银契两交清，百无欠分厘，免立收讫字据，其田未卖之先，并无重复典当，即卖之后，任由田主起田另佃收租，推拨过户，阴阳两造任意诸为，谭姓亲疏人等不得异阻滞，如有此情有（由）在场提笔中人一力承耽（担），不干买主之事，此系二比甘愿，并无债算逼勒等弊，一卖千休永无赠赎，今恐人心不古，特立卖断水田一纸付邓姓执照为据，是实。

　　外有除河边风树四块。

凭中人　龙知霖（押）

母亲潘氏（押）

在场人　谭生保（押）

谭忠清（押）

温阀选（押）

中华民国二年阴历九月二十日　谭英杰亲笔（押）

　　这份土地买卖文书，首先写明了卖主为"谭英信、谭英杰"，卖田的原因是"要钱正用，无从出措"，这一般是订立买卖契约时的套话，但也应是真实情况的反映。然后交代土地的来源——"先年祖父遗下之田"，说明此田为祖父遗留，出卖人作为孙辈，有权处分此田。接下来标明了土地名称、丘数及四至情况，这是土地买卖契约内容的必备要素。特别是四至必须标明，"下至大河为界，上至竹山为界，右至坡塘大路值上，左至田过路值下大河为界"，以避免日后因边界不清产生纠纷。田地的灌溉，对于土地买卖契约来说，是最为重要的问题，因此该契约又特别注明"其田照依上手原坡原圳取水滹注"。

卖主出卖土地前，要先询问宗族内是否有人愿意承买，即本契约中提到的"先遵族内人等俱各不愿承留"，这表明宗族内的人有优先购买权，宗族内没有人表示愿意承买，卖主才能卖给宗族外的人。因为个人所有的土地一般来源于宗族内的分关析产，为保证宗族内析分出的土地只在宗族内部流转，所以宗族内拥有优先购买权，这样既能保证宗族的利益，又能维护宗族的团结。这份契约中，在宗族内无人购买的情况下，卖主则"请中问到小车滩邓顺兴兄弟"，并"三面言定"卖价及如何支付等问题。在清末及其后的土地买卖契约中一般都会出现中人，没有中人的情况极为少见。中人是本次土地买卖的见证人，当本次土地买卖的双方在日后发生纠纷时，中人仍有义务予以调解。"有（由）在场提笔中人一力承耽（担）"一句即说明了这点。

契约中一般还会强调买卖双方的行为出于自愿，所谓"此系二比甘愿，并无债算逼勒等弊"，意在声明此为双方的真实意思，因此其合法性不容置疑。在土地买卖活动中，契约主体必须在意识清醒的认知前提下才能有效地进行缔约行为，任何一方都不能进行胁迫或欺诈，契约主体具有完全真实的自由。契约是人们自愿选择的结果，意志自由是契约伦理的核心精神。如果土地买卖契约中标明了"卖断"字样，就意味着土地所有权发生了实际转移，出卖人不得以任何理由回赎，如该文书中"特立卖断水田一纸付邓姓执照为据"。中人和在场见证人均签名画押，表明他们承认这份土地买卖契约的合法性，并有义务监督这份契约的执行。

（二）分关文书

分关文书，即分家析产文书。这种文书多称为"分关合同"或"分关字"，实为分家合约。分关文书一般需要在家长允许的情况下订立，如由父母主持分家析产或兄弟析分父母财产，而宗族内的分关一般在叔侄之间进行。分关的对象主要是土地、房屋、山林等不动产，除此之外还有家具等动产。下面以光绪三年（1877年）的一份分关文书为例。

立分关合同人锡信永林永善叔侄弟兄等，心气和平商议愿将祖遗分占之屋，正屋二间、箱房二间、又铺屋一间，因请家族将屋三分品搭均分，上箱一间天井搭铺一间郎（廊）檐在内一分（份）；中间正屋一间搭相连下正屋半间天楼地楼堂屋后堂背俱平正柱断一分（份）；下箱房一间天井搭相连上正屋半间通朗门堂屋天楼地楼俱平正柱断一分（份），四底（抵）分明，占（拈）阄为定，自阄定之后，各管各业，不得争长论短、倚强欺弱，恐后无凭，书立分关合同三纸，各执一纸永远存照。

合　同

锡信分占

上箱房一间天井在内搭铺屋一间大门郎（廊）檐在内　领钱二千文补万捐一个

永林分占

中间正屋一间后堂背堂屋连下正屋半间天楼地楼俱平正柱断　补钱一千文

永善分占

下箱房一间天井连上正屋半间通郎（廊）门堂屋天楼地楼在内俱平正柱断　补钱一千文

在证　明文　明福　明卓（押）西川　（押）锡发（押）

锡承（押）　锡爵（押）

代笔　济川

永林（押）

光绪三年十一月二十一日　锡信（押）　仝立

永善（押）

从这份分关文书来看，首先标明分关人为"锡信永林永善叔侄弟兄"，所析分财产来源为"祖遗分占之屋"。分关析产遵循一套固定的程序，因为是析分"祖遗"，需讲明众人和气商议——"心气和平商议"。再请"家族"，将屋"品搭均分"，综合评定财产的好坏，并将其分成三份，列明三份财产的具体情况，然后"占（拈）阄为定"。拈阄是一种机会相对公平的分配方式，用小纸片写上字或记号做成纸团，参与分关的人各取一份来决定家产的最终分配。拈阄结果列明在分关文书上"锡信分占……补钱一千文"，以备后查。最后，在场见证人进行签名画押，见证人一般为本宗族之人，表明他们代表宗族承认这份分关文书的合法性。

此分关合约尽可能将所有房产平均分配，无法平分的，用钱款充抵，如"补钱一千文"以平均分配。此分关合约应为一式三份，每个参与分关的人各执一份，以此证明自己通过分家析产取得财产。

（三）过继文书

在中国古代的宗族社会，宗族依靠一代代子嗣的传承来完成延续，过继承桃就是延续无嗣之人个体生命的重要方式。过继，也称为"过嗣""承桃""过房"等，通常是没有男性继承人的家庭，选择同宗族或同支系的晚辈男性为嗣子，以维持无嗣家庭的祭祀香火与奉祀祖先宗庙，保证宗祀和家族的延续不绝。因此，过继承桃成为中国古代宗法家族制度和继承制度的重要组成部分。嗣子在过继后具有相应的法律权利和地位，能继承所嗣者的财产，还能继承其在家族中的身份与地位。过继承桃作为宗族的重大事件之一，遵循一系列严格的程序，过继文书的行文也有固定的格式。下面以 1914 年的一份过继文书为例。

立任继字人刘美轮，情先父天成公母卢氏，生子一人，而母身故后娶继母尹氏，生弟朗照、本善，二人均早教婚各立门户，惟本善娶滕氏，年近六旬，犹且无嗣，咸不忍使本善夫妇悲同伯道，今凭族戚任本善择朗照之次子瑞生为嗣，从桃永远烟祀，幸本善仁慈，念子衰老，鐥粟纹银，一百三十两正，包闰等项在内，其银亲手领足，事后房内不得异言，恐（空）口难凭，立此任继字一纸，付本善夫妇收执为据。

计批：立字起至氏字止系美伦笔，又一行内生字起至五行内银字止系金文笔，余系上文笔，此批。

	张鹿生（押）	汉章（押）
	唐揖吾（押）	汉云（押）
	李敬忠（押）	喜生（押）
凭族戚	丁杏泉（押）	刘德□（押）
	吴仲力（押）	瑞胡（押）
	朱笃光（押）	小松（押）
	曹金龙（押）	亦芹（押）
		庆生（押）

有明（押）

文（押）

民国三年四月初五日美轮（押）率男上　　孙金文（押）棣华（押）仝笔立
珍（押）

从以上这则过继文书可以看出，此类文书有相对固定的格式，包括立约人"刘美轮"，过继原因"年近六旬，犹且无嗣""不忍使本善夫妇悲同伯道"，过继人选"择朗照之次子瑞生为嗣"。过继是对无嗣家庭香火的延续，"从祧永远烟祀"，希望此后人丁兴旺。因为过继承祧是宗族的重大事件，所以凭中人都为族内长辈和亲戚，众人签字画押，以体现过继承祧的规范性和严肃性。

同宗过继强调昭穆相当的原则，昭穆是我国古代的宗法制度，父辈为昭，子辈为穆，宗庙、墓地或神主的辈次排列遵循昭穆相递的原则，即昭居左、穆居右，此中伦常次序绝不能混乱，并且遵循由亲及疏的次第："凡无子者，许令同宗昭穆相当之侄承继，先尽同父周亲，次及大功、小功、缌麻。如俱无，方许择立远房及同姓为嗣。"①

四、结语

民间契约文书是中华传统文化的重要物证，有助于从各个方面来考察其所处时代的政治、法律制度的形成，以及社会、经济模式的深化及变迁历程，是了解我国传统基层社会治理情况的一把钥匙。桂林博物馆自2016年起便开始对桂北地区契约文书资料进行系统收集，丰富了馆藏藏品体系。馆内的桂北地区契约文书所体现的地域性特点十分明显，是研究岭南、岭北经济文化生活、民间习俗信仰、文化交流融合的丰富实物资料。加强这方面的深度挖掘和研究利用，突出区域性与地方性，使桂北民间契约文书发挥最大价值，对研究桂北地区的历史文化具有重大意义。

---

① 马建石、杨育棠主编《大清律例通考校注》，中国政法大学出版社，1992，第409页。

民间信仰与村落共同体意识构建

【作者】孙丰蕊　广西艺术学院艺术研究院　副研究员

村落是以农业生产者为主的定居场所，是最小的聚落单位。在传统的农耕社会，村民之间于生产时协同劳作，无论建房还是处理家庭大小事务，都互相帮助，从而构建起村落共同体。到了当代，这种紧密的联系并未被打破，很多农村仍然保留着村落间的传统习俗。这些传统有着强大的延续力，其根基在于几千年文化基因的存续。

民间信仰是民众中关于神、鬼、祖先等的信仰崇拜心理，具有一整套的神灵崇拜观念、行为习惯和相应的仪式制度。信仰在民间普遍存在，很多村落都保留着多样的祭祀仪式。譬如，南宁市的平话人村落，会在土地诞、花婆诞、雷王诞、仙姑诞等神灵诞期进行祭祀仪式并唱师公戏，民众共同完成仪式以祈求风调雨顺、五谷丰登，并借此实现村屯的凝聚。例如，百色平果市凤梧镇的师公打斋仪式一般在年末举行，村民会共同捐资以供仪式使用，在打斋的时节嫁到外地的女儿也会赶回，参与这一活动。在贵港市东龙镇一带的安龙仪式[①]中，村屯会在仪式期间"封村"以确保各项活动的顺利进行。

总之，中国的民间信仰丰富多彩，有形式多样的仪式活动相伴相生，通过活动的举办，能够凝聚起村落的力量，强化民众的文化认同，深化族群的历史记忆，从而构建起村落共同体。

---

① 通过该仪式以"正龙位"，保村落风调雨顺、五谷丰登、人丁兴旺。

一、民间信仰与村落空间

中国的民间信仰是普遍存在的，在城市、乡村乃至边远山区都有丰富多样的民间信仰文化。综合来看，民间信仰具有普遍性、多样性、虔诚性的特点。一是普遍性。以广西为例，当地的巫文化产生很早，并在巫信仰基础上产生了麽教信仰，这是壮族原生型民间信仰。广西比较重要的民间信仰还有道公信仰和师公信仰。道公和师公都与道教有关，前者传自茅山教，后者传自梅山教。[①]这些信仰共同构成广西丰富的民间信仰内容体系，融入民众的日常生活之中，成为民众日常生活不可或缺的一部分。二是多样性。广西的巫、麽、师、道、佛等民间信仰不一而足，都在区域社会生活中占有一席之地，发挥着自身作用。三是虔诚性。民众参与信仰活动的积极性高，每到固定的时间都会举行相关的仪式活动，信仰虔诚。场地既有村落中的庙宇、祠堂等公共神圣空间，也有家中的花婆神位[②]、祖宗神位等私人神圣空间，并定期祭祀。

民间信仰在村落空间中集中体现，无论是散布各处的庙宇、祠堂、祖宅，抑或房屋、大榕树下等区域，都能感受到信仰的存在。信仰是村落生活的一部分，维系着村屯的稳定，关联着百姓对美好生活的向往与追求，承载着村屯的历史文化记忆，凝聚着村落共同体。

二、民间信仰、制度规约与村落日常生活的维系

村屯日常秩序的维系有一整套规则。既有村规民约和习惯法的规范，又有村委会的制度管理，也有家族间关系建构起来的稳定社会结构。此外，民间还有一些自发性组织，如文艺队、宣传队等。村屯通过这些方式建立起日常治理体系，维系着正常的运转、传承和存续。村落中的人们还通过生产与生活中的合作强化凝聚力，通过合作增进沟通、深化认同。然而，民间信仰的力量往往容易被忽视，因为它不体现于表层而是隐藏在意识深处，但其维系村落日常生活的重要性不容低估。

民间信仰是维系村落秩序的重要力量。无论是对集体活动还是个人生活，

[①] 壮族地区的道分为武道和文道两种。武道即梅山道，壮人称之为"师"。从道之人称为师公。文道即茅山道，从道之人称为道公。顾有识：《壮族的文道教与武道教》，《广西大学学报（哲学社会科学版）》1995年第4期。

[②] 一般放在卧室的床头或门后，农历每月初一、十五都要祭祀，祈求花婆的护估。

民间信仰都发挥着重要作用，这在民族节庆和人生仪礼中有突出体现。譬如，南宁的城中村都有土地庙，每年农历二月初二，各村会举行土地诞祭祀土地神，请当地的师公戏班表演师公戏，以祈求五谷丰登、丰衣足食。师公戏班会表演《架桥请圣》《打马草》《八仙贺寿》《仙姬送子》《大酬雷》等剧目，这些传统剧目因蕴含着子孙绵延、健康长寿、六畜兴旺、丰衣足食的内涵受到村落民众的欢迎，每有演出，村里老少皆聚旁围观。从当前情况来看，平话人村落师公演剧的传统仍然根深蒂固，每年都在上演，成为村落的文化传统，维系着村落民众的日常生活。从传承的情况来看，有的师公戏被纳入非物质文化遗产代表性项目名录得到有效保护，陈东村傩戏还入选村小的校本课程建设内容，成为校园文化的有机组成部分，这对傩文化的传承有多方面的推进作用。文化传承与传播让传统根植于下一代，让信仰的力量得到延续。庙会是各地重要的民俗活动之一，这期间各种民间表演团体都举行盛大聚会，而师公表演往往是壮族地区庙会中的重要内容。例如，2019年春节期间，笔者就亲历了来宾市象州县马坪镇新庆村举办的九子娘娘庙会，并在庙会上看到了师公舞演出。民间信仰在节庆中有集中的体现，通过节庆能凝聚起整个村屯的力量，增强彼此的联结性。

　　人生仪礼与民间信仰的关联极为紧密。生、老、病、死，这些重要的人生节点都离不开民间信仰，如广西民间的"架桥求花"仪式[①]，便深刻体现了民众对生育之神的信仰。壮族民间相信，世间掌管生育的神是花婆，每个人都是花婆花园里的花朵。因此，求花求子是壮族非常重要的民俗活动，这种诉求需要通过各种仪式来达成，这些仪式多由师公主持。生命终结的人生仪礼亦很隆重。在壮族民间，人去世后一般都会请师公和道公班子做法事，超度亡灵升往天界。师公在这之中充当的角色是人神交流的中介，他们通过法事将人的灵魂召回，并将亡灵送往天堂。譬如，平果市凤梧镇一带的师公班子常在丧场进行

---

① 如果一对夫妻婚后几年无子，则举行架桥仪式，意为让花婆通过"桥"将孩子送到主家。

仪式活动，通过仪式展演环节如入坛①、请神②、唱五龙③、唱四帅④等护佑丧场的平安，完成圆满的人生仪礼过程。此过程一方面是对逝者的尊重，另一方面亦是对生者莫大的安慰。对逝者的家人而言，在师公班子的带动下他们"秩序化"地参与了整个过程，内心情感得到了释放；对村落中的参与者而言，仪式的展演是一个深刻的教育过程，孝道伦理、传统美德得以深入人心，优秀传统文化在潜移默化中实现传承。总之，这些仪式过程中的信仰力量不仅关系到生命个体，还离不开整个村屯社会关系的参与。它加强了村屯民众间的联系，构建起村落的整体力量，体现了民间信仰在维系社会和谐、促进文化传承方面的作用。

综上所述，村屯日常生活秩序的维系要依靠多方面力量：一是村规民约和习惯法的"法律"体系；二是村民委员会、家族议事等管理制度；三是民间组织以及日常生产生活中的合作；四是民间信仰在节庆和人生仪礼中的深度参与。这些力量共同维系着村落的日常生活秩序，将整个村屯凝聚在一起。其中，民间信仰是各项制度规约的重要补充，在村落秩序的维护上发挥着重要的作用。

三、民间信仰中的合作共享与村落共同体意识的构建

笔者在考察民间信仰仪式和节庆活动时发现，一方面民间信仰的影响广泛存在，另一方面其力量强化了民众间的合作和参与。这种合作共享机制对构建村落共同体意识意义重大。笔者曾赴南宁市西乡塘区陈东村和隆安县、百色平果市、贵港市覃塘区东龙镇、来宾市忻城县、河池市环江毛南族自治县和罗城仫佬族自治县等地考察民间信仰仪式，这些地区民众参与仪式的积极性很高。

一是从筹备到结束全程参与。如在南宁市城中村的土地诞中，民众都自觉地参与到各项准备工作中，有的负责摆放贡品，有的负责摆放神像，有的配合

---

① 师公请所有神灵入坛。请师公神龛供奉的神灵、丧葬仪式中供奉的神灵入坛。所请的神祇有东华木公、青童道君、张天大法、妹荷二法、老祖天师、高明大帝、上中下三元、法祖九郎、绿中官将、兰陆大王等。

② 民间凡有法事活动，必请四值功曹相助。年值功曹负责邀请上界的三圣、佛祖、师主等主神，月值功曹负责邀请中界的邓、赵、马、关等神将，日值功曹负责邀请下界的龙王、佛、道、三藏、玉女、金童等神灵，时值功曹负责邀请阳界的灶王、阴阳师父、土地等。请诸神前来丧场，享受供奉，各司其职，护佑主家顺顺利利。

③ 邀请五海龙王、家爷、玉女等神灵，前来清洗丧场和亡灵，意在让死者灵魂摆脱人间污秽。

④ 四帅指的是赵子龙、邓元帅、马华光、关云长四元帅。在表演过程中，四帅分别进行武艺展示，以武力震慑丧场中的邪魔歪道。

师公班子做好演出准备。在整个过程中民众不仅虔诚认真，而且积极参与。在贵港市东龙镇大同村举行的安龙仪式①中，全村民众积极参加仪式全过程，高度关注执仪者（即师公）的一举一动，随师公的号令摆放供品，祭祀社王，全程跟随、关注师公班子的活动进程。在"迁龙"的环节，他们集体跟随师公班子到山上，在师公班子做完仪式后，将"龙"牵回村里，一路鞭炮、香火不断，延续至社王庙，热闹非凡。此外，民众在求子求花环节热情最高，他们每家自带红桶一只，内放一束花（白花代表儿子，红花代表女儿）、一盏灯，将之交给师公举行仪式，以此祈求子孙兴旺、福寿绵延。以笔者所见，当日仅此一项仪式参与的人近百，家家都虔诚以待，并在师公于社王庙前完成仪式后心满意足地带着红桶回到家中。这一场景展现了村民对传统文化的深厚信仰及对美好生活的追求。

二是民众在仪式过程中与师公的互动，体现着民众、族群对仪式的认同。以平果市凤梧镇师公在丧场（丧葬仪式）中的《唐僧取经》表演为例，师公们通过生动的角色扮演，如猪八戒舞钉耙、孙悟空机智索财等，与观众紧密互动。这种互动在其他地方的仪式中也很常见，如在来宾市武宣县通挽镇一带的安龙仪式结束后，师公会抛撒祭祀用的米，村民则一起围抢，以接到师公抛撒的米最多为好。村屯在民间信仰仪式期间会"封村"，以确保各项活动的顺利进行，所有人都积极参与到仪式的各项具体工作中，共同维护村屯事务的顺利进行。

在村落的信仰仪式中，民众通过全程参与协作以实现村屯的凝聚。村屯的信仰仪式是一次增进交流、深化族群认同的机会，更重要的是，通过参与、合作与共享，实现了人的凝聚，村屯的共同体意识也随之得到强化。当前，党中央将"铸牢中华民族共同体意识"确立为新时代党的民族工作与民族地区各项工作的主线，着力于进一步推进中华民族共同体建设，建立中华民族现代文明。②对基层而言，村落共同体意识构建的重要性不言而喻，这是整个工作的基础。村落共同体的不断凝聚与夯实为边疆民族地区的各项工作开展奠定了坚实根基。

---

① 考察时间：2024年1月27—29日；考察地点：贵港市覃塘区东龙镇大同村。安龙仪式旨在祈求风调雨顺、五谷丰登、六畜兴旺。本次安龙仪式由自治区级非物质文化遗产代表性传承人何家前带领的师公班子主持。

②《中华民族共同体概论》编写组：《中华民族共同体概论》，高等教育出版社、民族出版社，2023，第4页。

四、结论与思考

民间信仰作为跨越时空的现象根植于城市与乡村的每个角落。民间信仰与村规民约等制度规范，一起成为维系村落秩序的重要力量。在民间信仰仪式中，民众自觉参与仪式全过程，在与师公表演的双向互动中加深对信仰的认知和感情。民间信仰仪式的举行，不断发挥凝聚村落共同体的作用，形成文化认同，进而铸牢村落共同体意识。

民间信仰的存在归根结底是因为关联着人间的生活期许和美好愿望的实现。人们通过信仰仪式，传达的是五谷丰登、风调雨顺、子孙兴旺、家族绵延的生活期许。民间信仰将村落凝聚，让村落团结，在今天乡村振兴和"铸牢中华民族共同体意识"的语境中将发挥正面、积极的重要作用。

壮族女神娅王调查研究

【作者】雷 婷 河池学院 教师

娅王，也称为娅汪、达汪、达旺等，壮语叫"Yahvuengz"，其中"yah"指祖母，"vuengz"指王，"Yahvuengz"意为"祖母王"，是壮族古代一位著名的女神。在广西和云南的壮族地区，广泛流传着有关她的口头文学，还有一些与之相应的节日和习俗。本文试在有关专家研究的基础上，对娅王信仰的范围、娅王的身份作一些探讨。

一、近年来有关专家在娅王女神方面的研究成果

（一）关于娅王女神的信仰范围

中央民族大学原副校长、博士研究生导师梁庭望认为，娅王故事集中流传在大明山四麓，也传到古骆越境内的一些地方，如云南省富宁县也有娅王节，并据此认为两地所说的娅王实际上就是历史上的同一个人物——骆越方国女王。南宁师范大学教授黄桂秋在《壮族麽文化研究》一书中也提出，所谓麽禄甲、姆洛甲、姆六甲、花婆、娅禄甲、娅王、达汪，实则为同一人的不同称谓。① 黄桂秋所指的这些神祇有的是所有壮族人共同崇拜的，有的为不同地区的壮族人所崇拜，如果说将这些神祇合并为一人的话，则是壮族人民所共同崇拜的神，换言之，娅王是所有壮族人民共同崇拜的神。广西民族大学文学院教授陈金文则认为，在

---

① 覃琮：《壮族民间信仰研究的成果、独特价值及未来趋向》，《广西民族研究》2011年第1期。

广西有一个娅汪文化圈，该文化圈包括百色市的西林、田林、田阳等地，以及河池市都安，南宁市的马山、武鸣等地。在云南也有一个娅汪文化圈。该文化圈主要限于文山的壮族聚居区，两个文化圈民间信仰中的娅汪是两位不同的神灵。①

（二）关于娅王女神的身份

梁庭望认为，娅王是古代壮族的一位女王，她很可能是骆越国的开国女王，并兼有祭司身份，至今仍然被壮族所有巫婆奉为始祖。她的死连万禽万兽都哀悼，显然是国殇。② 黄桂秋认为，娅王是壮族巫师群体中奉祭的创造世间生灵、管理阳间生灵的大神。③ 陈金文则认为，在广西百色等地的娅汪文化圈中，人们所信仰的女神娅汪是一位不屈于恶势力压迫，被统治者迫害致死，死后被鸟儿葬到月宫而成神的下层社会女性；而在云南文山一带娅汪文化圈中，人们信仰中的娅汪则是一位率领壮族人民反抗中央王朝，死后被人们尊奉为神的巾帼英雄。④

二、娅王信仰普遍存在于壮族地区

笔者认为，娅王崇拜在广西、云南的壮族聚居地区普遍存在，而且崇拜的是同一位神祇。

（一）娅王节的传说在各地普遍存在

广西和云南省各地，有不少关于"娅王"的记载。

《西林县志》载：

娅王　壮族妇女崇拜"娅王"，传说她是专管生育儿女的女神，每年七月下旬（即"娅王"病死的纪念日），壮家妇女都带一碗米、一把香和几张纸钱，到巫婆家聚会，摆上糖果清茶，在巫婆的主持下，进行祭祀"娅王"活动。一般连续 3～4 晚，每晚巫婆都摆着扇子（意为跃马扬鞭），在催人泪下的唱词引导下，在场的妇女都跟着哭泣，向娅王诉说妇女在世的辛酸苦楚，寡妇们哭诉更为悲切。这种活动"文化大革命"以后渐少。⑤

① 陈金文：《壮族民间信仰中的女神娅汪——兼与梁庭望先生商榷》，《社会科学评论》2008 年第 4 期。
② 梁庭望：《古骆越方国考证》，《百色学院学报》2014 年第 3 期。
③ 黄桂秋：《壮族巫师的信仰世界》，《文化遗产》2010 年第 1 期。
④ 覃琮：《壮族民间信仰研究的成果、独特价值及未来趋向》，《广西民族研究》2011 年第 1 期。
⑤ 陆辉主编《西林县志》，广西人民出版社，2006，第 1115 页。

《马山县志》"节日"条载：

达旺节，农历七月二十为达旺节，本县相传古时候，麻雀常偷吃土司家的谷米，还拉屎到土司官头上，土司恼羞成怒，要网死麻雀，壮家姑娘达旺爱麻雀，通知它逃走。土司官知道达旺走漏消息，就把她吊到树上迫害致死，众麻雀把达旺抬到月宫。为了纪念达旺，壮家每年到此日，便杀鸡杀鸭祭月亮，其意是祭达旺，此节在全县普遍盛行，至今仍过。①

《富宁县志》载：

七月十四中元节：各户特制"捞连粑"祭祀祖宗……巫婆则于七月十八，行巫请娅王、娅拜，群众三五成群携带香烛和红色纸到巫婆家祭娅王神。②

《广南府志》"风俗"条载：

七月：各家祭祖。……十八日，妇女为巫者，男女围聚欢唱，名曰娅亡。

校注：（9）娅亡：壮语音译，"娅"即妇女，"亡"即为巫者。"娅亡"是当地传说中的女巫，但她与一般的女巫不同，即她同时还具有女神的性质。据说她在每年农历七月十七这天昏迷，十八日死去，十九日复活。在她死的那天，百鸟皆去为她戴孝，故而见不到鸟。有关娅亡的传说很多，主要流传于滇东南和桂西的壮族当中。③

除了以上地方志有明确记载，还有一些与此相关的神话、传说异文等。例如，云南文山的神话《娅柸》，广西田阳的《雅王出殡》，广西马山、平果、都安等县（市）的《达汪》《达女皇》等。云南广南也有关于娅王节的传说。

2015年下半年，"壮族女神娅王研究"调研组一行在隆安县全县范围内进行普查，尤其是对挂榜山周边的村屯进行详细调查，发现这些地方都流传有娅王的传说。

此外，笔者与前来隆安县调研壮族风俗的广西壮族自治区文化和旅游厅工作人员、南宁市有关民俗专家交流时也发现，广西境内的龙州、大新、扶绥、宁明等地都流传有娅王的传说。

---

① 覃东楼主编《马山县志》，民族出版社，1997，第131页。

② 富宁县地方志编纂委员会编《富宁县志》，云南民族出版社，1997，第171-172页。

③ 李熙龄著，杨磊等点校《广南府志点校》，兰州大学出版社，2014，第72页、第77页。

（二）娅王崇拜在各地习俗中的体现

1. 娅王庙。广西百色市田阳区头塘镇二塘村那厚屯的右江边有一座雅（娅）王庙。据当地老百姓介绍，村东的稻神雅（娅）王庙为旧庙，是千百年前留下的遗址，他们祖祖辈辈一直朝拜；此庙屡经战乱和政治因素破坏，古物已荡然无存，只留下民间口碑，现庙是 1994 年由当地老百姓修建的。村西的稻神雅（娅）王庙为新庙，2010 年修建，成拱楼状，楼高两层，飞檐斗拱，琉璃盖瓦，中堂两根立柱上写有一副对联："布造稻谷雅王兴缘辉百越，祖兴甘蔗承袭那址耀南天。"中堂悬挂稻神雅王像，她身材健壮，充满活力，脚踏祥云，头戴金箍，上插红羽，左手举谷穗，右手捧金瓜，左肩上有燕子上下翻飞，左身旁有一只小象，右身后有一只凤凰和一只青蛙。庙前立有一块石碑，记载这里是布洛陀造谷之地，这里的人是布洛陀耕作造谷之族，以及有关传说等。田阳区城内也建有雅王阁。此外，分布于壮族各地的大王庙，传说最初供奉的神灵就是娅王。

2. 娅王节。《隆安县民间故事集》载有鸟王节的传说：很久很久以前，动物也有自己的大王，如猴王、虎王、蚁王、鹰王等。而鸟类的大王比较特殊，是一个母的，鸟类都称它为"母王"。这母王通情达理，每当人们有困难时，它总是想方设法帮忙。当时有个天王，专门管辖天下。有一年，天王刁难天下的人们，从年初到年尾没有下过一场雨，旱情严重，到处都有人饿死逃荒。母王看到这种场面，心中很是不忍，就去请求天王降旨下雨，以救天下众生。天王却说："反正你们鸟类有水吃，何必这样为人类操心呢？"母王说："我不愿意自己有水喝而天下的老百姓受苦啊！如果能够的话，我愿意把我喝的水都给众生。"天王大怒说："你愿意替他们死吗？"鸟王说："如果我死了以后就能救众生，那我就愿意为他们去死。"于是天王下令，一连降了七天的大雨，从此天下的人们又能耕田种地、安居乐业了。但是，母王却因连日下大雨，无法去觅食而饿死了。母王死的那一天正是农历七月二十，人们为了纪念它，就把那一天定为"鸟王节"，每年到了这一天，所有的鸟儿都去追悼母王，所以那天很少见到鸟儿飞翔。人们也都在农历七月二十那一天，家家户户做米粉、糍粑，祭祀母王。①

---

① 隆安县民间文学三套集成编委会编《隆安县民间故事集》，1987，第 119—120 页。

壮族民间流传有一个顺口溜：十四母王活（发病），十五母王给（发肿），十六母王夺（肿痛），十七母王结（病重），十八母王台（去世），十九造棺木，二十葬大王。相传娅王因为过度操劳，在农历七月十四得了病，世间人类和各种动物、植物都去探望她，还给她带去了很多良药，都无法医治。娅王知道自己的生命已经走到尽头，从农历七月十五到七月十六，带病为大家答疑解惑，传授了很多知识，并对自己的后事做了安排。娅王于农历七月十八去世，正在大家都十分悲伤的时候，她又于农历七月二十一涅槃重生（死而复生），成为掌管三界的神，大家转悲为乐，放起炮仗欢送娅王。母王节从此代代相传。

母王节（也称七月节）是壮族人民仅次于春节的盛大节日。时间从农历七月十三开始，农历七月二十结束，长达八天。按照惯例，农历七月十三、十四两日，家家户户杀鸡宰鸭敬奉各种神灵和祖先，全家聚餐；十五至二十日这六天，各家各自选定某一天备办更丰盛的佳肴，邀请亲戚朋友前来聚会。有的村屯则集体选定日期请客，如隆安县那桐镇浪湾村兰台屯八队请客时间是农历七月十五，九队是七月十六，十一、十二、十三、十四队是七月十七，十队是七月十九等。隆安县丁当镇丁当社区一带，则在七月二十宰杀鸡鸭，制作糍粑，中午拿到庭院中点上香烛向娅王祭拜。

传说中，娅王病重和死去这几天，所有飞翔的鸟雀都不见踪影，因为这些鸟雀全都去吊唁孝娅王了，并准备护送娅王的灵魂飞向天庭。壮族人民认为，娅王病重和死去的这几天，如果天空下雨，当年秋收天气就会晴朗顺利；反之，当年秋收天气就会阴雨连绵，谷子生芽霉烂。他们还认为，下雨是因为娅王死去而天空哭泣悲悼所致。

3. 哭娅王。娅王在壮族巫教中有崇高的地位。她掌管天上、人间、阴间的所有神灵和事物，也是唯一能够帮助人间消灾解难的神灵。她在每年农历七月十八日去世，二十日出殡，二十一日重生。每年的这个时间段，广西百色市的西林县、右江区等地，众女巫及信徒都聚集在某一女巫家，剪纸衣纸裤纸鞋，在巫坛前布置丧事灵堂。十八日凌晨第一声鸡啼响起，就是娅王去世的标志，这时为首的女巫就像自己的亲生父母死去一样开始哭丧守灵，用当地哭丧调哭唱孝娅王的巫歌。一直哭唱到二十日天亮送娅王出殡，哭丧守灵仪式才结束。到了农历七月二十一，死去的娅王又能生还，到了下一年，这样的仪式重复进行，年复一年，循环往复。因此，每年的农历七月十七至二十日，壮族各地群巫聚集举行"哭娅王"仪式，就成了固定的悼念性节日。①

"唱娅王"以巫婆用壮族山歌演唱《诗经》为主，通过"娅王"附身的巫婆自问自答，妇女、动植物的对答、诉苦，"娅王"的解答等形式，再现娅王病重时众人及各种动植物前来探望，相互诉苦、传授知识、安排后事，娅王病故、涅槃重生等场景。

探望娅王和为娅王哭丧的除了人类，还有许多动植物及物品，其中动物有牛、马、猪、狗、羊、鸡、鸭、老虎、猴子、马蜂、鱼、蚊子、跳蚤等，植物有谷粒、玉米、瓜果等，物品有碗、筷、梳子、镜子等。"哭娅王"时演唱《诗经》的内容十分丰富，涵盖了生产生活知识、自然知识、妇女生育知识等，具有明显的母系氏族社会特征。

云南省富宁县剥隘镇者宁村、索乌村一带的壮族，在每年农历四月属兔那一天，都要过一个娅拜节（也称为娅王节）。也许，这就是陈金文认为广西和云南各有一个娅汪文化圈的依据。但是，笔者在调查中发现，云南省除了每年四月过娅拜节，每年七月还要过另外一个娅王节，而且敬奉的神或英雄也各有不同——娅拜节祭祀的是娅拜及阿侬，而娅王节祭拜的是掌管三界的女神娅王。因此可知，娅王是壮族地区母系社会的一位女王，娅王崇拜在壮族地区普遍存在。

三、娅王又是壮族的稻神

根据梁庭望、厉声等专家学者的考证，娅王很可能是骆越国的开国女王，并兼有祭司身份，深受属下臣民的敬爱。他们在《骆越方国研究》一书中提出，汉文献里虽然没有提到女王，但是综合考察当今壮族地区的民俗节日、村落地名、文化古迹、巫歌演唱等方面的材料，可推断出骆越方国曾经有过一位女王达汪，达汪受伤及去世的时间，应是骆越方国时期。壮族民间广泛流传，达汪死去那天，所有的麻雀等鸟儿去哀悼不鸣叫。"鸟"壮语读"roeg、hoeg"，汉语译为"骆"，骆越人崇拜鸟图腾，故称"骆"。达汪死去，百鸟不鸣，正说明她是骆越之王。民间传说是历史的真实反映，女英雄达汪应为骆越古国女王的推断，从民谣流传达汪的隆重葬礼、民间故事达汪的神格化，到民俗节日达汪

①　黄桂秋：《壮族巫师的信仰世界》，《文化遗产》2010 年第 1 期。

节的形成，均得以进一步的印证。①

随着阶级社会的发展进步，男性在经济社会中的地位逐渐高于女性。男性为了巩固自己的地位，使用各种手段压制女性，如过去盛行的产翁制等，迫使女性就范，最终父权制代替了母权制。作为母权制社会首领的娅王，也被请下了神坛，被其他父权制人物和汉族神祇所取代。随后，娅王神渐渐淡出庙堂，并慢慢被人遗忘，只留下几句民谣和一些传说故事。

然而，在有着悠久稻作农业历史的壮族地区，妇女在生产生活中的地位没有受到撼动，她们依然是稻作生产的生力军。在生产力低下的原始社会，人们不得不借助于神力以祈求稻谷丰收，而女性孕育生产的功能与水稻开花抽穗现象有相似之处，加上娅王原有的祭司身份，他们利用女性代表娅王和祭司的身份，通过一定的祭祀仪式，企图通过巫术的交互作用，促使水稻丰收。于是，娅王就被冠以稻神的地位，原来掌管三界的女神就变成了稻神。以下民间传说和风俗习惯可以佐证。

（一）母谷节的传说

传说很久以前，有一年四月发洪水，把渌水江、罗兴江两岸都淹没了，稻谷、瓜果、豆菜等食物跟随右江洪水流走了。水退后，人们从山顶回到原来的村庄，发现村里泥屋倒塌，木屋被冲走，烂泥巴覆盖了庭院田地，大家纷纷哭喊嘶叫，忧虑未来。于是便有人去请教麻雀，成群的麻雀飞到人们面前说："有什么吩咐只管讲吧，我们禽鸟看到人们非常饿了。"人们说："我们的稻谷被大水冲走了，没有吃的，连稻种也没有了，请为我们想点办法吧！"麻雀应声向很远的地方飞去了。

麻雀飞到"岜母慈"（指如今的西大明山，位于崇左与南宁之间）找到鸟雀大王。鸟雀大王说："看在人类的份上，大开岩洞门，要稻种去吧！"于是，麻雀们口衔稻种，到洪水退后有烂泥巴的地方播下去，且要求人们："三分鸟、六分收，搓了壳，煮饭吃，一分种子留明年。"人们答应了，后来谷子大丰收，人们就不用吃野菜度荒年了。②

---

① 梁庭望、厉声主编《骆越方国研究》上册，民族出版社，2017，第266–273页。
② 这个民间故事流传于隆安县乔建镇、南圩镇一带，由隆安县教师进修学校退休教师陈天珦收集整理。

（二）娅王洞的传说

隆安县那桐镇那重村有十几个低于地面的岩洞，有的可容纳几百人，有的仅能容纳十余人。当地人称这些岩洞为"重"，十几个"重"合称"重娅王"，翻译成汉语就是"娅王洞"。那重村也因这些"重"而得名。关于娅王洞的由来，还有个古老的传说。

传说古时候，那重村有一片沼泽地，盛产鱼蚌等水产品，可食用的野生植物也很多，但缺乏一种好的主食。有一天，一只大鸟口衔一根稻穗从西边飞来，栖息在这片沼泽地上。几个月后，沼泽地长出了不少水稻，人们把稻穗拾回家中脱壳煮熟食用，觉得味道不错，便留下一部分稻种在沼泽地上种植。不过几年，这里就长满了水稻。从此，那重村村民就过上了丰衣足食的好日子。为了报答大鸟的恩德，人们把稻米制成的各种食物带来，想喂食大鸟，但连续几天都找不到它的行踪。晚上，族老在梦里听见一位老婆婆对他说，大鸟是娅王的化身，现住在村边的岩洞里，只要把食物放在洞里就行了。第二天，族老按照梦中老婆婆的吩咐，把食物分放在各个岩洞里，供大鸟食用，并对其顶礼膜拜。从此以后，这里的岩洞就被称为娅王洞。[①]

（三）芒那节习俗

在渌水江和罗兴江流域的壮族村庄，每年农历六月初六（有的村屯在农历五月初五、五月二十六日或六月二十四日）都过"芒那节"。"芒"壮语是"鬼""神"的意思，"那"是"田"的壮音，"芒那节"即祭祀田神的节日。这是单季稻迅速拔高和孕穗的季节，这里家家户户都举行招稻魂、驱田鬼和请娅王仪式，祈求水稻丰稔，还会请来亲戚朋友一起预祝水稻丰收。这一天，村庄中过节的人群熙熙攘攘，场面非常热闹。

从以上民间传说和芒那节习俗可以看出，娅王是古代鸟部落即骆越国的女王，她与自己的族群在劳动中发现了野生稻，并成功把野生稻培育成栽培稻，促进了族群的生存和繁衍，娅王也就成为发明栽培稻的代表和保护水稻丰收的神祇，即稻神。

[①] 李钟宏（壮族，男，那重村村民，1942年出生）讲述，雷英章整理，此传说流传于隆安县那桐镇一带。

文化遗产研究

南宁市潜在历史文化保护区认定研究

【作者】刘晓丽　南宁市城市规划编制研究中心　高级工程师

韦文恒　南宁市顶蛳山遗址博物馆　馆员

顾洁瑛　南宁市城市更新和物业管理指导中心

潘　梦　南宁市住房和城乡建设局城市更新科

历史文化保护区是城市文化的重要组成部分，记录着城市发展与变迁，是重要的物质文化遗产。习近平总书记在福建考察时强调，保护好传统街区，保护好古建筑，保护好文物，就是保存了城市的历史和文脉。对待古建筑、老宅子、老街区要有珍爱之心、尊崇之心。[①]强化历史文化保护区的保护修缮工作，既能传承延续城市文脉，提升城市形象，又能赋予街区活力，促进城市经济发展。

近年来，南宁市高度重视历史文化保护区的保护工作，并取得了较好的工作成果。南宁市申报成功6个自治区级历史文化街区，分别为"三街两巷"、中山路、蒲庙老街、陈东村、宾州古城、雁江古镇，还积极开展"三街两巷"、中山路历史文化街区的保护修缮工作。

目前，南宁市正积极筹备申报国家历史文化名城工作。为此，亟须再认定一批历史文化保护区，包括历史文化街区、历史地段、历史文化风貌区，以巩固和强化申报基础。对此，笔者对照划分标准，深入调研了百益上河城、唐人文化街、南宁机械

---

①《习近平在福建考察时强调在服务和融入新发展格局上展现更大作为奋力谱写全面建设社会主义现代化国家福建篇章》，《人民日报》2021年3月26日第1版。

厂、广西民族大学相思湖校区、南宁东盟领事馆区等多个区域，结合不同片区的历史文化资源差异，对潜在历史文化街区、历史地段和历史文化风貌区进行分类研究。

一、历史文化保护区界定与类别

（一）历史文化保护区界定

我国第一次提出历史文化保护区的概念是 1986 年，国务院在公布第二批历史文化名城时，强调应对文物古迹比较集中或能完整地体现出某一历史时期传统风貌和民族特色的街区、建筑群、小镇村落等予以保护。其后，一些地方政府对历史文化保护区进行了探索和界定。例如，广东省中山市 2019 年颁布的《中山市历史建筑和历史文化保护区保护专项资金管理办法》指出，历史文化保护区包括历史文化街区、历史风貌区。

本文结合历史文化街区、历史地段和历史（文化）风貌区的概念和内涵，将调研的区域参照不同的标准，划分为潜在的历史文化街区、历史地段和历史文化风貌区，并将这三类保护对象统称为历史文化保护区。

（二）历史文化保护区类别

1. 历史文化街区。根据《历史文化名城名镇名村保护条例》，历史文化街区指经省、自治区、直辖市人民政府核定公布的保存文物特别丰富、历史建筑集中成片、能够较完整和真实地体现传统格局和历史风貌，并具有一定规模的区域。

2020 年颁布的《国家历史文化名城申报管理办法（试行）》，对划定历史文化街区作了如下规定：每片历史文化街区的核心保护范围面积不小于 1 公顷、50 米以上历史街巷不少于 4 条、历史建筑不少于 10 处。

2. 历史地段。1995 年颁布的《城市规划编制办法实施细则》第一次提出"历史地段"的概念，但未正式明确其内涵。2005 年颁布的《历史文化名城保护规划规范》第一次正式提出"历史地段"的定义。在近 30 年的发展过程中，"历史地段"与"历史文化街区"的概念及法定地位存在着一定差异。

2021 年，中共中央办公厅、国务院办公厅印发的《关于在城乡建设中加强历史文化保护传承的意见》明确提出要"保护能够真实反映一定历史时期传统风貌和民族、地方特色的历史地段"。这是中央层面第一次正式提出将"历史地段"

作为我国历史文化保护传承体系中的重要保护对象，并明确了其概念与保护要求。具体来说，历史地段是指那些无法纳入历史文化街区类型但却能够反映传统文化、社会生活方方面面的地区，具有一定历史文化价值的名胜、名园、老街巷、老河道、老社区、老校园、老厂区等都可认定为历史地段。

3. 历史文化风貌区。历史文化风貌区和历史文化街区的概念类似，但级别不同。《历史文化名城名镇名村保护条例》未有"历史文化风貌区"的概念，但多个重要城市（如上海市、南京市、武汉市、福州市、大连市等）均对历史文化风貌区作了界定，并划定了历史文化风貌区。

这些城市认为能够体现城市某一历史时期风貌特色，但未达到历史文化街区标准的区域可划定为历史文化风貌。例如，2020 年《大连市历史文化名城保护条例》规定具备以下条件之一的可申请为历史文化风貌区：第一，彰显传统风貌特征的建筑集中成片，或者传统街巷保存较为完整的；第二，空间格局、景观形态、建筑样式等较完整地体现地方某一历史时期地域文化特点的。

二、南宁市潜在历史文化街区

通过对照历史文化街区的概念，经过深入调研和筛选，南宁市具备潜在历史文化街区基础条件的有百益上河城、南宁机械厂、唐人文化园。这三片街区值得保护的范围均超过 1 公顷、50 米以上历史街巷达到 4 条以上，可认定的历史建筑多于 10 处。

（一）百益上河城创意街区

百益上河城创意街区位于南宁市江南区亭洪路 45 号。这是一个以南宁绢麻纺织印染厂旧厂房为载体，秉承"存表去里、整旧如旧、翻新创新"的设计理念，改造成集文化创意园区、展览演艺、小剧场、工业文化长廊、非遗生活馆、艺术酒店、音乐酒吧、创意零售、特色餐饮等于一体的情景式文化体验创意街区。2023 年 11 月，该街区成功入选文化和旅游部公布的第三批国家级旅游休闲街区名单。

南宁绢麻纺织印染厂见证了南宁工业由弱到强的发展历史，是南宁老工业的重要代表。百益上河城创意街区的主要风貌建筑是厂区中两座最大的厂房，屋顶采用经典的联排坡半坡屋顶样式，利用大量玻璃窗自然采光。两座厂房占地面积约 2.36 万平方米，占厂区面积的 18.6%，如今为乌玛集市等场地。厂区里面积较小的其他 19 栋厂房则采用了木桁架结构，利用木材的巧妙组合铆接，在较低的造价下实现了较大的空间跨度。这些建筑占地面积 2.57 万平方米，占厂区面积的 20.25%。园区的西面建筑群改造成工业文化长廊，用于展示南宁绢麻纺织印染厂遗留的历史物件和文化信息；南面建筑群改造成美食文化街区和海鲜水果城；东南角建筑群改造成百益上河城艺术中心和水明漾宴会中心。这些工业建筑基本符合历史建筑的认定标准。

（二）南宁机械厂

南宁机械厂位于南宁市西乡塘区中尧路 48 号。创立于 1952 年，是南宁市乃至广西机械制造业的奠基企业之一，主要生产销售内燃机、拖拉机、摩托车、农机具配件等。南宁市博物馆近现代展厅中有展出该厂生产的金田牌摩托车、柴油发动机等工业遗产。

南宁机械厂具有浓厚的历史文化价值与特色，街区内保留了大量 20 世纪 50—70 年代的砖木结构建筑群。其工业建筑体量适中、保存良好、类型丰富，涵盖办公、居住、工业等各种类型；街区内街巷共有 16 条，主要街巷形成网格式布局，宽度在 10～20 米；街巷界面体现统一的连续性，同一街巷建筑的立面材料、色调和风格都大致相同，形成统一的街道秩序，整体上具有较高的保护价值。经初步调研，这些苏式工业建筑大部分符合历史建筑的认定标准。

（三）唐人文化园

唐人文化园位于南宁市西乡塘区唐山路 32 号，由原南宁手扶拖拉机配件厂、汽车配件厂和柴油机配件厂的厂房和库区改造而成。2010 年 6 月 22 日，唐人文化园成为第三批自治区级文化产业示范基地之一。

唐人文化园中的厂房等整体保存较完整，砖墙红瓦、老树、青石板等均得到了保留，传统格局完整性、物质载体规模和面积基本符合历史文化街区划定标准。其整体由宽巷子、窄巷子和井巷子 3 条平行排列的老式街道组成，有近 20 栋红砖高墙、尖顶式瓦房的苏联式建筑，有着浓厚的苏式工业建筑遗韵。修缮工作借鉴了老北京四合院落式的建筑布局，并融合了北京的 798 艺术区、潘家园旧货市场、三里屯等全国闻名的艺术文化区的特色和设计理念。经过保护修缮，这个园区古朴而不乏典雅，具有独特的文化创意。

三、南宁市潜在历史地段

通过对照历史地段的概念与内涵，经过调研和筛选，南宁市可纳入历史地段的历史文化保护区的有广西大学西校区、广西民族大学相思湖校区、原南宁手扶拖拉机厂。

（一）广西大学西校区

广西大学在 1928 年创办于梧州，1939 年成为国立广西大学，首任校长是我国著名教育家、科学家、民主革命家马君武博士，李四光、陈望道、李达、陈寅恪、梁漱溟等一大批名家大师曾在这里任教。1952 年，毛泽东主席亲笔题写"广西大学"校名。

广西大学西校区现有历史建筑 5 处，分别是广西大学老校门、广西大学红楼群、南宁育才学校（越南中央学舍区）礼堂、南宁育才学校（越南中央学舍区）实验馆、广西大学西校区水塔。始建于 1953 年的广西大学红楼群极具特色。这里曾是南宁育才学校校舍的旧址。其作为育才学校的重要教学场地之一，为越南培养了大批的优秀人才，是中越友谊的见证。

（二）广西民族大学相思湖校区

广西民族大学创建于 1952 年 3 月，相思湖校区风景如画，校园环境幽美静谧，建筑风格古朴典雅，人文氛围深厚浓郁，具有鲜明的民族特色和东南亚异域风情，曾入选《环球人文地理》中国九所最富有诗情画意的大学之一。

相思湖校区现有自治区级文物保护单位 1 处——广西民族大学礼堂。该建筑坐西朝东，建筑面积 2310 平方米，为 20 世纪 50 年代初著名仿古建筑之一；原为混合型砖木结构，重檐歇山式屋盖，绿色琉璃瓦屋面，配以红色柱子，整座建筑庄严古雅，具有浓厚的民族风格。另有历史建筑 5 处，分别为东大门、旧图书馆、博识楼、办公楼、非通用语言人才培养基地。这些历史建筑均融入了东南亚建筑风格与民族文化特色。

（三）原南宁手扶拖拉机厂

原南宁手扶拖拉机厂位于南宁市西乡塘区北湖北路 50 号，建于 1956 年，是国家定点生产手扶拖拉机的骨干企业，销量曾在全国同行业中居第二位，产品远销东南亚、南美洲、非洲等地区。在南宁市博物馆近现代南宁展厅中，还陈列了该厂生产的"桂花牌"手扶拖拉机。

厂区内主体建筑群建成于 19 世纪 50—70 年代，历史厂区规模较大且保存完整，老旧厂房集中连片。其中，工修车间列入南宁市第一批历史建筑保护名录。该建筑最具特色之处在其西侧立面，为带有连续的弧形拱券外廊形式，每层外廊有 4 个弧形拱券，廊柱与拱券施以简单的线脚装饰。建筑外立面双层弧形拱券的结构形式是南宁市现存保存较完好的老工业厂房中较为独特的，具有一定的艺术价值和保护意义。

四、南宁市潜在历史文化风貌区

历史文化风貌区一般是文化性与商业性比较突出、有旅游潜力的街区，是历史文化保护的重要组成部分，因而其划定需要考虑经济效益与社会效益两个方面因素。根据南宁市重点突出"历史文化""民族文化""东盟文化"三大亮点的指导方针，经考察南宁与东盟国家友谊有关的特色建筑与街区，重点调研了能体现南宁作为中国 – 东盟博览会、中国 – 东盟商务与投资峰会永久举办地和"一带一路"重要节点城市及具有东盟文化元素的区域。经过充分调研和筛选，较为符合历史文化风貌区的街区有南宁东盟领事馆风貌区、方特东盟神画。

（一）南宁东盟领事馆风貌区

南宁东盟领事馆风貌区位于南宁市青秀区，约 3000 平方米，由商务核心区、南宁领事馆区、东盟各国联络部（办事处）基地园区、体育休闲公园区和东盟国际学校五大功能区组成。目前，该片区建设有中国 – 东盟南宁国际步行街、中国 – 东盟青少年文化艺术中心等街区，东盟各国领事馆均借鉴了东南亚特色的文化元素，建筑风格具有鲜明的东南亚建筑特色，形成了独特的东盟风情街区。

（二）方特东盟神画

方特东盟神画位于南宁市青秀区，是一座特色鲜明、充满东南亚异域风情的文化博览园。该游乐园是国内首个全面展示东盟十国自然历史文化的主题乐园。乐园包括 11 个大型文化体验馆、33 个室外互动游乐项目和 200 多项休闲景观。园区建筑均为东南亚各国的建筑风格，借鉴了各国经典建筑的元素，并在项目中融入各国的历史文化故事，是一座充满东南亚风情的主题乐园。

南宁东盟领事馆风貌区、方特东盟神画均在 2004 年中国 – 东盟博览会、中国 – 东盟商务与投资峰会永久落户南宁之后建成，东南亚特色明显、建筑集中成片，能够完整且真实地体现南宁与东盟国家的友好交流历程。当然，这两片区域也存在着迄今建成时间短、建筑为仿制等争议之处，因此是否将这两片区域定为历史文化风貌区，最终应由住建、文旅、自然资源等多部门联合考察认定。

五、结语

近年来，随着国家各类管理条例、办法、意见的出台，历史文化保护区的内涵和外延更加清晰。南宁市以往在认定历史文化保护区时，偏重对街区的"老""旧"等元素进行考核，认定的多为老街老巷、古镇古村。这一方式有科学合理的一面，但也存在一定的局限性，即容易出现认定对象同质化、风格不够多样化的问题。与国内历史文化名城相比，南宁市现有的历史文化街区存在着数量偏少、单片历史文化街区核心保护区占地偏小等不足之处。因此，重新开展历史文化保护区认定、修缮、活化利用工作刻不容缓。

本次调研的街区建成时间多在中华人民共和国成立后，甚至有 21 世纪后建设的，其范围不再囿于传统意义的街道，而是扩展到能反映南宁市工业、文化、商贸发展的重要工业遗产、知名高校、地标建筑、具有东盟文化元素的文旅项目等。当然，并非所有具有文物保护单位的街区均能纳入历史文化保护区，如位于桃源路的南宁跑马场运动文化街区中的广西省体育场门楼为市级文物保护单位，但门楼周边旧场馆均已拆除重建，新场馆均为现代化公共建筑，弱化了该街区的历史价值。因此，该街区不符合历史文化保护区的纳入条件。

对于纳入历史文化保护区的调研对象，相关部门应加快考虑将潜在历史文化街区、历史地段和历史文化风貌区按程序依次公布，并应遵循以下保护原则。

一是保持原有风貌，凸显本地特色。历史文化保护区中的街道、建筑、文物保护单位是宝贵的物质文化遗产，是城市的文脉，保持原有风貌，才能确保南宁地域特色肌理的传承。此前，一些地区采取了破坏式的"保护"方式，即除文物保护单位、历史建筑外，其他建筑均被拆除，生搬"仿古""西欧"等风格，导致出现"千街一面"的现象，使得街区失去了原有的历史文化价值。本次走访的百益上河城、唐人文化园在遵循原貌的基础上，成功由传统工业厂区转变为文化产业园区，在商业模式上获得良好的效益，未转型的南宁机械厂和南宁手扶拖拉机厂等厂区应在保持原有工业风貌的基础上，结合本城区的历史文化、非遗等要素，借鉴其他厂区改造的成功经验，采取"微改造"的方式，既保留其历史意义，又展现其当代价值，打造出适合厂区发展的文化街区。

二是坚持创新活化，打造品牌 IP（知识产权）。应深入挖掘历史文化保护区蕴含的历史故事、文化价值、精神内涵，结合时代趋势，凸显自身特色。通过精准定位，明确主题鲜明的品牌 IP，如南宁机械厂和南宁手扶拖拉机厂的工业遗产 IP，广西大学、广西民族大学的国际交流元素、民族元素 IP，东盟领事馆风貌区、方特东盟神话的东盟 IP。这些 IP 通过互联网媒介创新宣传，传播历史文化故事，增强游客的文化沉浸与旅游体验，扩大街区品牌知名度，以文旅消费促进历史文化保护区的可持续发展。

三是以人为本，提升公众认同。在开展历史文化保护区保护工作时，应充分听取全体市民，特别是保护区内居民的意见，确保他们的知情权、参与权和监督权，在法律上保障公益诉讼权。保护区内不得擅自开展拆除、迁移原有居民等工作，以保证街区内保存"烟火气"。在保护修缮过程中，同样要考虑居民的实际需求与民众的体验需求，在街区道路、卫生、游憩设施等生活条件配套优化的同时，复原街区建筑立面原有的历史风貌。改造后的历史文化保护区可以通过举办特色文化活动，激活人文要素，让居民积极参与到街区保护、文物建筑保护和当地文化传承中去，促进历史文化保护区多功能、多样化地发展。

历史文化是城市发展的根基，保护好历史文化遗产是人类现代文明的必然要求。应以"活化利用"的思维，将历史文化保护区传承好、利用好、发展好，留存城市记忆，传承城市文脉，衍生发展城市 IP。随着南宁市申报国家历史文化名城各项工作的全面铺开以及第四次全国文物普查工作的开展，全市历史文化保护区普查、认定、保护等工作必须走深走实，切实擦亮南宁文化的"金名片"。

花山岩画遗产区传统村落发展路径探析

——以宁明县耀达村濑江屯为例

【作者】胡鹏程　广西民族博物馆　副研究馆员

传统村落是指具有较高历史价值、文化价值、科学价值、艺术价值、社会价值和经济价值的村落，记录了当地人与人、人与社区、人与环境的相互关系，是一个不断变化的"生命有机体"。村落居民的生产活动和生活方式构成村落生命体的活力，体现了人与自然和谐相处的文化精髓和空间记忆，是物质文化和非物质文化的重要载体。[1][2] 2017 年，习近平总书记在党的十九大报告中提出乡村振兴的发展战略，明确了"产业兴旺、生态宜居、乡风文明、治理有效、生活富裕"的目标任务，给出了分三步走的时间表和路线图。在乡村振兴的大时代背景下，各地传统村落的发展方向和施行路径是一个需要广泛调研、深入研究、认真思考和谨慎选择的课题。

左江花山岩画文化景观于 2016 年 7 月成功入选世界文化遗产名录，而今已成为当地经济社会发展的一张响亮名片，是助推遗产区传统村落发展和农民致富增收的一股强劲动力。本文以左江花山岩画文化景观第一遗产区的濑江屯为例，在深入调研村屯基本情况的基础上，探讨遗产区传统村落的发展路径和对策。

---

① 但文红、彭思涛：《基于乡村遗产活化利用的传统村落发展路径思考》，《中国名城》2020 年第 4 期。

② 熊梅：《四川省传统村落的景观特征与保护思路》，《中国名城》2014 年第 5 期。

一、濑江屯概况

濑江屯壮语称"岜濑","岜"即山之意,"濑"意为湍急的河流,意思是指有湍急的河流绕过大山。濑江屯地理位置正好处于明江河道的拐弯处,水流湍急,因此而得名。该屯四面环山,属典型的石山区,距离明江约50米,距离高山岩画点约400米,隶属崇左市宁明县城中镇耀达村。1912年,濑江屯属宁明县沿宁乡耀达村;中华人民共和国成立后,归驮龙区管辖;2000年,耀达村划归城中镇,濑江屯隶属城中镇至今。据清康熙版《思明府志》记载:"在西台沼中,旧名云楼庵,四面俱水,颇有景况,与明江水月庵仿佛因乱毁圯……乃土府荔枝园,亦久圯废,果木无存。"另有当地发现岑氏墓碑,碑文刻"妣岑氏原命生于康熙戊寅年十一月"。根据地方志、碑刻等可证,濑江屯所属的耀达村在康熙年间(1662—1722年)已有人居住。[①]

(一)濑江屯人口、民族、姓氏等情况

据当地村民介绍,2013年,濑江屯全屯有106户,人口总数为457人,均为壮族,村民姓氏以陆、黄、林、岑等为主,四姓占人口总数的56%,另有马、何、蒙、农、香、秦、胡、王、吕、周等姓氏。该屯聚落空间纵横交错,形成一个个以姓氏为聚集的血缘家族区域,彼此之间关系紧密。据传,最初有林氏三兄弟来此定居耕作,随后岑氏、黄氏、陆氏和其他姓氏人家也逐渐迁入。随家族迁进人员多来自江西、广东、湖南和广西钦州、防城港等地,还有部分为外来媳妇、上门女婿及来此落户的外地人。现今由于年轻人外出务工,屯内多为留守老人、小孩,常住人口仅160余人。

(二)生计方式

宁明县地处北回归线以南,区域内高温多雨,冬短夏长,年平均气温22℃,很适宜植物生长发育;境内土壤富含铁、铝,多呈赤红色;大部分地区可连片种植热带、亚热带农作物,水稻作物可一年两熟。当地一般将土地分为水田、旱地、林地三种,水田适宜种植水稻,旱地(当地人称沙地)适于种植花生、玉米、甘蔗、番薯等,林地则多用于种植树木。

濑江屯村民一般种植水稻作为主粮,辅以玉米、木薯、甘蔗等作物。早年

---

① 中国人民政治协商会议广西壮族自治区委员会编《左江花山岩画文化景观图典》,广西人民出版社,2018,第299页。

水稻产量无法满足当地居民日常生活需求,部分需从外地购买。近年来,随着生产的发展和种植技术的进步,水稻产量有所提高,已能满足居民的基本生活需求。玉米、木薯等农作物收成则用于饲养家禽和牲畜。在长期的生产生活中,当地居民依据河道地形、季节变化总结出一套捕鱼、狩猎的技巧和方法,捕猎对象包括穿山甲、刺猬、山猪、黄毛鸡、水鸡、黄猄、蛇等,以此作为辅助性生计方式。近年来,随着《中华人民共和国野生动物保护法》的宣传落实和村民认识的逐步提高,当地捕猎活动已十分少见。综合来说,濑江屯村民以农业种植为基础,辅以养殖、渔猎及商业经济,形成了一种混合类型的生计方式。

(三)居住环境

左江流域沿江村落布局主要有网型、线型、散点型、随机型等几种形态。濑江屯属网型分布形态,呈现"面状网格型"聚落空间格局;由于所处台地较高,鲜有洪水殃及田地,因此土地物产丰富、单位面积产出较高,逐步发展成为花山岩画分布区域中人口规模较大的村庄之一。

当地居民主要采用干栏建筑和夯土地居两种居住形式。大部分民居坐北朝南,又因西南方向有大山为屏,部分房屋改朝向为坐西朝东或坐东朝西。以前,村民们常用江边生长的体型粗大、质地坚硬的刺竹作为建筑材料,用于搭建干栏房屋的隔墙。屯中仍存有几处以刺竹为架、茅草为盖搭建而成的干栏建筑。后来,村民便使用木质坚硬且耐潮的蚬木取代刺竹用来搭建房屋的顶梁、横梁等主体框架。在漫长的历史发展过程中,干栏建筑逐渐从高架转为低架,原单幢类本土干栏建筑经过地面化演化后逐渐发展成为一种组合类地居式民居建筑[①],空间结构上由单一转向围合。

如今,濑江屯内民居建筑多为砖石结构。随着经济社会的发展和新农村建设政策的实施,村中也出现了部分钢筋水泥楼房(图1),昔日的干栏建筑和夯土文化等元素逐渐减少(图2)。

(四)收入来源

受地理条件限制和传统农耕文化影响,当地村民在20世纪90年代以前基本处于自给自足的小农经济。随着社会的发展和村民文化水平的提高,村民的

---

① 梁志敏:《左江花山岩画遗产区域壮族传统村落的形态特点与保护发展》,《中国文化遗产》2016年第4期。

图1 现代建筑

图2 传统民居

经济收入有所增加，收入来源日趋多元，主要有打工、务农、政府补贴和其他收入几种方式，其中以打工和务农收入为主。

瀨汀屯内大部分家庭都有劳务输出人员，年轻人多在广西南宁及广东、福建等地打工，年龄较大的则在县城周边地区做一些零工。留在村屯的村民则依靠种植甘蔗、花生、玉米，饲养鸡鸭等家禽来获得收入，其中尤以种植甘蔗收入占比最大。2016年后，耀达村仅有瀨汀、邕栾、花山3个屯还在采用古法制糖（图3），传承传统民间技艺。村民通过制作手工红糖获得的收入比直接将甘蔗卖给糖厂高50%。以前，村民还种桑养蚕、种植烤烟，后来由于蚕茧收购价

图3 榨糖作坊

低、种植烤烟审批手续麻烦，现已基本不种。村民还有补贴收入，主要指国家每年给予村民的种田补贴、公益林补贴、地方政府征收村民土地的补偿及养老金（60岁以上）、出租村集体财产所得的收入分红等。在国家扶贫政策的指导和地方政府的帮扶下，2020年，村民年平均纯收入为12000元，实现了整村脱贫。

（五）交通出行

以前，濑江屯村民出行以水路交通为主，他们利用江边生长的刺竹制作竹筏，用作两岸横渡往来的交通工具，后来变成使用由柴油驱动的机动板船，这样可行驶较长距离。陆路方面，由于受大山阻隔，以前屯里通向屯外只有一条狭窄的小道，直至2013年由政府出资修建了由珠连渡口通往耀达村的乡村公路。这条公路的建成，方便了当地居民的出行，对促进民族文化传播和当地经济社会的发展起到了积极的推动作用。部分村民购买了摩托车、三轮车、四轮车等交通工具，摩托车便于个人出行，三轮车和四轮车则多用于农资运输。

二、花山岩画遗产区传统村落发展存在的问题

（一）遗产保护与人居环境改善之间存在矛盾

在花山岩画遗产区，每处岩画点基本都具有岩画、山体、河流、台地"四位一体"的景观格局，从而形成一个个相对完整封闭的景观单元。申遗之前，在划定遗产范围时，台地上的很多村屯已被划入岩画遗产核心区；申遗成功之后，包括干栏建筑、砖石结构民居、古庙宇、古码头、古树木、道路、田畴格局等在内的传统村落要素已然成为文化景观的有机组成部分，需要加以完整保护（图4）。

图4　濑江屯环境

然而，随着社会的发展和人们收入水平的提高，村民表达了改善居住环境的强烈愿望，尤其新农村建设政策实施以来，许多传统民居均已翻新或重建。部分眼界开阔的居民也希望在村屯中修建属于自己的小洋楼，追求新意、时尚。翻新后的部分民居在装饰元素、形制、色调使用上比较大胆，致使新建民居与原有的传统建筑风格大不相同，与村落整体风貌格格不入，遗产区景观环境受到一定程度的破坏。

（二）对文化遗产保护和开发利用认识不足

文化遗产作为文化资源的重要组成部分，因其巨大而独特的价值，在历史上就是一类重要的旅游吸引物。[①] 左江花山岩画申遗成功之后，在文化遗产保护和开发利用方面存在不少问题。第一，由于对岩画遗产的保护认识不足，只看到岩画遗产资源的旅游价值及其带来的直接经济效益，而忽视了遗产区景观环境保护的完整性，存在一些"未批先建"现象，在遗产区内大兴土木，如游客服务区和服务中心项目、夜游花山项目等，一定程度上破坏了景观环境。第二，对花山岩画遗产区的旅游开发缺少深入调研与合理规划。宁明花山岩画遗产区仅开发了一种出行参观模式，即"游客购票—检票上船—沿途观光—到点看岩画—沿途观光—结束下船"。去程半小时，回程半小时，只有5分钟的时间观看岩画，游客体验感不强、口碑欠佳，真实体现了"不来期望，来了失望"的窘况，难以挽留游客驻足消费。第三，景区承租方与当地村民存在争利现象。游客若上岸购买村民农副产品，承租方便无法从中获利，因此景区承租方希望从中抽成，否则就不带游客上岸。第四，部分投资因为缺少必要的收益回报而停工。例如，北海某公司承包濑江屯5块共30余亩莲塘，承包期限30年，约定每年支付村民委员会一定数额的承包费。但由于游客量少，加上莲塘周边缺乏整治，景观环境较差，无法带来理想的经济效益，致使项目搁浅，承租方已拖欠村委租金多年。这些都是由于对遗产区资源保护和开发利用认识不足而造成的。

（三）对当地民族文化挖掘不够，传统村落发展缺乏文化助力

花山岩画遗产区传统村落所在地的自然环境蕴生了骆越先民聚居地特有的岩画文化，同时也蕴生了与岩画存在关联的民族和民俗文化。这些民族文化是

---

① 杨红：《遗产保护与文旅融合：关于露天博物馆模式的探讨》，《民族艺术》2022年第1期。

传统山水文化和山水典型模式的研究样本，是壮族族群及花山岩画形成演化的重要例证，也是传统可持续人居发展模式的重要体现。[1]透过这些文化遗存，可以见证当地壮族先民的生活轨迹，也可以窥见壮族文化与其他民族文化融合的过程。

濑江屯位于花山岩画遗产核心区，村庄环境良好，民俗文化特色突出，自然人文资源丰富，古法榨糖、传统美食、农耕、捕鱼等生业方式多样。然而，在实际发展过程中，由于缺乏对当地民族民俗文化的深度挖掘、整理与研究，以及合理策划和有效利用，致使这些丰富多彩的民族民俗文化未能有效带动村屯的发展。

（四）基础配套设施不够完善，影响村屯发展前景

岩画所在地大多偏远，周边村屯发展缓慢且相对落后。濑江屯所属的耀达村曾属于深度贫困村，2018年统计的贫困率高达46.8%。近年来，国家加大道路、电网、环境等基础设施投入，乡村道路得以硬化并基本通达各村屯，村屯的发展状况有所改善。由于道路狭窄、缺少维护，加上农资运输重装车辆的超限使用，部分道路损坏严重，影响了村民出行和农副产品的运输，从而阻碍了遗产区传统村落的发展。就当地旅游业发展来说，由于缺乏相应的配套设施，原本可依靠申遗红利带来遗产区村屯繁荣发展的愿望迟迟未能实现，部分村民对村屯经济发展灰心失望。基础配套设施的不完善也直接导致招商引资缺乏吸引力，甚至已无法挽留前来投资兴业的公司、企业。

三、花山岩画遗产区传统村落发展路径

根据乡村振兴的目标任务，在坚持人与自然和谐共生的前提下，需要创新乡村治理体系，引导村民开展岩画遗产区及周边村屯环境治理，加强民族民俗文化保护，最终增进村民自觉保护和发展遗产区的意识。同时，也要加强专业层面的指导，扩大宣传，打造民族文化品牌，激发乡村内生发展活力，助力遗产区村屯高质量发展。

---

[1] 王宝强、宜小艳、李萍萍：《传统村落非物质文化保护的空间再生策略研究——以世界文化遗产花山景区濑江屯为例》，《华中建筑》2020年第12期。

（一）加强遗产区的整体保护，维护好村屯的良好风貌

在世界文化遗产保护法律法规的许可下，以遗产景观的完整性为前提，进行居住环境和条件的改善，将遗产区的"美丽乡村"建设和遗产保护有机结合。第一，在提升遗产区人居环境的同时，最大限度地保护遗产区的传统风貌。[①]例如，在房屋修建的高度、形制、色调等方面提供有针对性的指导和规划，从而使遗产保护与环境改善相互协调。第二，改善、优化人居环境，不断强化相关主体的生态观念，增强村民的环保意识，促使他们在保护生态环境的活动中积极作为。[②]要加强村屯中古庙宇、古祠堂、古民居、古码头、古树等传统建筑和典型景观的保护，保存和利用好村落的厚重历史。以濑江屯村口的南海观音庙为例，该庙处于村屯中心，周边古树环绕，承载着祭祀功能和景观功能，是村屯民众聚集的重要场所，加强对该庙的治理和保护，能够保护当地的传统文化，也能增加村中居民的凝聚力和文化认同感。第三，引导居民积极投入村屯环境卫生的整治工作中，全面清理卫生死角，逐渐形成"清洁卫生靠大家"的新风气，为前来参观的游客提供干净、舒适、整洁的参观环境。

（二）深挖当地民族文化，增强村民的文化自信

濑江屯至今仍保留着岁时节庆、人生礼俗、神话传说、山歌传唱等丰富的非物质文化遗产。例如，每逢农历二月初二观音诞时，当地村民举行村中庙会，在村中空地开展唱山歌、击鼓、种甘蔗比赛等活动，将原生态文化与花山岩画景观相结合，开展当地居民文化的活态展演。[③]

岁时节庆方面，有农历二月二、二月十九和中元节等节日，以及敬奉土地神、观音、祖先、鬼神等活动，体现万物有灵；农历十月初一、冬至时，当地民众会祭祀田地，结束农耕活动。人生礼俗方面，有出生礼、生育礼、结婚礼、祝寿礼、葬礼等。民间传说方面，有三月三、观音庙、接圣水、酒壶山的传说等。山歌传唱方面，有交情歌、甲亲歌、贺新居歌、祝贺结婚歌、祝贺满月歌、亲家祝贺对歌、农业生产歌、跨国贸易歌、形势山歌等。此外，还包括以生鱼

---

① 李文祎：《"美丽乡村"背景下人居环境建设模式研究——以哈尼梯田遗产区为例》，昆明理工大学硕士学位论文，2017，第2页。

② 唐建兵：《世界文化遗产宏村古村落人居环境优化研究》，《廊坊师范学院学报》2016年第3期。

③ 中国人民政治协商会议广西壮族自治区委员会编《左江花山岩画文化景观图典》，广西人民出版社，2018，第299页。

片、凉粽、糍粑、糯米饭、生榨米粉、橄角、沙糕、桄榔粉为代表的特色美食文化，以靛蓝与黑色棉布为主制作而成的传统服饰文化，以农家土法榨糖、甘蔗酒制作为代表的民间技艺等。

对非物质文化遗产的保护不仅依赖于制度、记载、流传、传授等方式，也有赖于通过物质空间的形式恢复和传承，让其能够"触摸"。[①]加强对这些民族文化的保护传承，深度挖掘这些民族文化元素，延伸当地民族民俗文化之间的内在联系，寻求传统文化得以延续的文化根脉，既是传统村落整体保护本身的必然趋势，也为传统村落物质空间保护提供了有利的新思路。[②]

（三）加强规划引导、多方合力助推传统村落发展

一般来说，"外部投资"是驱动传统村落发展的主要动因。外来者总是带来相对丰富的社会资本和多元的发展思路，如引进旅游业、有机农业、特色种植业、养殖业等外部资源，这些都契合村民对外部投入所依赖的心理预期。[③]具体而言，促进传统村落发展的路径可以涵盖以下几个方面。

第一，地方政府要加强整合利好政策，挖掘政策驱动力，通过外界旅游资本对村落基础设施和生活环境的科学共建，不断提升旅游吸引力。[④]同时，还应加大资金投入力度，扶持与当地相适应的特色产业，如观光农业、采摘农业、体验产业等。此外，要做好花山岩画景区的旅游路线规划，将沿江村屯的发展纳入考虑范围，并完善相关的配套设施，构建"去程水上、回程陆上"的环形参观模式，引导游客上岸深度体验非物质文化遗产。有人才有消费，有人才有市场。只有深挖当地的民族民俗文化并进行全面展示，让游客进得来、看得清、玩得兴、留得下、记得住，才能实现利用文化遗产红利促进当地村屯发展，真正惠及当地百姓。第二，聘请专家学者参与到遗产区传统村落的发展规划中来，发挥专业上的指导作用。第三，要激发村民的内生发展动力，让村民明白保护花山岩画、景观环境及非物质文化遗产三者的重要性。第四，旅游公司应充分利用

① 王宝强、宦小艳、李萍萍：《传统村落非物质文化保护的空间再生策略研究——以世界文化遗产花山景区瀬江屯为例》，《华中建筑》2020 年第 12 期。

② 顾大治、王彬、黄雨萌、许晓迪：《基于非物质文化遗产活化的传统村落保护与更新研究——以安徽绩溪县湖村为例》，《西部人居环境学刊》2018 年第 2 期。

③ 但文红、彭思涛：《基于乡村遗产活化利用的传统村落发展路径思考》，《中国名城》2020 年第 4 期。

④ 王宁、张晓彤、高磊：《区域性历史文化遗产保护与传统村落人居环境提升——以云南省大理白族自治州为例》，《城乡建设》2021 年第 4 期。

村屯中的各种资源，开发相应的文化体验、乡村度假、休闲娱乐等旅游产品体系。同时，鼓励村民与外来投资者建立良好合作关系，共同探索利益共享机制。

（四）加强宣传展示，助力传统村落可持续发展

在"文旅融合"背景下，更大范围、更多类型的文化遗产将与旅游业产生更深层次的关联，谋求互惠状态下的可持续发展。[①] 鉴于花山岩画遗产在保护、开发和利用方面存在的实际问题，可以通过举办岩画保护活动、印刷岩画保护的宣传折页、在当地中小学和村屯开展岩画遗产保护的课程等方式进行宣传教育，加强广大民众对岩画遗产和景观环境的认知，用于展示濑江屯村落历史文化和村民生活原貌的村史馆就是一个很好的案例。政府部门也需要正确处理好遗产保护与经济社会发展之间的相互关系，寻求遗产保护方面的政策咨询和专业指导，合理开发利用遗产资源及民族文化资源，通过旅游业的开发推进岩画遗产的宣传，让更多群众认识并喜爱上岩画。[②]

四、结语

以文化遗产助力乡村振兴是一条可持续的发展道路，以文促旅，以旅彰文，既符合文化遗产的保护理念，又符合国家倡导文化自信的相关政策。保护传统村落就是保护民族文化赖以生存的文化土壤，是维系村民的情感依托之所在。

花山岩画是壮族先民遗留给后世的珍贵文化遗产。对于遗产区传统村落中的当地民众来说，保护好花山岩画就是在保护历史，是对祖先的崇拜与敬仰，也是让后代了解自己族源历史的有效途径；保护好岩画所在的周边环境，就是在保护传统村落持续发展的根本动力。而地方政府应该在遗产区传统村落的发展规划、产业扶持、政策指引、资金支持等方面发挥更大的作用。当然，文物保护部门的专家学者也需要为遗产区村屯的发展提供专业指导。同时，村民也应提高自身的思想觉悟，自觉加入花山岩画遗产区的保护行列中来。只有多方合力，花山岩画文化景观这一世界文化遗产的名片才能打得更响亮，文化遗产红利才能更多更好地惠及地方政府和当地村民，共同书写文化传承与乡村振兴的新篇章。

---

① 杨红：《遗产保护与文旅融合：关于露天博物馆模式的探讨》，《民族艺术》2022年第1期。

② 张亚莎、戚丽斯、张晓霞：《机遇与挑战：数字人文视阈下的中国岩画》，《贵州民族研究》2022年第1期。